大夏书系·全国中小学班主任培训用书

班主任工作艺术六讲

高效治班策略与实践智慧

刘金玉 ◎ 著

华东师范大学出版社

全国百佳图书出版单位

目录

序　班级管理需高效　　　　　　　　　　　　　　　　1

第一讲 ｜ 认识篇——认识引领行动，态度决定一切　　1

　关于教育　　　　　　　　　　　　　　　　　　　　2
　　一、发展：教育的最终目的　　　　　　　　　　　2
　　二、学生：教育的对象　　　　　　　　　　　　　5
　　三、爱：教育的方式　　　　　　　　　　　　　　7
　　四、慢：教育的规律　　　　　　　　　　　　　　9
　　五、"无用"：教育的功能　　　　　　　　　　　15
　关于学生　　　　　　　　　　　　　　　　　　　　18
　　一、学生是正在成长中的人　　　　　　　　　　　19
　　二、每一个学生都是独特的　　　　　　　　　　　21
　　三、学生都是可教的　　　　　　　　　　　　　　23
　　四、学生不小　　　　　　　　　　　　　　　　　27
　　五、尊严：学生的第一需要　　　　　　　　　　　31

关于班主任 35
一、班主任是成长者 35
二、班主任是代言人 37
三、班主任是导师 38
四、班主任是"官"吗？ 41
五、教好学生是班主任的天职 43

关于班级 46
一、班级是一个团队 46
二、班级是"家" 48
三、班级是教育共同体 50
四、班级是小社会 52
五、班级是竞技场 53

第二讲 | 熏染篇——蓬生麻中，不扶自直 55

先进的教育理念 57
一、"没有教不好的学生"的理念内涵 58
二、"没有教不好的学生"的理论依据 59
三、关于"教得好" 60
四、"没有教不好的学生"的科学判定 61
五、"没有教不好的学生"的价值意义 63

校园环境一流 65
一、雕塑文化 66
二、长廊文化 66
三、镜子文化 67
四、路道文化 67
五、标语文化 67
六、班牌文化 69
七、公示文化 69
八、建筑文化 70

九、思想文化　　70

打造德育课堂　　72
　　一、"先学后教，当堂训练"——课堂的教学模式　　72
　　二、"先学后教，当堂训练"教学模式体现的德育思想　　76

加强德育承包　　89
　　一、德育管理制度的特征　　89
　　二、德育承包是最好的学校德育管理制度　　91
　　三、德育承包的原则　　93
　　四、德育承包的实施　　94
　　五、落实德育承包的好处　　96
　　六、德育承包的意义　　96

德育措施有力　　97
　　一、用好两个"锦囊妙计"　　97
　　二、坚持从"四个起始"抓起　　99
　　三、深入开展"三清运动"　　101
　　四、全程、多元评价学生　　102
　　五、切实开展多种教育活动　　103
　　六、指导好学生生活　　104

第三讲 ｜ 律己篇——打铁还需自身硬　　105

观念先进　　106
　　一、认同、适应、执行、建设学校管理制度　　107
　　二、具有过硬的思想政治素质　　107
　　三、具有高尚的道德素质　　108

身正为范　　109
　　一、诚信示范　　109
　　二、语言示范　　110
　　三、行为示范　　111
　　四、激情示范　　112

五、形象示范　　113
　　六、健康示范　　114
　　七、教课示范　　116
人际和谐　　117
　　一、与同行和谐　　118
　　二、与领导和谐　　122
　　三、与家长和谐　　125

第四讲 | 常规篇——把平凡的事做好就是不平凡　　131

班级文化建设的几个基本问题　　132
　　一、什么是班级文化　　132
　　二、什么是班级文化建设　　133
　　三、班级文化建设的功能　　134
　　四、班级文化建设的基本原则　　137
　　五、班级文化建设的注意事项　　138
　　六、班级文化建设的设计与策划　　139
　　七、班级文化建设的主要内容　　141
班级文化建设的有效实施　　142
　　一、班级硬环境建设　　143
　　二、班级个性文化建设　　149
　　三、班级制度文化建设　　155
　　四、班级组织文化建设　　159
　　五、上好班会课　　166
　　六、开展好班级活动　　172

第五讲 | 技巧篇——只为成功想办法，不为失败找理由　　179

育人的基本原则　　179
　　一、学生为大　　180

- 二、发展为根 ... 180
- 三、身正为范 ... 181
- 四、疏导为首 ... 181
- 五、常规为上 ... 182
- 六、创新为翼 ... 182
- 七、自育为先 ... 183
- 八、集体为重 ... 184
- 九、区别为要 ... 185
- 十、坚持为本 ... 186

育人的常用技巧 ... 186
- 一、激将法 ... 187
- 二、积分法 ... 188
- 三、网"沟"法 ... 189
- 四、用"名"法 ... 190
- 五、双"优"法 ... 191
- 六、赏识法 ... 192
- 七、协作法 ... 193
- 八、警示法 ... 194
- 九、换位法 ... 195
- 十、综合法 ... 196

常见问题的处理策略（一） ... 196
- 一、面对"网瘾" ... 196
- 二、面对"报复" ... 197
- 三、面对失窃 ... 199
- 四、对于破坏型小团体 ... 201
- 五、面对偶发事件 ... 203
- 六、面对"早恋" ... 206
- 七、面对自习课纪律差 ... 208
- 八、面对作弊 ... 210
- 九、面对不讲究卫生 ... 212

常见问题的处理策略（二） 214
    一、关于排座位 214
    二、关于"流生" 215
    三、关于学生的家庭作业未完成 215
    四、关于迟到者 216
    五、关于蛮横的家长 217
    六、关于师生关系紧张 217
    七、关于留守学生 218
    八、关于学生死活不开口 218
    九、关于学生不自信 219
    十、对于学困生的教育 219

第六讲 | 成长篇——追求为穷尽，发展无止境   221

优秀班主任是这样成长的 221
    一、肯定自我，充满自信 221
    二、树立理想，有序推进 224
    三、有序实现成长理想 225
    四、舍得投入，甘居寂寞 228
    五、坚持不懈 232
内部自我成长是成就优秀班主任的关键 232
    一、学习 234
    二、实践 240
    三、反思 242

后 记   249

序　班级管理需高效

班级是学校的细胞，是学校的基层组织。班级管理的好坏，既影响本班师生的发展，又影响学校的发展。一个有影响力的学校必然重视班级管理。

洋思中学近年来以优质、高效的学校管理享誉全国，其成功管理学校的经验中也蕴含着科学、合理的班级管理之道。

2013年暑假，我应邀到洋思中学讲课。其间与秦培元校长倾心交谈，也结识了朝气蓬勃的刘金玉副校长。畅谈中，我发现刘金玉副校长在学校管理、语文教学、教育科研等方面均有研究。今年暑假，刘金玉副校长打电话告诉我新书将出，热情地邀请我写序，我欣然接受。

怎样管理好班级，不乏相关著述。但刘金玉副校长的这本书确实为"金玉之言"，值得我们研读、学习。

管理，管理，管在理上，这本书更注重理论的引领，内容深入浅出，要点清晰，言之有据。

管理，管理，重在落实，这本书着眼实践，对于如何操作、如何推进，导之有方。

细读全书，我感到该书的编排别具新意。作者从"认识教育"开讲，因为这是教育学生以做好班主任工作的基石。没有对教育的正确认识，就没有真正的教育；没有对教育深入的理解，任何教育的策略与方法都是苍白的。接着作者再从"认识学生""认识班主任""认识班级"入手，逐步深入地讲解、剖析，突出了认识的重要作用，以及思路决定出路、态度决定一切的启迪意义。第一讲"认识篇"，可谓纲举目张，为下面具体剖析、探究张本，为高效治班奠定了坚实的基础。

第二讲"熏染篇"，作者宕开一笔，强调了学校育人环境的重要，即如果没有一个良好的教育环境，那么，即使本领再高超的班主任也会因教育环境差而难以大展抱负。我认为这是作者结合实际工作进行的深入思考。洋思中学的成功经验之一在于其在学校教育教学改革方面的整体推进。对普通班主任而言，学校的教育环境影响作用很大。如果学校拥有了优良的育人环境，那么，每位班主任都会如得甘露春雨。在这样的环境中，班主任做起工作来就能得心应手，同时每位班主任尽心尽力的工作，又可以为学校环境的优化作出贡献。

第三讲"律己篇"，在此讲中，作者道出了班级管理的关键。孔子早就说过："其身正，不令而行，其身不正，虽令不从。"做好自己的本职工作，确实是做好班主任工作的关键。"观念先进""身正为范""人际和谐"，这几点要点明确。其中"身正为范"中诚信示范、语言示范、行为示范、激情示范、形象示范、健康示范、教课示范等"七示范"确为真知灼见，是对"身正为范"的具体演绎，需要班主任躬行实践。

第四讲"常规篇"和第五讲"技巧篇"的构思很有特色。这两讲分别从大处讲，从细节讲；从整体讲，从局部讲；从问题讲，从对策讲：相互补充，相得益彰。

在前五讲的基础上，作者又着眼于班主任的专业化发展，设计了第六讲"成长篇"。作者结合许多优秀班主任的成长经历，强调专业化发展的关键是"勤奋"与"科学"，即只有科学的方法，没有勤奋的态度，或者只有勤奋的态度，没有科学的方法，优秀和超越均难实现；只有两者有机结合，方能成就优秀与卓越。以"成长篇"结尾，既是作者对广大班主任的热切期望，也为广大班主任的成长指出了一条切实可行的路子。

纵观全书，六讲涉及了班级管理的六个方面。该布局构思巧妙，行文缜密，各讲既可以单独成篇，又可以合成整体。合成整体犹如正方体的六面，相互支撑，共同作用，实现高效治班。全书虽未对"高效"二字作全面的诠解，其实如果能将本书的六个面都真正理解、切实掌握、有效实施的话，"高效"二字在实践中就能自然显现了。

管理学中有"道""术"之分。这本书在论班级高效管理时，也可谓

"道""术"结合。因此，我认为这本书可以引导刚走上班主任岗位的老师，同时对已在班主任岗位上工作多年的教师有启迪之功，对优秀班主任的提升亦有帮助之效。

同为喜欢写书的作者，我知道许多作者是用心在写作，用心在交流。聆听"金玉"之言，我收获多多，相信你也一定会收获多多。

丁如许

2014年7月20日

第一讲 | 认识篇

——认识引领行动，态度决定一切

有人说，班主任是世界上最小的官，却又是世界上最苦的官；也有人说，班主任是世界上最清贫的官，但又是世界上最富有的官；还有人说，做老师却没有做过班主任，那将是终身的遗憾。

对班主任及班主任工作的看法，可谓林林总总，褒贬不一。成功者认为，班主任工作是一种享受；失败者认为，他死也不做班主任。领导认为，做班主任是一种锻炼；老师认为，班主任工作吃力不讨好。有的学生说，多亏了班主任，我才获得了新生；有的学生说，遇到这个班主任，是我一生的不幸。有的家长说，班主任比父母还负责，遇上这样的班主任，是我们家的幸福；有的家长说，我的孩子就毁在这个班主任的手上……

我以为，这些观点都说明一点：班主任工作是非常重要的，其成效如何，将直接关系到学校、学生、家庭、社会的发展，乃至国家、民族的兴衰。

但怎样做好班主任，如何治理好班级，怎样才能使班级健康成长，如何做才不辱班主任的使命，怎样才能让学生获得充分发展，如何才能让班级教育高效起来等等问题，是每一个负责任的班主任必须思考的问题。

洋思中学是一所全国典型名校。它为什么能在近二十年中始终处于领先位置，并且永葆发展的强劲势头呢？原因是多方面的，但班主任高效治班是其中一个极为重要的因素。

洋思中学每年都要接待来自全国各地的参观学习者近十万人，他们中的很多老师是来学习、借鉴洋思中学班主任的治班经验的。如今，《中国教育报》专门在洋思建立了"影子培训"机构，请洋思中学对参观学习者进行包括班级管理在内的全面培训，收到了广泛好评。

那么，洋思中学是如何实施高效治班的呢？是如何取得事半功倍效果的呢？又是如何促进班主任成长与发展的呢？下面我将以洋思中学治班策略为主线，同时结合自己的工作经验，对上述问题进行分析、探讨，不当之处请大家批评指正。

关于教育

班主任做得最多的工作就是对学生的管理，自然与班主任最贴近的概念是"教育"。但是对究竟什么是教育、教育的目的是什么、教育的对象是谁、教育的方式是什么、教育的作用有多大等问题，班主任应该有哪些认识？再如班级管理中必须涉及两种人——班主任和学生，班主任究竟是干什么的？其作用究竟有哪些？又该怎样定位学生？如何认识学生？还有，班主任和学生都生活在班级之中，那么，班级究竟是怎样的一个概念？要达到什么目标？有的人甚至做了二三十年班主任了，就这些问题，你问他，他可能会笼统地讲，你让他具体讲，他却支支吾吾，不知所云。只有给这些问题一个科学的解释，班主任才能搞好班级管理。

一、发展：教育的最终目的

"什么是教育"或"教育是什么"，古今中外的学者见仁见智，但结合我长期的教育实践，我以为，教育的最终目的，就是实现人的发展——发展人的各种自然禀赋，把人引向崇高、和谐、更高层次的境界。

1. 发展的内涵

"发展"是教育的主旋律，这应该成为每一个班主任的座右铭。
（1）发展，就是顺乎天性，自由生长。

教育应该让学生独立自由生长。我们最终培养的应该是一个个富有生命力的，具有独立思想的人。我们要培养有自我见解的人，有时其见解可能与时代不合拍，但却反映了他们独立的思想与精神。因此，我认为任何教育必须顺应学生的天性，挖掘其潜质，保持其好奇心，培养其兴趣，发掘其长处、优势，帮助其提升思想境界、建立健全人格，使其自由生长。

（2）发展，就是追逐梦想，不懈奋斗。

教育应该让学生富有梦想。没有梦想的教育是不完整的教育。习近平做了总书记后，提出了"中国梦"的概念，我们的教育也要让所有学生有梦。梦就是未来，就是希望，就是追求。而这种梦实现的过程，就是付出与努力的过程，就是实干、巧干的过程，更是不断更正、不断完善的过程。当然，我们所讲的这个梦一定要正，我们的"教育梦"绝不能让学生养成衣来伸手，饭来张口的习气，坚决杜绝学生中出现"我爸是李刚"的荒唐说辞。我们的教育梦应该培育一颗颗健康向上的心灵，使学生坚守正确的人生取向、价值追求，又让他们拥有丰富的人生智慧，以便他们能恰到好处地处理各种事务，最终实现自己的理想。

（3）发展，就是增强信心，幸福快乐。

上幼儿园时，孩子本没多大差别，可慢慢地他们就有了明显差别，差别的标准是什么？就是能与不能，会与不会，行与不行，从成绩到名次，这种标准让学生有了失败感，有了痛苦，严重打击了他们发展的信心。试问，缺少信心的人还会有好的发展吗？教育应该是让学生觉得学习是有意思、有意义的，能提升他们的能力、使他们快乐的；教育应该是帮助学生养成良好的习惯，从而为其一生的发展奠基的；教育应该使学生成为不自私、有合作精神、能够关心并帮助别人、使自己和别人都幸福的人。

发展的内涵是丰富的，多样的，不仅有身体的发展（这是连动植物都能做到的），更有通过后天的努力所取得的发展，如知识的发展、能力的发展、情感的发展、心灵的发展、思想的发展等。在众多发展中最为重要的却是人的心灵和思想的发展。心灵和思想发展的核心是三个字"真善美"——真人、善行、美心。成为一个好人，成为一个对社会有用的人，是发展的目的。所以，谈及发展，我们绝对不能把它仅仅理解为分数、名次、成绩、名牌大学、有工作做、会技巧、可升迁——这些都是狭隘的发展，这些只是发展的表象，没有触及发展的实质。

2.发展的方式

发展是通过多种相互影响的教育来获得的，包括家庭教育、学校教育、自我教育、社会教育，其中最关键的是自我教育。

（1）家庭教育。家庭教育开始于孩子出生之时。在孩子进入幼儿园、小学、中学后，他们接受着学校教育，但同时也在接受着家庭教育。家庭教育的好坏直接或间接地影响着学生的发展。由于家庭教育是发生在家人之间的教育，因此，家庭教育常常会出现过度保护、过分宠爱、过分专制、拔苗助长、忽略优点等问题，这对学生的发展会产生一定的消极影响。

（2）学校教育。学校教育是由专业人员承担的，在专门的机构进行的，目的明确、组织严密、系统完善的，以影响学生身心发展为直接目标的社会实践活动。在学校教育中，学生将接受系统性的指导，系统地学习文化知识、社会规范、道德准则和价值观念。学校教育决定着个体社会化的水平和性质，是个体社会化的重要媒介。当今，学校教育是教育的主流，它是一个人一生中所受教育的重要组成部分。学校教育包括了初等教育，中等教育，高等教育。

（3）社会教育。广义的社会教育是家庭教育、学校教育以外的，旨在有意识地培养人、有益于人的身心发展的一切教育活动。社会教育尽管在整个教育体系中处于辅助和补偿的地位，但却有着其他教育不可替代的作用。它是一种活的教育，它的深刻性、丰富性、独立性、形象性远非学校教育可比。良好的社会教育有利于对学生进行思想品德教育，有利于增长学生的知识，有利于丰富学生的精神生活，有利于发展学生的爱好和特长。

（4）自我教育。自我教育是受教育者以一定的世界观和方法论，来认识主观世界和教育自己的全部过程，即人通过认识自己、要求自己、调控自己和评价自己，最终实现自己教育自己。

显然，在四种教育之中，自我教育是教育的核心和根本，学校教育和家庭教育的最大作用就是帮助孩子具备自我教育的能力，从而为其发展奠定基础。因为一旦到了社会上，走上工作岗位后，除了必要的社会教育（诸如社会培训），其余都将是完全的自我教育——为了自我的发展而进行的教育。俗话说:"没有自我教育就没有真正的教育。"人生不息,自我教育贯穿一个人成长的始终,一个人最终发展得如何,取决于其自我教育能力如何。教育的根本就是让受教育者得到主动发展、全面发展,如果没有自我教育,这一目标是不能实现的。

二、学生:教育的对象

世界是"人"的世界,社会是"人"的社会,同样,教育是"人"的教育,少了"人",教育还能是教育吗?

教育至高无上的目的应当是为学生的发展、学生潜能的激活及创造力的激发打下坚实而有效的基础,使学生接受良好的教育——其中"人"应该是教育的核心词,教育的意义最终要落实在"人"身上。

1. "以生为本"

我国新一轮基础教育课程改革提出的"一切为了每一位学生的发展,一切为了每位学生各个方面的发展"的核心教育理念,其内涵就是"以人为本","以学生为中心"。把学生放在教育的中心点上,一切教育的手段、方法、方式、策略都必须服从及服务于学生这个中心。只有学生发展了,只有学生进步了,只有学生成长了,只有学生成为了爱祖国、爱人民、弘扬民族精神、以赤诚之心报国、为民族社会进步作贡献的人,成为了有高雅气质、高尚道德、诚实守信、自律自信、在学习和生活中自立自强的文明人,成为了努力不息、崇尚科学、努力学习、有创新精神、有独立分析问题和解决问题的能力、有一定的批判反思和探究创新能力的现代人,教育的意义才能得到真正的体现,教育的价值才能得到最充分的展示。

在教育中,把学生放在首位,凡是有利于学生发展的事多做、全做,凡是对学生发展不利的事少做、不做;牢固树立为了学生、相信学生、尊重学生、依靠学生的思想,给予学生更多的人文关怀和人文帮助;运用一切激励手段挖掘与发挥学生的主体性,让其主动发挥作用;不断培养学生的归属感、责任感和团队精神,鼓励学生主动参与班级管理并大胆创新。

2. 以"每一个"学生为本

我国著名教育家孔子提出了"有教无类"的教育思想。这一教育思想一直延续至今，影响并指导着我们的教育。但在实际教育中，"有教无类"却成了教育的理想与标签——我们实施的都是所谓的精英教育、淘汰教育、少数人的教育，而不是大众教育、发展教育、所有人的教育，"为了一切学生"成了一句空洞的口号。

"以人为本"的现代教育思想，实际上就是要做到"有教无类"，就是要让我们的教育以所有学生的成长、发展、快乐、幸福为教育的根本，实施无分别、无差别的教育，让每一个学生都真正地享有教育的权利，使每一个学生的个性都能得到发展，不让任何一个学生成为"边缘人""局外人""多余人"，不让任何一个学生失去信心，失去动力，失去发展的机会。"以人为本"要求我们绝不能给学生贴上不同的标签以分出好、中、差，绝不能时时、处处、事事以培养少数优秀生为本。

所以，我们的教育不能功利化，不能自私化，不能为我化。"每一个"应是实施"以人为本"教育的核心和关键。只有做到教育面向"每一个"，关注"每一个"，我们的教育才是真正的教育。

有教师说，我们的教育也关注到"每一个"了，但我认为很多时候，教师的关注并非真正为了学生的成长，而是另有目的。例如：关注纪律散漫的学生，目的是防止他们给班级、教师、家长惹麻烦；关注有严重的成长偏差的学生，目的是防止他们出问题，防止他们伤害班级，给班主任带来麻烦；关注有特长的学生，目的是让他们在班级活动中给班级和老师带来荣誉；关注学习优异的学生，目的是从他们身上体现教师的优异教学成绩，并以此获得教学中的某种奖励；关注学习成绩落后的学生，目的是避免他们给班级平均分拖后腿，以防及格率不高，遭家长骂，校长说。

请问，这样的教育真的是为了"每一个"吗？否。这样的教育是为了自己，这样的教育并没有发自内心，这样的教育层次不高，内涵不深，品位太低。关注"每一个"，就必须做到对全体学生一视同仁，让每一个学生都真正受到教育。不管学生是什么类型，不管学生是什么基础，不管学生来自何方，教师必须无条件地对其进行教育，且是无差别的教育，必须对"每一个"负责。

但在实施中，大多班主任表面上做到了一视同仁，但事实上却是有差别的。比如：为了树立先进，便精心地辅导、关心优秀学生，有时甚至护着他们；为了使全体学生共同进步，杜绝不及格学生，于是倾注了大量时间和精力在"后进生"身上，力图使每一个"后进生"都能进步。而对于班级中那一部分默默无闻、不轻易露水的中等生，班主任却很少给他们提供展示聪明才智的机会，他们就像高原上看似烧开的水，其实永远也没烧开。这实际上是对中等生的忽视，这是导致中等生变成"差生"的原因。中等生与尖子生之间，中等生与"差生"之间并无明显的界限，这种"抓两头，忽视中间"的做法，显然不是真正的"以人为本"，必须从源头杜绝学生差下去。

"以人为本"，就是给每一个学生以爱，给每一个学生以关注，给每一个学生以温暖。在优秀的班主任的眼里是没有"差生"也没有中等生的，学生都是尖子生。这样一来，他们就会重视每一个学生，就会公平地对待每一个学生，就会欣赏每一个学生。如此，"每一个"都会得到发展，我们的教育也将获得每一个学生的信任和尊敬。

三、爱：教育的方式

教育的全部是"爱"，教育的真谛是"爱"，爱是教育的最好方式。

1. 爱是教育的真谛

一个优秀的班主任应该经常问自己："我爱学生吗？""我会爱学生吗？""学生感受到我的爱了吗？"一个班主任不仅要有爱，还应该会爱，让学生感受到爱。一个有爱心的班主任，他会从学生一个不经意的眼神里，读懂学生的内在需求，并且伸出热情的双手去帮助学生；会从学生似举非举的小手中，读出学生的忐忑不安和缺乏自信，从而鼓励学生举手；会从学生含泪的双目中，读懂学生的内疚和后悔，从而给学生以鼓舞和力量……一个有爱心的班主任会给学生无穷无尽的爱。

而一个缺少爱心的班主任是不可能做好班主任工作的。他们对学生冷漠、仇视、痛恨。学生出现问题了，他们不是循循善诱，不是热情相助，不是充满期待，而是抛弃、放弃、遗弃，甚至对学生使用暴力等，不把学生当作自己的孩子来对待。试想，这种没有爱的教育，能使学生成长和发展吗？

2. 爱是需要能力的

有一句关于爱的名言很有道理："爱是需要能力的。"言外之意，你不仅要有爱的思想理念，还要有爱的行动与策略，而这种爱的行动与策略，必须是能够让学生感受到的，同时还必须能让学生接受，这就是一种爱的能力。

有的班主任，从语言、行为来看很爱学生，甚至因为爱学生而忽视了家庭。自己身心疲惫，却没有换来学生的爱——学生不喜欢他，甚至还很讨厌他，乃至"公车上书"要求换人。什么原因？难道仅仅是因为学生不懂事？难道仅仅是因为学生太无知、太幼稚？否，我以为根本原因还是班主任爱的能力不够。

如果作为班主任的你有了爱的能力，那你就有能力成为更好的自己；如果作为班主任的你有爱的能力，那你就有办法让你的学生获得快乐；如果作为班主任的你有爱的能力，那你就能带着你的学生为了梦想不懈追求。而如果你只有爱心，却无能力、无方法去爱，那你的爱就会浮于表面，不能深入，不能持久，就失去了动力，就没有了力量——爱人的能力，爱学生的能力。不光要让自己变得可爱、充实、伟大，而且要让你爱的学生变得更加爱你。

爱的能力不是天生的，为了让你的"爱"有能力，你需要不断地学习——学习什么是爱，怎样获得爱，用什么样的方式表达爱。用自己的慧眼辨别出什么是真爱、大爱、博爱、恒爱、全爱，什么是假爱、错爱、溺爱、秀爱、偏爱，什么是做出来的爱，什么是秀出来的爱。通过学习，增强爱的本领，提高爱的水平，实施爱的策略，达到爱的效果。

3. 爱的方式是多样的

爱的形式是多种多样的，爱绝不仅仅是衣食住行的满足，爱也不仅仅是平时的嘘寒问暖，爱更不是教育中的要求、禁止、命令。

（1）相信是爱。爱一个人，首先要相信他。相信其不差，相信其能变好，相信其有潜能。相信能给学生无穷的信心，没有相信就没有教育。相信学生就要赏识学生，对学生的一举一动都赏识，特别是有价值的、有意义的举动。就是一个所谓的"差生",班主任都应该想方设法地去寻找其优点来赏识——没有哪一个学生没有优点。只要有优点,哪怕一点,这个学生就有救。

(2)熏染是爱。在我们的教育中,很多的爱是无痕的、无形的、无声的,是不能让人知晓和识破的,这就是教育中的熏染的爱。这种熏染的爱表现在精心设计的班级教育环境中,表现在平常的言谈举止中,表现在充满期待的眼神中,表现在一系列的主题活动中,表现在有意无意的沟通中,表现在发现、处理问题中,表现在课堂教学时的引导、激励、启迪中。这种熏染的爱,无所不在。

(3)严格是爱。对不同的学生必须施以不同的教育,当然就必须用不同的爱的方式来对待。不是所有的学生都必须用"循循善诱"来爱的,对于特别调皮、累教不改的学生完全可以用"严格"来对待。这种严,有时就是"批评""处罚"甚至是"打击",但此"严"必须做到"严而有格""严而有度""严而有法"。"严"了,学生反而乐意接受、改变。借助"严格"之爱,学生最终得到发展。

(4)放手是爱。在学生的成长和发展中,光有班主任老师的严格要求是不够的,在严格要求的同时还应该给他们另一种爱——放手,即解放他们的时间、空间、双手、大脑,让他们在放手的爱中、在"不管不问"中进行"自我教育""自我砥砺""自我发现""自我成长""自我发展"。

孔子说:"知者乐水,仁者乐山;知者动,仁者静;知者乐,仁者寿。"要想成为一名优秀的班主任,必须智而有爱;智却不爱,充其量只是有小聪明。一名优秀班主任首先是一名有爱心的教育者,其次才是一个知识的传授者。

四、慢:教育的规律

台湾作家张文亮在《牵一只蜗牛去散步》一文中写道:上帝给我一个任务,叫我牵一只蜗牛去散步。我不能走太快,蜗牛已经尽力爬,为何每次总是挪那么一点点?我催它,我唬它,我责备它,蜗牛用抱歉的眼光看着我,仿佛说"人家已经尽力了嘛!"

作为一名班主任,有时候不也正是在牵着一群"蜗牛",让他们一起奔跑吗?有时,我们为了让他们跑得快一点、多一点,在他们已经尽力了却仍然达不到我们的要求时,我们就恨铁不成钢,抱怨、催促、训斥、嗤之以鼻、怒其不争。

我们的学生不正是"人家已经尽力了嘛"的蜗牛吗？他们就是这个速度，你要求再多，他们还是这个速度，有什么办法呢？我们常常为了所谓的"多快好省"，为了所谓的"更高更快"，而急功近利、拔苗助长，最后只是竹篮打水——一场空了。

学者张文质先生说过："教育是慢的艺术，是基于生命和贯穿生命的，因而，它最终能够以更美好的生命的方式，缓慢而坚定地证明人性的胜利，证明我们内心对自由、光明、幸福不可扼制的渴求。谁专心致志于自己的事业，谁就能够把这样的信念坚持更久！"

1. 真教育就是慢的教育

俗话说，一年树谷，十年树木，百年树人。这句话告诉我们，"树人"的教育绝不是一朝一夕的事，而是一个长期的过程，必须慢慢来，急不得。"慢"是事物发展的规律，"慢"是真教育的规律。遵从真教育"慢"的规律，是搞好教育的关键，任何人都不能违背。如果违背，那便如《拔苗助长》中的主人公一样，最终获得的只是枯萎的秧苗。

现在，"不要让孩子输在起跑线上"这句话，很时尚，很流行，但它其实正像一种慢性毒药，在一步步地毒害着孩子，最终会让孩子输掉自己。

教育是一个"慢活"，是生命之花悄然绽放的过程。教育之慢，正是"润物细无声"，正是生命的沉潜，正是生命的慢慢嬗变。

但是，我们并不反对"快"，只是任何"快"都是建立在"慢"的基础之上的。在打基础之时，在新的教育产生之时，我们必须遵循"慢"这一规律，一步一步地往前，待到有一定的量之时，学生自然就行走得快了。俗话说，"基础不牢，地动山摇"，如果学生的基础打不牢，其后果将是不堪设想的。所以，我们讲的"慢"，未必就是真慢、永远慢，而是暂时的慢，它是为快奠定基础的，它依从规律，循序渐进地来发展。

教育是农业，农作物生长需要积淀，教育同样需要积淀，而积淀是一个长期的过程，是一个值得期待的过程。瓜熟了，蒂才落；水到了，渠才成。尽管我们所做的学校教育、班主任工作只是一个阶段的，但都是为人的长期发展服务的，也需要有积淀——知识的积淀，为人处世的积淀，思想的积淀。要积淀就要有时间，就要慢而求稳，慢而求实，慢而求效，不能急功近利。习惯的养成、行为的养成、思想的养成、素质的养成等这些对人的一生都有用的东西，不能忽视，不能欠缺，不能急功近利，所以我们不能只是教给学生一点书本知识，我们要有目标，有意识地培养学生各方面才能。

2. 学生的成长需要慢

钱学森先生留给我们这样一个问题：为什么我们的学校总是培养不出杰出人才？作为身处教学一线的班主任，我们也在不断地思考：是因为学生不够认真吗？是因为教学效率不高吗？是因为教的内容不多吗？是因为教师和学生不够吃苦吗？答案显然是否定的。但为什么学生每天刻苦学习十几个小时却没有更多的创造精神？因为我们搞的是快教育，它不符合学生的成长规律，不能让学生享受到生命的质量。

著名作家戈登·德莱顿和珍妮特·沃斯在《学习的革命》中写道："世界上最好的系统是引向成功的。目前大多数的教育体制是引向失败的。它们的规划并不把每一个人引向失败，但是它们把很大比例的学生引向了失败。在某些情况下高达50%。"此段话可谓一语中的——我们的教育不是把学生引向成功而是引向失败，学生在"快"中根本得不到快乐。

确实，学生成长是不易的，必须一步一步来，任何超越都将导致学生的挫折和失败，各个阶段必须一步一个脚印，循序渐进，来不得半点的虚假和马虎。

学生的成长一般分为五个阶段：

不生事阶段——学生进校后，自然对老师和学校产生畏惧感、好奇心，努力不出事。这是学生成长的自发阶段。

受肯定阶段——学生在不惹事、不生事之时，得到了老师的肯定、同学们的肯定，产生一种保持状态。这是学生成长的自觉阶段。

守规矩阶段——学生知道了作为学生应该怎么做，就把班级、学校的规章制度作为自己的行为准则。这是学生成长的自知阶段。

助他人阶段——学生不仅自己能够做到守规矩，求上进，能奋发，而且能帮助他人发展、提升。这是学生成长的自进阶段。

无人管阶段——学生内心已经有了一种思想的境界，达到了一种处处、事事、时时不需要任何人管而能成长的地步。这是学生成长的自为阶段。

由上面分析可知，从自发到自为，学生的成长不是直线上升的，而是一种曲折上升的过程。如果无视这一过程，要求学生实现快速跨越，那将打破学生成长的规律，阻碍学生的有序发展，对学生的成长显然是不利的。

再者，学生的年龄特点和生理特点也决定着教育不能快，只能慢，如果强加，采用什么说教式、填鸭式、题海战术式，大搞所谓的兴趣班、培训班、拔尖班，这些所谓的加速器，都不符合"循序渐进"的思想，"快教育"最终必将成为葬送孩子快乐童年、未来发展的牢笼。为了孩子的健康成长，我们必须遵循学生成长规律，实施慢教育。

3. 多种因素决定着慢

（1）个体素质特点决定慢。

我们知道，学生存在着各种差异，如性格的差异、兴趣的差异、能力的差异、家庭的差异、智力的差异、习惯的差异、品德的差异，等等。但正是因为存在这种种差异，才有了一个个千差万别的鲜活的个体，而这种差异就决定了每一个学生接受教育的速度是不一样的。当我们用同一个要求，同一把尺子来对待学生时，也必然造成学生的不适应、不接受，而这样也会导致学生差距越来越大，最后使学生对自己失去信心，对学习失去兴趣。怎么办？实施"慢教"，实施个性化教育，即面向个性，因材施教。

苏霍姆林斯基有一句名言："让每个孩子抬起头来！"他进一步阐述道："人的天赋、可能性、能力和爱好确实是无可限量的，而每个人在这方面的表现又是独一无二的。……要在每一个人的身上发现他那独一无二的创造性劳动的源泉，帮助每一个人看到自己，使他看见、理解和感受到自己身上的人类自豪感的火花，从而成为一个精神上坚强的人，成为维护自己尊严的不可战胜的战士。"教育的悲剧往往缘于用一个标准去要求所有的学生，却只针对一个学生实施实际教育。让每一个学生都能在自己的基础上不断提高，这才是教育的成功，这就决定了教育必须慢，不慢不行。

（2）学习内容特点决定慢。

学生每天学习的内容很多，要全盘掌握，那可不是一般人能做到的。但是，科任老师却只教一门功课，有的顶多教两门或者三门。他们可以认真钻研教材，只需拿着精心准备好的教案来教学生，让学生在课堂上掌握相关知识。而学生呢？他们一天要学七八门功课，在时间、精力、智力有限的情况下，终于不堪重负，一个个对学习失去了兴趣，好多好学生就是这样差下来的。怎么办？让学科教学慢下来，不必教这么多、这么深、这么广，从基础入手，把基础打牢靠了，再加速，再提速，这样学生的发展才会稳实。

（3）知识掌握特点决定慢。

学生学习知识不是一蹴而就的，而是一个反复的过程。孔子云："温故而知新"。学习上只有不断地温故，才能有新的发现和新的长进。有时在课堂上，老师问学生"掌握了吗？"，很多学生举手了，似乎真的掌握了，其实不然。因为一是刚学，知识还在印象之中；二是学生学的只是表面的东西，并没深入到事物的本质。学生的学习实际上还处于"困顿"阶段。怎么处理这一问题？依从掌握知识的规律，反复教，反复学，在反复中巩固，在反复中提升，在反复中不断进步。而反复的过程，就是"慢"的过程。

掌握知识如此，学生的品德教育同样如此，它也是一个反复的过程。老师要求做的，学生不可能一听就做，一做就能做好，所以品德教育也必须在反复上做文章。反复抓，在反复中认识，在反复中修正，在反复中发展。反复，就是不能一锹挖一口井，就是一口吃不出一个大胖子，就是一切不可能一蹴而就，反复的言外之意就是"慢"，就是慢慢消化。

4. 慢才是教育的规律

现在都在强调快乐学习，愉快成长，享受教育。但为什么很多学生不快乐，不愉快，不享受呢？因为他们没有成功。他们虽付出很多，却总是失败，总是达不到老师的要求。没有了成功，自然就没有了信心。俗话说"信心比黄金还重要"，没有信心，学生就会怀疑自己的能力，从而缺失上进心。试问，这样的学生如何快乐得起来？他们只能把学习当成一种负担，而不是享受。

处理此问题的最好办法就是让学生成功，让学生拥有自信，让学生对前途始终充满希望。而要如此，就必须实施"慢教育"，只有慢教育，才能取得如此效果。

多给学生一点时间，从学生的接受能力出发，从学生的成长规律出发，不拔高，不急促，耐心、细心地教导，在教导中充满期待，在教导中不断赏识。这既让学生得到满足，也让教师心平气和，而不是充满抱怨，这不仅是让学生享受教育，也是让教师享受教育——师生在慢教育中都得到心灵的满足，都有美好的期待。这不是最好的享受吗？

慢教育，不仅让师生享受结果，也让师生享受过程——"细嚼慢咽"的过程，"精耕细作"的过程。这不仅是对学生、学科、学业的尊重，也是对教育规律的尊重；不仅让学生得到知识、能力、情感的满足，而且也让老师提高了教育的幸福感，提升专业水平；不仅促进学生现时的成长，也为其后来的发展奠定坚实的基础；不仅让教育回归人性，回归本质，让师生悠闲、优雅、从容地行走，更让大家看到教育的希望，从而更加热爱学习，热爱教育。

教育是慢的艺术，教师要用心慢慢去教，这体现了对学生生命成长的尊重；教育是润泽心灵的艺术，因此不能急于求成，要有足够的期待、耐心，这也是教育真正的精彩之处。教育应该慢下来。慢下来静静地思考，我们就会欣慰地发现，所有的一切依然令人心旷神怡，流连忘返。

近来，看到一则报道，深受启迪：自诺贝尔奖设立以来，德国人（含移民美国、加拿大等国的德裔）的获奖人数占了将近总数的一半。德国人为何能出那么多诺贝尔奖得主？很重要的一条就是——德国人"不着急"。德国孩子在小学前"唯一的任务"就是快乐成长，社会上没有学前培训机构，幼儿园不用学习写字、计算，小学只有半天课，回家没有任何作业。在德国人看来，孩子的天性就是玩耍，谁也不能剥夺孩子玩耍的权利和珍贵的童年。而中国呢？"教育要趁早""赢在起跑线上""一步落后，步步落后"成为我们的现代教育观。什么原因让我们如此？"唯分数第一""升学率第一"使然。德国看似"无为而治"的教育方式，注重的却是孩子兴趣的培养，看重的是孩子在玩耍中所表现出来的动手能力、观察能力、想象能力的锻炼。在中国，虽然学前教育和基础教育很扎实，学生在各类国际竞赛中也屡屡独占鳌头，但学生的课业负担重，这压垮了孩子们的身躯，也压抑了孩子们的兴趣和个性。炖过汤的人都知道，欲得高汤，奥妙之处，在小火慢煮，舍得等待。一汤虽小，可以喻大。由此可见，慢，才是教育的规律。

"慢教育"是对中国传统教育思想"润物细无声""欲速则不达""水滴石穿""诲人不倦""锲而不舍"等精髓的通俗诠释，是对古训"十年树木，百年树人"的真正领悟。慢下来，我们才能从容领略教育事业的精彩；慢下来，我们才能轻柔触摸教育行走的真实；慢下来，我们才能用心咀嚼教育生活的美好；慢下来，我们才能细腻感受教育生命的神圣！教育，就是扶着生命慢慢走！"慢教育"是新课程的一种态度，是教育的一种生活方式，更是一种教育智慧和能力！

五、"无用"：教育的功能

民间教育学者林格写过一本书《教育是没有用的》，引发了大家对教育的深入思考。

教育究竟有没有用？我的意见是"无用"。但我这个"无用"与林格先生的"没有用"却有天壤之别。林格先生用批判的眼光对当今教育进行了淋漓尽致的描述，把我们的教育说得一无是处。而我的"无用"，却有两层意思，一是真正无用，甚至是负用；二是真正有用，甚至有大用。为什么这么说呢？

1. 教育是"无用"的

一位美国美术教师到昆明进行教学交流，她发现中国孩子的画技非常高，布置的各项练习都画得栩栩如生。有一次，她出了一个"快乐的节日"的主题让孩子们去画。结果，她发现很多孩子都在画一个同样的事物——圣诞树。她觉得很奇怪：怎么大家都在画圣诞树？经过观察，她发现教室后面的黑板上画着一棵圣诞树，孩子们正在照着描画。于是，她把黑板上的圣诞树遮起来，要求孩子们根据自己的想象力创作一幅画来表现这个主题。没想到，这可难倒了那些"画技超群"的孩子。他们抓耳挠腮、冥思苦想、痛苦万分，就是无从下笔。最后，这位教师只好又把黑板上的圣诞树露了出来，这才使孩子们完成了任务。但那千篇一律的圣诞树却引起了我们的深思。

为什么会出现如此现象？中国的孩子画画喜欢问"像不像"，美国的孩子画画则喜欢问"好不好"。两者的区别在于："像"是有样板、有模型的，而"好"则没有一定的章法。中国的孩子之所以喜欢用"像"来评价、形容自己的画，自然是父母、老师给他们灌输了这样的评价标准。

任何一个孩子都应是极具想象力的天才。未经文明规范的孩子，其思维模式还没有被纳入社会公认的体系中，他们天马行空、稀奇古怪的想法其实正是可贵的想象力的火花。然而，无数充满奇思妙想的孩子此后却成长为思想贫乏的成年人，这里要责怪的，自然不是孩子，而是家长和老师，是我们的教育。我们一味强调教育的"无所不能"，把记忆知识当作教学的目的，忽略了孩子学习的主动性，最后控制甚至毁坏了孩子的想象力。这对学生、国家来说，是一种灾难。

鲁迅曾经叹息："我们没有天才！"钱学森生前质问："中国为什么不能出现天才？"中国真的没有天才吗？否，我们的每一个孩子生下来都是天才，是我们的教育扼杀了我们的天才，孩子的想象力经过我们的教育后消耗殆尽了。

试问，这样的教育有什么用处呢？

2. 无用教育的表现

（1）功利化的教育是无用的教育。

大概是受时代、社会的影响，从幼儿园开始，我们就进行功利化的教育，无论父母、学校，还是老师，他们中的很多实施的都是竞争教育、威吓教育、前途教育。如果不这样，似乎孩子就要消失，家庭就要灭亡。于是，学生整天处于功利之中，奋斗、刻苦、努力最终就是为了分数、名次、升学、就业、致富、当官、成名成家、超过他人。这样的教育最终可能让部分人"先富了起来"，但终因根基不深、不大而夭折，乃至失去生命的意义。这样的教育没有也罢，受过这样教育的孩子反而更差。没有受过教育的孩子，如山区的孩子们，尽管知识不多，但他们纯洁，纯真，纯朴，热情。《桃花源记》中的人们都是一些热情好客之人，他们之间没有人与人之间的争斗，有的只是和谐共处——这样一个远离现代教育的世外桃源，引起了我们很多人的向往和追寻。

（2）不按规律办事的教育是无用的教育。

前面讲了，凡事都有规律，唯有按照规律办事，我们的教育才有意义。可是，现在的很多教育却是逆规律而行，处处与规律对着干。幼儿园本是孩子最自由成长的地方，是让学生在游戏中初步认识世界的地方，可幼儿园老师却让学生毕恭毕敬地端坐在教室，用心聆听老师的"天书"，并用成人的一套来要求、灌输着我们的天使。又是1、2、3，又是a、b、c，又是古诗文，既要读，又要背，还要默，真正做到了"不让孩子输在起跑线上"，如果不会，不是打、骂，就是抱怨和歧视。到了小学、初中，这种现象更是有过之而无不及，整天是分数、名次、升学率、比较、竞争；到了高中，教师更是快马加鞭，一堂课讲两堂课内容，三年内容，一年半就教完。从早到晚，学生除了学习还是学习，一切为了高考，一切为了分数。学生成了机器，只能适应教育，适应老师，没有自主权，没有思想权，没有发展权。显然，这是一种与规律完全相悖的教育，完全不符合学生的身心发展规律。试问，这样的教育有什么用？这样的教育有何存在的价值和必要？

（3）不协调一致的教育是无用的教育。

我们知道，教育学生的方式很多，但只有各种方式协调一致，才能共同发挥作用。但在现实生活中，这显然不是协调一致的。"五＋二＝零"的教育现象太普遍了，即五天的学校教育，经过两天的家庭教育的抵消，最终效果全无。再如，现在网络、电视非常普及，学生们无时无刻不在被教育，但网络、电视上负面的东西，对学生的影响也很大，学校教育再出色，也不如它作用的百分之一。学生的可塑性太强，自制力还完全不够，于是，在学校教育与网络、电视传播的信息发生矛盾时，学生很可能选择后者。身边许多真实的教育案例，无不教育着学生，不要多事，不要插手，"事不关己，高高挂起"。教育的诸多不一致，让我们有计划的教育无立足之地。请问，这样的教育有用吗？

（4）师德低下的教育是无用的教育。

"学高为师，身正为范"，这句话是对教师的要求。我们虽不求教师学有多高，身有多正，但总要，像一个教师，这样，你的"示范"才有引领价值，才是学生学习的榜样。但现实很残酷，有些教师"披着教师的外衣，干着非教师的勾当"，他们讲的是马克思主义，行的却是自由主义；他们讲的是仁义道德，行的却是卑鄙龌龊之事。他们在教室里装作对学生关心，却将手伸进不该伸进的地方；他们假借补课之名，对学生进行猥亵和诱奸；他们为了分数，有意识地指导学生考试作弊；因为家长送了一点钱财，便将高大的学生调到第一排；……在这样的教师的教育下，请问，我们的教育还有希望、还有指望吗？这样的教师培养出的是一批什么样的学生呢？这样的教师怎样去引领学生的前行、发展？如何教育学生去承担起建设祖国的重任？教育人的人出了问题，教育出来的学生会没有问题吗？

因此，多种原因导致"教育是无用的"观点的产生。

3. 教育是有大用的

事物是一分为二的，千万不能只看到事物的一面，而看不到事物的另一面。千万不能将个别反面案例无穷放大，从而全盘否定教育，那必然会给教育、给社会、给人民、给国家带来灾难性的后果。

事实上，有用与无用的区别在于学生是不是真的实现了自身价值，是不是能够推动社会发展，是不是能够为社会作贡献。

世上没有完美无缺的东西，教育亦然。正因为教育不是完美无缺的，才有了增长、改进的空间，上面所讲的教育是无用的，实际上那些都是我们的教育在前行中遇到的问题，我们面对之，我们正视之，我们认识之，我们改进之，教育就有希望，教育就会有用，而且会有大用。

正如作家冰心说："让孩子像野花一样生长。"只要我们依据孩子的生长规律，依据教育的发展规律，实施让孩子自由、主动生长的教育，没有强迫，没有必须，没有要求，而是引导、熏染、启迪、示范，注重自我教育，从而助孩子实现自我发展，这样的教育就是大有作用的教育。

只要我们的教育功利心不强（不是说没有一点功利心，完全顺其自然，这是不现实的），各种教育方式和谐一致，同舟共济，在科学的顶层设计的基础上，在"学高为师，身正为范"的教师的教育下，实施差异性教育、个性教育、人性教育、质性教育、趣性教育，而非有差别教育、共性教育、量性教育、分性教育、随性教育，我们的教育必然会适应时代、适应学生，学生发展必然潜力无穷，教育之路必然会越走越广。事实上，我们现行的教育不也正在改变，正在走向规范，正在慢慢地走向科学、走向规律吗？

关于学生

各位班主任，我用很长的篇幅讲了"关于教育"的认识，讲这么多，实际上就是要大家从本质上对教育有一个总的认识，这是整本书的一个纲，一个指导性的思想，下面所有的一切内容都是围绕此点展开的。

说完了"关于教育"，下面就要具体谈一谈班级管理中涉及的两类人了。人是班级的根本，班级管理中主要有两类人，一是被教育者——学生，二是教育者——班主任。对这两类人的认识到位了，将对高效治班有着极其重要的助推作用，因为教育就是人对人的教育与影响。

先来谈一谈被教育者——学生。树立正确的学生观是教育好学生的思想基础。如果教师对学生都不认识，不了解，那教育还会有什么效果呢？教育必然是苍白无力的，是形而上学的，是表面表象的，是无用无效的。

有人说，我怎么可能不了解我的学生呢？我太清楚他们了。某某怎样，某某怎样，如数家珍。但我说的是所有的学生，是他们的共性，是他们作为学生的特性，不是一个，而是一类，是一批，是所有，不管他是幼儿，还是小学生、中学生，乃至大学生。

一、学生是正在成长中的人

1. 正在成长是学生的特点

发展是教育的终极目的，我们所有的教育都是为了学生的发展而开展的，这也正是"学生是正在成长中的人"的一个立论基础。对学生而言，发展与成长是同义词。著名哲学家尼采认为，人是"尚未定型的动物"，其中就蕴含着不能用现实的一切来看学生，不能用不变的眼光来看学生，学生尚未定型，学生还有很多变化，换句话说，"正在成长"就是学生的本质。

学生——正在成长中的人，这一富有哲理和结论性的话，预示着学生的发展有很多的可能性。教育的过程就是不断认识人、发现人、开发人的过程。我们不能只看到现实性，看不到其可能性。我们必须用发展的眼光来看待学生。

学生既然是成长发展中的人，那就不一定成熟，不一定完善，不一定合规矩，不一定合要求，就必然存在这样那样的问题，就必然存在不合乎成人思维模式和行为规范的方面，而这正为学生的成长和发展提供了可能性，这也正是教育的伟大之处——能够让学生从不能变得可能。

2. 正确理解"正在成长"

（1）"正在成长中的人"的学生观，要求我们正确对待学生成长中出现的各种缺点，把"有缺点是学生的常态""没有缺点的学生是不存在的"作为学生观的基本观点，也就是说，每一个学生都是有问题的，但这些问题为学生改变、改进、成长、发展提供了可能，所以，当学生叛逆了、打架了、骂人了、反抗了、对立了、不听话了，你就不能将其看成是"洪水猛兽"，因为这些是正常现象，是学生成长中必须经历的。学生叛逆了，说明学生自我意识已经觉醒；有偶像了，说明学生有了自己的努力方向……我们不能只看到坏事。再如打架、骂人，这确实不是什么好事，但你想一想学生是什么时候打的，打的谁，为什么打时，你可能会得出另一种结论。所以，学生存在的所谓"缺点"，可能经过一番分析后，却变成了优点，变成了好事。我们教育所要做的就是洞察，就是顺从，就是引导，就是"见微以知萌，见端以知末"，千万不能总用老方法要求学生，让学生总是生活在过去的要求里，如果这样，学生将永远长不大，那就是教育的悲哀了。

（2）"正在成长中的人"的学生观，要求我们把每一个学生看成是天使。他们来到这个世界上后，就一直在寻找为他们缝补翅膀的人，这缝补翅膀的人就是我们。作为班主任，如果我们不嘲笑他们的青涩、荒唐、鲁莽，能够给他们一种鼓励，一种包容，一种耐心，怀着一颗真诚的竭尽所能走进学生心灵世界的心，那么他们就会在没有忘记天空的时候，缝上翅膀重新成为天使。

（3）"正在成长中的人"的学生观，不是要做班主任的对学生听之任之，相反，发现他们、顺从他们、引导他们有序有效发展应该成为班主任的神圣使命。这种使命不仅是呵护、包容、放手，有时还要严格，在他们经历风雨后引导他们奋斗、努力，克服自身问题，从而更好地长大。

现代美学大师朱光潜说："有些人天资颇高而成就则平凡，他们好比有大本钱而没有做出大生意，也有些人天资并不特异而成就则斐然可观，他们好比拿小本钱而做大生意。这中间的差别就在努力与不努力了。"冰心也在《成功的花》中讲："成功的花儿，人们只惊羡她现时的明艳！然而当初她的芽儿，浸透了奋斗的泪泉，洒遍了牺牲的血雨！"学生的成长也是如此，自然是需要教师用心发现并进行科学的引导、教育的。

二、每一个学生都是独特的

1. 世上没有相同的两个学生

哲语讲："世上没有两片完全相同的叶子。"同样，世界上没有两个完全相同的学生，更何况，在他们接受了后天的教育之后，更会有诸多的差别，每一个学生都是一个世界，每一个学生都是一部独特的书。

霍华德·加德纳的多元智力理论也告诉我们：每个人都同时拥有九种以上的智力——语言、数理逻辑、空间、身体运动、音乐、人际、内省、自然探索、生存智慧等，只是这些智力在每个人身上以不同的方式、不同的程度组合存在，使得每个人的智力都各具特色。多元智力理论也充分证实了每个学生都是独特的，只是他们的表现不同罢了。

为什么人是独特的？这是由社会的、历史的、家庭的、生理的种种原因造成的，这些原因致使每个学生在诸多方面都存在着明显的差异，即在认知、情感体验、身体素质、行为习惯、见识积累、兴趣特长、思维发展、生长环境、心理承受、家庭教育等等方面均有差异。

2. 尊重独特，因材施教

诗人纪伯伦曾经说过："他们在你身旁，却并不属于你。你可以给予他们的是你的爱，却不是你的想法，因为他们有自己的思想。"

的确，学生的独特性，如同商品的品牌一样，是一个人与众不同的标志。因为学生具有独特性，他们都是独立存在的，理应只属于他们自己，不属于父母，也不属于班主任。这样，我们就绝对不能用命令、要求、禁止、必须等词规范教育学生。

（1）不歧视学生。

要尊重独特，必须从不歧视独特、不贬低学生开始。尊重大自然的杰作，尊重每一个生命，这是对一个人生命权最起码的尊重。更何况，有的学生只是集体中的极个别，有的甚至可能是因为我们所用的标尺是错误的，硬是把他们拉入了"问题学生"的行列之中，这是我们自己量错了。我们对学生的尊重必须是发自内心的。

（2）一视同仁。

在一个班级中，50个学生50张面孔，各有各的个性特点，各有各的性格品质，各有各的家庭背景，各有各的长相面貌，各有各的拿手绝技。但有很多老师总是从自己的喜好出发，主观认定哪个是好的，哪个是差的。显然，这不是尊重每一个，这不是一视同仁。一视同仁就是要从各类学生的实际出发，保护他们的学习热情，培养他们的学习兴趣，指导他们掌握正确的学习方法，增强他们学习的内驱力，珍视学生个体表现特点，使每一位学生都能得到发展。

（3）因材施教。

孔子是"因材施教"的首倡者，他说："中人以上，可以语上也；中人以下，不可以语上也。"朱熹在他的《论语集注》中指出，"孔子教人各因其材"，"圣贤施教，各因其材，小以小成，大以大成，无人弃也"。可见，古人育人，已注重了"因材施教"的教学原则。

在当今，更应该根据学生的独特性做到因材施教，即不去抱怨任何一个学生，不用统一的要求、统一的模式、统一的作业、统一的考试对待每一个学生，更不能用一个统一的"模子"铸造标准化的学生。面对那些平时成绩平平、上课溜号、不写作业的学生的时候，不应只是唉声叹气，而应自觉地把握这种学生间的差异，依不同学生的个性而教，顺性而教，依性而导，把独特、差异看作一种教育资源加以利用和开发，直至转化为财富。

3. 因材施教的注意点

（1）共性教育不可少。

独特性决定了教育必须因材施教，这是一条总的原则，必须切实得到贯彻。但不能因此而忽视了共性教育：做人的教育——真善美为根的教育，公民道德教育，遵纪守法教育，永不懈怠的教育——这是学生的立身之根本。只有将共性的普适性教育与遵从个性的因材施教有机结合起来，做到同中有异，我们的学生才能既有明显的共性，又有明显的个性。

（2）多元评价。

因材施教是一种教育原则，也是一种教育策略，还是一种教育手段。为了使因材施教落到实处，还必须做好与之配套的工作——多元评价，因学生特点而采用不同的评价标准，让学生在不同的评价中得到最精准的自我认知，知道自己的优势、特点、发展趋势及自己的弱势、缺点、待改进之处，从而有策略地进行自我调整、自我教育、自我发展，更好地扬长避短，使自己得到最佳的生长。

（3）因材施教有时需要模糊。

因材施教确实对所有学生的成长有意义和价值，但如何评价真正做到了因材施教却是一个很大的问题。有的老师采取了各种各样的方法，做了精细的工作，费了九牛二虎之力，但最终发现了解得越多、越细，似乎越难实施，效果越是不明显。确实，因材施教是一种理想化的教育，一个班50多个人，怎么可能对每一个都了如指掌？但所谓"水至清则无鱼，人至察则无徒"，事实上，我们也没有必要达到"至"的地步，我们应该实施模糊教育、模糊评价策略，当然特殊情况除外，这样，我们在因材施教时，就会得心应手，自然而然。

三、学生都是可教的

洋思中学以中国现代教育家陈鹤琴的"没有教不好的学生"为自己的办学理念，经过三十多年的努力，我们不断地践行着这一理念。但很多人对这句话持怀疑态度：怎么可能把每个学生都教好呢？但我以为，这句话是正确的，是有理论根据的。

1. 理论依据

（1）人的本性决定的。

"人之初，性本善"，言外之意，一个人出生之时是善良的，是没有坏心的，是处于一种原始状况的，在他的眼里一切都是新的，美的，好的，善的。这个"本善"之"性"决定着每一个人都是可教的。"江山易改，本性难移"，更说明人由小而产生的"本善"之性是不容易改变的。既然人的本性是善的，那么，其必然是向善的、向师的、向上的，这为一个人的成长奠定了坚实的基础。

（2）人的潜能决定的。

根据生物学、生理学、心理学、精神病理学等学科的研究，人们生来就具备一种特殊的能力。不过，这种能力隐秘地潜藏在人体内，表面上是看不出来的，它就是我们通常所说的潜能。有的人能够把这种潜能充分地挖掘并予以无穷的放大，于是，这种人就成了人们所说的天才。其实，天才并非我们平常所认为的只是少数。人人都具有一种潜能，只要充分利用这种潜在的能力，任何人都能做出不平凡的事业，都能成为天才。所以说，天赋差异有限，生命潜能无限。

心理学家罗森塔尔曾经做过一个实验，他来到一个学校，对其中的一个班级说，这个班级的同学都很聪明，很有发展潜力，其实这个班级和其他的班级没什么两样。但是，几个月后，奇迹发生了，老师们惊奇地发现，这个班级的同学成绩跟其他班级相比有了显著的提高，而且他们都很看重自己。究其原因，是因为同学们听了罗森塔尔的话后，自信心大大提高了，自身发展的潜能得到激发。

罗森塔尔效应实际上采用的是积极的心理暗示。在积极的心理暗示之下，学生都会越来越觉得真有那么一回事，就鼓起了自信心和做事的热情，于是就会通过各种策略与方法，挖掘自己的潜能，并努力地实现自己。

从潜能多样性角度看，每个孩子都是天才，都是不简单的。或者说，每一个孩子都是准天才。所以，在教育的问题上，首先要相信孩子，相信孩子是一个天才，然后再根据天才的要求去科学地教育他。

2. 学生"差"不是因为学生不可教

那么，有人说，为什么在现实生活中确实存在很多所谓的"不可教"的孩子呢？我以为，这不是孩子的错，这不是因为孩子不可教，而是由后天和其他因素造成的。

（1）后天教育造成。

陶行知曾讲过："教育就是教人变。教人变好是好教育，教人变坏是坏教育，教人不变或不教人变不是教育。"我们现在的诸如家庭教育、社会教育、学校教育存在着种种的问题，前文已经对此作了分析，不再赘述。我只想说，孩子是好的，是我们的教育出了问题，这儿的教育当然是广义的教育。

（2）后天环境造成。

人是环境的产物。当他所处的环境是一个纯洁的环境时，他不纯洁都不可能，当他所处的环境是一个肮脏的环境时，他不肮脏也不可能。"近朱者赤，近墨者黑"就是形容人会受到环境的影响。比如家长天天打麻将，天天争吵，从不关心孩子的成长，孩子在这样的环境中长大，他将来会如何看待家庭、社会？父母是孩子的第一任老师，第一任老师的好坏，将直接影响"性善"的孩子的变化。

（3）后天评价造成。

"可教"是一个相对的概念，而不是一个绝对的概念。绝对的概念是指孩子成为父母、老师、社会所期望的那种人——高中要上重点高中，大学要上清华、北大，做人要做雷锋、刘翔，成事要像钱学森、毛泽东，立言要像季羡林、莫言，做官要做习近平、李克强……有人说，我的目标没有这么高，确实，我列举的目标自然都是高的，可很多家庭不是都希望孩子的目标越高越好吗？目标高了，才有成就感；目标高了，父母都有脸面；目标高了，家庭才会出众。可哪里会一切如父母所愿呢？谁说倒数第一就是差？谁说扫马路就是差？谁说到三十岁找对象就是差？评价标准错了，孩子肯定是教不好的。如果用上面这些标准来评价我们的平常之人，那有几个人能教得好？最终绝大多数是教不好的——毕竟所谓的精英只是少数啊。事实上，有些所谓的精英，实践证明也并非精英！

3.教好学生是要有策略的

学生可教，为教好学生提供了无穷的可能性，而最终是不是能够教好则取决于后天的教育。后天的教育顺从"善"的天性，顺从学生的"潜能"，则必然可以教好。同时，教育学生也是有法可循的。

（1）教育学生从相信学生开始。

陶行知认为，教育孩子的全部秘密在于相信孩子和解放孩子。我也一直坚信，"没有相信就没有教育""教育好学生必须从相信学生开始"。我们要相信孩子都是天使，孩子富有潜能，相信孩子能够教好，这是对自身的一种信任，没有自信，怎么可能努力去教好？

相信孩子是教育好孩子的前提。老师的信任在无形中会对学生产生巨大的影响。为了不辜负期望，学生会发奋图强、刻苦学习，因此而取得优异的成绩也就不难理解了。受到激励的孩子会具有积极的人格特征，会更容易取得成功，而得不到鼓励的孩子会产生消极的人格特征，会更容易成为失败者。

（2）了解学生，是可教的基础。

很多的教育总是从教育者的角度来思考，而没有从受教育者的角度来思考，都是要求、必须、一定、禁止、不许之类的教育言语。这不是从学生实际出发，这纯属"逼迫教学""经验教育"。真正的教，应该从了解学生开始，这样才能对症下药。

我们无法想象，一个对病情根本不了解，或者是一知半解的医生如何给病人开药方，如何给病人做手术。所以，了解很重要，这种了解既是抽象的，普遍的，指向人这个群体的；也是具体的，特殊的，指向具体的某一个人的。所以，在医治病人的过程中，才需要医生进行"望闻问切"，需要仔细地询问，必要时，要通过各种检查手段诊断他所面对的每一个病人，把握住每一个病人的具体症状，最终找到医疗方案，拿出措施，开出药方。这就是所谓的"对症下药"，这是每一个医生必须做的，也是作为医生的基本功。老师不是与医生一样吗？他们要了解学生，把握学生成长中各个阶段的特点，洞悉每一个学生的发展实际，在全盘了解的基础上，进行有针对性的有效教育。

医生只有了解病情，检查到位，做到心中有数，拥有必须和必要的医学知识，才有资格做医生。同样，老师只有真正全面了解学生，了解每一个学生的具体情况，拥有必须和必要的教育知识，才有资格做老师，做班主任。

（3）对症下药，是可教的关键。

了解了学生，只是教育的开始，要教好学生，还必须开对药方。

陶行知以生活教育为教育思想，让学生进行教育实践，在实践中实现教育的升华；魏书生利用科学和民主把班级学生调教得有条不紊，即便长期外出，学生也能够进行自我教育，获得长足发展；李镇西利用平民思想，实施幸福教育，让他的学生一个个度过幸福的中学生活……这些教育大家师德高尚，思想前瞻，教法先进，他们都能做到对症下药。请问，在他们的教育下，有几个学生会教不好？会没有进步？但与之相对的却是一少部分老师师德一般，乃至低下；思想一般，乃至落后；教法一般，乃至老套。试问，这些老师又怎么能够对症下药，又快又好地医治好学生发展中存在的诸多疑难杂症呢？——老师、师德、教法很是关键啊！

4. 人文教育自卑生

如果有些学生长期无成功体验以致很自卑，怎么办？

（1）找简单的活儿让他干，让他体验成功，说明他不笨，不差。

（2）现身说法，讲老师自己的事情，有时可以编故事，让学生确信，老师现在之所以优秀，是因为不相信自己差，差是错误的表述。

（3）引导学生回顾过去，说明自己过去本就聪明，能干，现在之所以差，是因为坚持不够，是因为缺少毅力，是因为自信不够，努力使学生找回自信。

（4）突破一点，全面展开。让学生在某一个方面获得成功，从而推及其他，泛化体验，最终由此及彼。

（5）重新评价，表扬激励。本来是差的，但经重要人物——名师指点后，还是原来的差的人，差的事，差的试卷，但变好了，这种好是重新评价的结果。这样，学生在重新评价中获得了新生，就会重新鼓起生活的勇气。

挖掘每个学生的潜力，调动一切积极的力量，再加上教师对学生的殷殷期盼和高度重视，学生一定会体验到甜处，这将激发他们潜在的成功欲望，而有了这个欲望，学生的潜能就能得到最大的发挥。不管其最终是不是能实现他的理想，进步、发展、提升是必然的。

四、学生不小

学生，在很多老师眼里，是渺小的，是不懂事的，是不堪一击的，是不值一提的，是微不足道的。于是他们对学生持冷漠、歧视、鄙薄的态度，甚至恶打、谩骂、侮辱。我以为，这是典型的以大欺小，以强凌弱。这不是一个老师的行为，这是一种恶徒的行为。假如，这些学生是大人物、是与之平等的同龄人、是身强力壮的小伙子，他们还会这么做吗？绝对不会。他们之所以这么做，很大程度上是因为学生太"小"了。学生的"小"，衬托出所谓的老师的

"大"，而为了维护"大"字，他们采取了以上一些非"人道"的教育之法。

1. 学生很"小"

学生确实"小"。身体小，除了大学生，除了中小学中一些个子高大的男生，大部分确实个头小，身材小，力量小，这是由其生理特征、生长规律决定的，谁也无能为力；知识"小"，因为他们还在成长中，还处于不断地学习状态之中，还在读小学、初中、高中，知识自然不健全，特别是社会知识更是缺乏；能力"小"，他们个人能力还不强大，还没有成为真正的自我，还没有形成自己的思想，自己的世界观、人生观、价值观，可塑性还很强……他们"小"的地方确实太多了。

2. 学生不"小"

著名教育家陶行知在《小孩不小歌》中说："人人都说小孩小，谁知人小心不小，你若小看小孩子，你比小孩还要小。"陶行知先生一语道破了学生的真谛——学生不"小"。

（1）品质不小。

与成人相比，学生最大的特点就是不成熟。不成熟的背后就是不能像成人那样看清社会，认清世道。我们的学生非常单纯、天真、诚恳，他们爱就是爱，恨就是恨，不高兴就是不高兴，想说就说，想干就干，没有一点虚伪，没有一点做作，没有一点欺诈，这不正是我们老师、我们班主任、我们这个社会所要追求的吗？如此看来，学生还小吗？

（2）志向不小。

学生是正在成长中的人，为了成长，为了自己的志向，他们充满好奇，他们争强好胜，他们不甘落后，他们充满理想，他们充满想象，不断地追求。尤其那些所谓的"差生"们，他们为了摆脱落后的帽子，更是奋发努力，肯吃苦，肯下功夫，肯向他人请教，肯委曲求全，坚持不懈，目的就是要达到预想目标。这不也是我们成人不能做到的吗？我们很多成人有这种理想与追求吗？有这种不服输的毅力吗？我们很多成人没有自信，不肯努力，得过且过，对别人要求甚多、甚高，对自己要求却很少、很低。如此说来，学生还小吗？

鲁迅先生说："孩子是可敬佩的，他常想到星月以上的境界，想到地面下的情形，想到花卉的用处，想到昆虫的语言；他想飞到天空，他想潜入蚁穴。"孩子们充满着奇思妙想，而我们有这样的想象力吗？学生小吗？

（3）知识不小。

老师成天相处的是一帮学生，不是一个学生，一个学生的知识可能有限，但一帮学生加起来，就不是老师所能比的了。事实上，即使一个学生的知识有时也不是老师能够比的，他虽然看的书没有老师多，但与老师看的不同；他虽然能力没有老师强，但有老师没有的能力，所以，如果老师与他比，还不一定比得过。老师教的是一门功课，可能他在这一门上的知识确实很不错，但别忘了，如果与所教的班级所有学生比，可能就不如他们了。假如老师教的是文科，如语文、历史、政治等，个别的学生的知识甚至有可能超过老师。如此说来，学生的学识还小吗？

"小"与"大"是比较的结果，"小"与"大"是相对的。学生没有框框条条，而老师却受到思维定势的影响；除了教材上的知识，学生的很多知识都超过了老师的预知，而老师除了教材，很多方面都不能与时代接轨；学生之间彼此包容，争斗之后还是好朋友，而老师因为争斗，或许真的就撕破了脸；等等。只有认识到学生不"小"，做老师的、做班主任的才能真的不断"大"起来。

3. 向学生学习

孔子说："三人行，必有我师焉。"这句话说的是人人都有可学习之处，其中包括学生。韩愈在《师说》中也说："是故弟子不必不如师，师不必贤于弟子。闻道有先后，术业有专攻，如是而已。"这句话道出了老师只是"闻道在先，术业有专攻"而已。事实上，经过一段时间后，学生取代老师、学生超越老师的事实举不胜举——"长江后浪推前浪，一代更比一代强"是也。

（1）摒弃陈旧思想。

"师道尊严"是加在老师身上的枷锁，它让老师装起"大"来——我是老师，你必须听我的；我是老师，我岂能向你学习？这种"大"既害了学生，也害了自己。

只有彻底地摒弃之，才能正确地定位自己，正确认识学生，正确定位师生关系。学生不是一无是处，学生不是盘器，自己也不是什么救世主、全能全知者，要拿出与学生平等相处的姿态，与学生和谐相处。

（2）做好自己。

做好自己，才能让学生尊敬。

做好自己，包含的方面很多，在第三讲里，我专门讲这个问题。

在这儿，我重点讲正确与学生相处的问题。我们完全可以主动地与学生打招呼，让学生感受到你的温暖与爱。这样，你就值得学生亲近，千万不可装大、显摆。很多老师从来不主动与学生打招呼，为什么？还是"师道尊严"思想在作祟。假如你主动打招呼了，就会发生另一种情况，学生会很激动，认为老师很看重他。你想一想，假如校长主动与你打招呼，你会怎么想，怎么看？为什么不能换位想一想呢？

当然，自己需要做好的方面太多了，这里我只讲这么一个例子让大家感知做好自己的重要性，这也是向学生学习的一个方面——向学生学习主动与老师打招呼。

（3）教学相长。

摒弃"师道尊严"是向学生学习的前提。只有摒弃了，你才不会"装大"，你才会和学生平等相处，才会真心地向学生学习。

陶行知先生说："我们要向小孩子学习，不愿意向小孩子学习的人，不配做小孩子的先生。"陶行知是伟大的，他尚且向学生学习，普通平凡的我们，有什么理由不向学生学习呢？

在具体工作中，切实做到既把学生作为我们的教育对象，又把学生作为我们的学习对象——学习他们的品质，学习他们的追求，学习他们的知识，向他们讨教，跟他们商量，不唯我独尊，不妄自尊大，蹲下身子看学生，想学生，学学生。如此，这样的"师道"就会长久，这样的"尊严"就会被重塑，这不就是"教学相长"吗？这不仅长了学生的尊严，也长了自己的知识，长了自己的威信，长了自己的形象，何乐而不为呢？

五、尊严：学生的第一需要

"你这个笨蛋，真是笨到家了。""你考这么差，还有什么脸面进班？""你怎么好意思的，作业老是不做，太丢人了。""怎么又是你，我们班的脸被你丢尽了。""你好意思，我还不意思呢，真懒得跟你说。""跟你讲真是对牛弹琴。""你看你，个子这么高，身块这么大，成绩却这么低，典型的四肢发达，头脑简单。""有本事，你跳楼，吓谁呢！"……

这些话，听过吗？听得太多了，我们身边比比皆是。这样的话每天都重复出现在我们的教室里，我们的办公室里，我们的校园里。有的甚至成了某些老师的语录、口头禅了。

多么可悲的老师！多么可悲的教育！多么可怜的学生！学生来到学校，来到班级，结果在某老师的教育之下，脸面全无，变成了"人人喊打的过街老鼠"！表面上是学生不好，是学生太差，是学生屡教不改，但是，确实如此吗？否，这是与学生有关系，但说到底是教育没有起任何的作用，甚至是教育使他越来越糟糕。老师的教育没有让学生获得任何自尊，让学生受不了，让学生对立起来了，让学生烦躁起来了，最终走向了教育的反面——我行我素。

苏霍姆林斯基说："教育的核心就其本质而言，就是让儿童始终体验到自己的尊严感。"

美国著名的哲学家杜威认为："人类本质里最深刻的驱动力就是渴望具有重要性。"

美国杰出思想家爱墨生说："教育成功的秘诀在于尊重学生。"

约翰·高尔斯华绥说："人受到震动有种种不同：有的是在脊椎骨上，有的是在神经上，有的是在道德感受上；而最强烈的，最持久的则是在个人尊严上。"

中国有句俗话："打人不打脸，伤人不伤心。"

中国宪法明确规定："中华人民共和国公民的人格尊严不受侵犯。"

从名家名言到国家法律，无不强调了尊严对于人的重要性。同样，尊严对于学生也是最重要的。

1. 何谓尊严

《现代汉语词典》中注解"尊严":"可尊敬的身份或地位。"

保护学生的尊严,就是在教育过程中,教师采取的一系列的,符合学生身份或学生地位的,让学生有尊严地学习、成长、发展的教育行为。

学生的身份是学习的人——坐在教室里与同学们一道进行学习、求知、上进的人。如果教师允许学生这样做了,就是给了学生尊严。但是,如果教师不允许学生进班,让他站在门外听课,做一个旁听生,抑或让他蹲着听课,让他站在后面听课,对学生来说这就不是尊重他的尊严;如果学生迟到,教师罚他一人去操场跑五圈,这也是不珍视他的尊严;如果大家都在学习的时候,你罚他打扫卫生,这就不是珍视他的尊严;如果他犯了错误,你对他大打出手,这就不是珍视他的尊严;如果学生默写出错了,你罚他抄上一百遍,这就不是珍视他的尊严……

不尊重有一个共性,那就是我们的很多教育行为与"尊严"的内涵相背,没有给学生应有的"脸面"和"尊重",自然而然地,学生就觉得,自己不是一个学生,自己没有一种主体地位。其内心受到伤害,自然会影响到其行动,必然出现"破罐子破摔"的严重后果。

2. 尊严的表现

(1) 人人有尊严。

只要是人,都有尊严。有的教师认为,尖子生有尊严,"差生"没有尊严,"差生"是"死猪不怕开水烫",他们脸皮厚。其实,班级中最痛苦的是他们,这些学生原本并没有那么差,他们来到学校、来到班级,原本并不是来搞破坏的。"向善、向上、向师"是学生的本性,现在他们为什么变了?固然与他们自身有关系,他们自身有问题,但问题谁没有?当学生出了问题时,老师、班主任该怎么处理呢?由于教育不成功,最后老师、班主任总结出八个字:"屡教不改,不可救药。"这样的学生成了"无人管"的学生,他们为了捍卫自己的尊严,必须做出"举动",让老师知道班级有他,让同学知道班级有他的存在,于是,就做出了一系列的证明自己"尊严"的可怕的举动来。

（2）处处有尊严。

尊严无处不在。课堂，是表现尊严最集中的地方。课堂上，老师提问最多的是尖子生，微笑最多的是尖子生，板书最多的是尖子生，表扬最多的是尖子生，因为尖子生代表着班级的希望，老师要靠他们为班级争光，于是，老师给足了他们"尊严"。而那些所谓的差生呢，位置在最后三排，在边上，老师上课高兴时看他们一眼，不高兴时一堂课都不关注一下。他们举手了，老师视若不见；他们做对了，老师充满惊讶；他们睡了，老师很庆幸——没有破坏纪律，万事大吉！

学生的尊严处处都有，处理不好就让人难堪，让人痛苦不堪。

（3）尊严无远近。

有人说，我现在不给他面子，是为了让他将来有面子。这话对吗？我说错了。尊严影响力很大，有了尊严，学生就会努力奋斗，不懈向上，最终在有尊严中获得成功。如果失去了尊严，他们就会失去信心，就会自暴自弃，因此影响其一生的发展。很多人在回忆自己为何落到悲惨境地时不都是这么讲的吗？所以，我们从小、从现在开始就应该给学生以尊严，让其有尊严地成长，有尊严地学习、生活、工作。

3. 让学生拥有尊严

（1）引导学生树立正确的尊严观。

表扬、赏识、奖励固然是尊严，但适当的批评、否定、惩罚也是尊严，这可以促使人自己改变，自己长大，自己更正问题，从而更有尊严。尊严是自己挣的，不是哪个人给的。如果自己努力不息，奋斗不止，不断地进步与发展，就有尊严；相反，如果不思进取，怕苦畏难，没有自信，没有理想，庸庸碌碌，浑浑噩噩，那就没有尊严。失败者也不是没有尊严，因为尽管尽自己的努力最终没有能够成功，屡败屡战，这也是尊严。能成功却没有努力，最终迎来的是失败，这是最大的没有尊严。

引导学生知道尊严的内涵、实质，从而有效地去追求尊严，收获尊严。

（2）班主任做好尊严的示范者。

要让学生有尊严，班主任理所当然地应该成为尊严的示范者。班主任要为维护自己的尊严而工作。但这种尊严，同样不是学生给的，而是自己不懈努力获得的。这种尊严，与"师道尊严"不同，不是装出来的，不是秀出来的，而是自己通过自己的工作，通过对学生真挚地关怀、对班级真诚地付出获得的。

班主任要用自己的示范，让学生明白如何做才能获得尊严，如此，身体力行地引导学生用自己的实际行动获得尊严。

（3）极力打造富有尊严的班集体。

人是环境的产物。当在一个富有尊严的班集体里时，每一个学生都有一股力量，都会努力为班级尊严而努力。班级有了尊严，每一个学生都有脸面，都觉得光彩。所以，老师、班主任一定要让班级富有尊严，不管这个班级如何差，也不能说这个班差，而要想方设法地树立起班集体的尊严来。一个班集体没有尊严、没有荣誉，在这个班级学习的每一个人都很难成为一个有尊严和有荣誉感的人。所以，必须想方设法地捍卫学生的、班级的、自己的尊严。有了尊严的班集体，才会有无穷无尽的力量与潜能。

（4）班主任如何保护学生的尊严。

①平等相待。

班级中所有学生都平等，这种平等首先是指人格上的平等。在平时的教育教学中，教师做到一视同仁，实施无差别教育，让每一个人都感受到班级的温暖，让每一个人都感受到同学之间的关爱，让每一个人都充满希望、充满理想，都有一种豪情。

②不放弃差生。

"班级放弃我，我就放弃班级；班级没有放弃我，我就不能放弃自己。"这是差生的普遍心态。言外之意，你给我尊严，我就给班级尊严。所以，班主任必须不放弃每一个学生，让他们每一个人都富有尊严。只有不放弃他，他才不放弃自己，这样的教育才有品位与意义。

③尊重差异。

学生之间有差异，这是正常的。在教育中，我们要充分地尊重这些差异，把他们变成教育的资源，对差生做到多关注，多体贴，走近他们，理解他们，帮助他们，激励他们。少让他们与尖子生比较，要让他们不断地放大自己的优点与优势，让他们对前途充满自信。

④适度宽容。

"人非圣贤，孰能无过"，学生不是圣人，所以，班主任要有"允许学生犯错""学生犯错是正常的，是生长的必需"的观念。同时，必须清楚，这种错不是低级的错，不是浅层次的错，而是发展中的错，这样，班主任才能包容并促进学生发展。

关于班主任

"班主任是什么？""班主任是干什么的？""班主任将往哪里去？"这几个问题如同哲学问题"我是谁？我从哪里来？我要到哪里去？"一样，是班主任必须考虑的问题。这是一个班主任角色定位问题，这是一个行为方式问题，这是一个理想目标问题，因为你把自己定位成什么角色，你就会自觉不自觉地扮演这种角色，于是就会真的成为你所希望的那种人。

一、班主任是成长者

1. 班主任不是完人

多数班主任在学生心目中是无所不能，无所不会的，是一个无比高大的形象。但班主任必须正确认识自己，千万不能用学生的眼光来看待自己，以为自己真的如此。

"人贵有自知之明"，我是谁？我究竟是怎样的人？对自己必须有一个正确的认识。

班主任是什么人？一个成长者，他并不是学生眼中的完人，也有很多的问题与缺陷。这不是自卑，我们必须摒弃自卑，但又必须正确认识自己，自信而不自负，才是进步的关键所在。所以，必须认识到每一个班主任都不是一个完人。我们的修养还不够，我们的认知还不够，我们的水平还不够，我们的能力还不够，我们的情感还不够，我们的适应力还不够。诸多的不够让我们认识到自己的实力，从而能够最大限度地去教育、去发展。

2. 永远向上才能成长

我们虽然不是完人，但我们要努力成为完人——当然这是理想与目标，是不可能实现与达到的。即使如此，我们也要努力去做得更好。

怎样去做？我以为首要的是做到永远追求，永不放弃学习。

当今社会已经进入一个知识迅速更新、技术频繁换代、信息几近爆炸的时代，在这样一个时代，学习就不仅仅是一种观念、一种态度，更是一种成长的需要。班主任为了培养学生，为了自己的成长，不学习如何跟得上时代的发展？如何引导学生学习成长？如何做好学生的表率？如何提高自己的育人水准？这种学习不是一时的事，而应该是一世的事。"活到老，学到老"。当然，学习什么，怎样学习，在后面第六讲里会有记述，这里不再赘述。

永远追求，还要求我们永不放弃梦想。有人说，班主任是蜡烛，是春蚕，"春蚕到死丝方尽，蜡炬成灰泪始干"，我却不这么认为。我以为，班主任最终应该是太阳，既照亮别人，又实现自身价值，让人们去歌颂，去赞扬。班主任也应该是"自私者"，在成就别人的同时，为什么不能发展自己呢？

追求及成长，既让学生获得发展，又让教师获得发展，一举两得，何乐而不为呢？

3. 和学生一道成长

学生是什么人？前面已经讲过，是成长者。班主任是什么人？是成长者。班主任应该与学生一道成长，努力地、真诚地让学生成为自己成长的催化剂。

哪一个班主任身上不存在问题？如写字龙飞凤舞，拖课成风，怨气十足，经常抢课、罢课、爱喊家长，无能为力……怎么改掉这些毛病？承认不足，承诺改进，让学生监督，请学生评价，当自己有成效时，奖励学生和自己。请问，自己做出了表率，学生也在自己的表率带动下进步成长，共同改进，这不是一件非常快乐的事情吗？班主任千万不要在学生面前掩藏缺点，更不要装大，而应该"现出原形"，以本来面目出现，一方面让学生知道，"金无足赤，人无完人"；另一方面让学生知道，老师在努力改正，老师就是你们的表率，你们也不是完人，也要改正。既有样子，又有示范，学生不是更能走近自己，更能有效成长吗？所以，班主任要感谢学生，没有学生，就不会有自己更快更好的成长；班主任应该感谢学生，先是你成就了学生，然后是学生成就了你；班主任不能为自己犯错找理由，要为自己改错想改正办法，让自己成为学生的榜样与表率，实现师生共生、共长、共发展。

二、班主任是代言人

1. 国家法令中班主任的含义

在国家《教育法》《教师法》《中小学班主任工作规程》等法律法规文件中，都对班主任作出具体而明确的界定，总括起来要点有以下几个方面：班主任是班集体的组织者和领导者，班主任是学生发展的全面促进者，班主任是联系班级中各科任课老师的纽带，班主任是沟通学校与家庭、社会的桥梁，班主任是学校领导实现教育教学计划的得力助手和骨干。

一句话，国家和学校的教育目标最终都落实到每个班主任和每个学生身上，所以，具体的执行者往往是班主任。从这个意义上说，班主任确实是国家、学校教育的代言人，代替学校去全面地执行国家任务，实现国家教育目标。

2. 现实生活中班主任的含义

在现实生活中，班主任的内涵却没有这么深刻与书面化，而是显得非常浅近、口语、实在、亲切。

当家的——一家之主，班主任就是班级家庭中的父母；承包者——班主任是一个班级的法人代表，他承包的是整个班级；守护神——班主任是每个学生的守护神，时时刻刻保护着学生；孩子王——孩子会的，班主任要会，会带领孩子玩，让学生在玩中得到快乐与享受；调解员——学生间发生矛盾了，班主任要能够发现并调解，能够让他们重归于好；收银员——各种收费，班主任要账目清晰，不能有任何的差错；心理师——学生想不通了，班主任要能走进学生内心，用心理治疗法，让学生心理健康；传话筒——家长有话、学校有要求，都是通过班主任来传达、告知；苦行僧——忍受来自学生、家长、科任老师、学校等方面的压力，苦心工作；医生——学生病了，小病要能医，大病要能察，不能有任何的耽搁；警察——学生失窃了，班主任要能侦案、破案；保姆——班主任一定要关心学生的衣食住行……

班主任代言了这么多人的角色，确实是不简单。

3. 做好学生成长中的"贵人"

既然班主任是代言人，就应该行使好代言人的角色，做好学生生命、生长中的"贵人"，珍惜与学生的这一段缘分。

有的是"明贵人"，如"差生"遇上了你这位好老师，你就是他的"贵人"，因为你让他变化了，他会永远记着你；有的是"隐贵人"，如一个优等生遇上了你，他本身就很优秀，你不时地激励、引导、激发，他最终成人成材了，却不一定记得你。事实上你在他的成长中没有起绊脚石的作用，没有起负作用，而是一直发挥正能量的作用，在尽自己的努力去影响与发展学生。

三、班主任是导师

19世纪，英国学校中出现了"导生制"，这对班级发展产生了巨大的推动作用。"导生制"就是根据儿童的年龄和发展水平划分等级，对进度相同的儿童系统性地开设科目，编制班级，实施同步教学；除老师之外，班级还配备"导生"，这些"导生"在老师的指导下对低年级的学生进行教学与管理。这是学校"导师"的来历。

现在的班主任不应该仅满足于当一名教师，更应该争当"导师"。

1. 关于"导师"

做"导师"人人向往，却不是每一个班主任都能做的，做"导师"是有条件的。

（1）关于"师"。

古语讲："师者，所以传道、授业、解惑也。"即作为"师"，首先自己要有积淀，有能够为"师"的资格——要有传道、授业、解惑的本领，要能够让学生可学，要能够教学生东西，要能够让自己成为孩子成长中的"模型"。现在，老师的师德更加重要，它是成为一个老师的最基础的条件——本领再高，品德不行，永远不能成为"师"。所以，要想成为"师"，必须具备两个条件：师德、师能。

在洋思的主楼大厅里，有这么一句话："老师们，请记住，每一个老师都是一部教材。"当你成了"教材"之时，你就成了"师"。要成为"教材"，就要做好示范工作，如果没有"师"的示范引导，那班主任的形象就会大打折扣。班主任在学生心目中是"神"，是优秀的化身，具有正义、公平、善良、美好、先进、坚韧、高尚等品德——只有做好"示范"，才能成为"教材"，才能成为"师"。

（2）关于"导"。

"教师"之"教"，是讲、传授、灌输之意，与"导师"之"导"不一样，"导师"之"导"意很丰，质很深，包括下面五种信义。

领导——按照既定目标规划，有序管理班级，领着班级高效前行；引导——如同路标一样，科学地引领着学生一步一步向目标奋进；向导——时时处处做好前行的示范，用自己的言行为学生做向导；指导——从思想到行动、从精神到方法等方面给予学生科学指导；疏导——及时发现并科学处理学生前行中的各种成长和发展问题。

只有既具有了"师"的条件和"导"的本领的班主任，才能成为学生的成长"导师"。

2."导师"的教育对象及内容

"导师"的教育对象当然是班级所有的学生。班主任"导师"作用的发挥，应该能使整个班风正，学风浓，使每一个学生得到最大限度的发展与提升，每一个学生都能"百尺竿头，更进一步"。

因此，班主任应该从以下四个方面"导"学生。

导做人——即如何与人相处；导处世——即如何认识世界；导做事——即如何做好事情；导求知——即如何获取知识。

这四"导"内容，实际上就是联合国教科文组织提出的"四会学习"的内容。这是一个人发展的四大支柱，也是班主任作为"导师"的四项最重要内容。

我还要强调，对学生心理进行指导、引导的问题。随着社会的不断变化和发展，学生的心理问题日渐突出，学生的心理健康问题也越来越得到高度的关注。而心理教育人才或心理工作者的短缺，致使班主任不得不临时客串这个角色。这样一来，班主任就变成了一个"一岗双职"的人——既教书又育人，育人则既育品德，也导心理。为做好这个全新的角色，班主任更需要不断地再学习，再提高。

3. 如何成为"导师"

成为"导师"非一朝一夕之事，需要班主任不断地磨炼。

（1）加强修炼。

这是最为关键、最基础的一步。既要有品德的修养，又要有学识的修养，还要有能力的修炼。只有具备导师的能力，才能成为"导师"。

（2）读懂学生。

《论语》中有这样一个小故事：孔子当年带领弟子周游列国，吃尽苦头，在陈蔡一带，曾经好几天都吃不上饭。一天，颜回好不容易讨回米来做饭，而在休息的孔子突然发现颜回从锅里抓了一个饭团塞进嘴里。当时孔子很是伤心，因为所有学生中，他最器重的就是颜回，想不到颜回也经不住饥饿的考验。此时，孔子伤心归伤心，并没有简单地作出判断，而是在思考颜回这样做是不是另有隐情、另有原因呢？于是，他细心观察。不一会儿，颜回把饭端了上来，孔子却不急于吃饭，他说要先祭祀一下祖先。颜回一听，马上说："老师，不干净的饭是不能祭祀祷告的，刚才房顶的灰掉到了锅里……"孔子听后，感慨万千。

还有一个对话很经典：铁棒费了九牛二虎之力也撬不开锁，而钥匙却轻轻一转把锁开了。铁棒问："这是为什么啊？"钥匙回答："因为我懂锁的心。"

教育不是亦如此吗？你懂教育之心吗？你懂学生之心吗？为什么有的教师三言两语就能将学生说服、说透，学生心悦诚服呢？而为什么有的教师却用尽浑身解数也无法解决问题，乃至让问题越来越严重呢？因为学生的心他不懂——"一把钥匙开一把锁"，确实有一定的道理。

是的，有效的教育始于读懂学生，耐心倾听、敏锐观察，在悦纳学生的过程中理解学生。

每个学生都是一本耐读的书。老师只有读懂了学生这本书，自己的教育教学才会有的放矢，事半功倍。美国著名心理学家奥苏泊尔说："假如让我把全部教育心理学仅仅归纳为一条原理的话，我将一言以蔽之：影响学习的唯一最重要的因素就是学生已经知道了什么，要探明这一点，并应就此进行教学。"这就要求班主任必须耐心、细心，慢慢地、深深地读懂学生。

（3）科学放手。

"教"不是"导"，科学的"导"是一种放手，放手是一种尊重，一种最高层次的"导"。

如果你握紧双手，抓住的仅仅是空气；而你张开手掌，触摸的是整个世界。班主任工作也一样，学会放手，学生才能自由地、轻松地展翅高飞。这种放手，不是撒手不管，学生还是个孩子，还没有明辨是非、自我控制的能力，特别是问题学生，绝对不能全放，班主任需要机智地疏导，智慧地启迪，让他们在科学有序的"放手"中，学着自主管理，自我实践，自我认知，自我明理，自我辨析。我坚信，只要能为他们创造机会，他们就必然会给你一片晴朗的天空。若放任自流，则是对孩子的不负责任，是对祖国的不负责任，对民族的不负责任。

四、班主任是"官"吗？

关于班主任是不是"官"的问题，教育界不知讨论了多少回，但至今仍然无统一答案。我认为，这样也好，你认为是"官"，你就尽量去做一个学生心目中的好"官"；你认为不是"官"，那你就尽量去做好一个与学生共生共长的普通教师。不管是官还是非官，一个好的班主任都应该摆正自己的位置，尽自己的努力干好本职工作。

1. 班主任不应该是"官"

现代社会有一个很不正常的现象，那就是"三仇主义"盛行——"仇官""仇富""仇名"。"仇官"尤盛。为什么？因为"官"已经变成为自己或家人或家庭谋福利的代名词——一人当官，众人享福；因为"官"已经变成特权阶级的代名词——权力在手，通行无阻；因为"官"已经变成欺负他人的代名词——官代表权势，只要看不惯，便会大耍"权威"；因为"官"已经变成无所不能的代名词——只要是官，哪怕是小小的村官，都能大显神通，上下贯通，左右摆平，似乎无所不能……总之，一句话，"官"在很多人心目中，与过去的"地主""恶霸"有很大的相近之处。

如果"官"果真是这样的，那么，班主任就不应该是官。做这样的"官"是耻辱的，应该拒绝，这样的"官"越大、越多，对学生成长的破坏性就越大，那种嫌班主任之"官"太小的想法是极端错误的。

班主任绝对不应该是这样的"官"，但不少班主任却把自己看成这样的"官"——在家长中是"官"，在非班主任中是"官"，在学生中是"官"。做官了，就不是民，于是就变成了老爷，就摆官架子，就听他的，就指手画脚，装模作样。所以，班主任必须去行政化，去形式化，应该职业化。

班主任实在不应该是官，不应该是这样的官。班主任的性质决定他不是官，不是这样的官。若是，则是教育的悲哀，则是学生的不幸，更是国家的灾难。

2. 班主任是"官"

中国确实有着不少的"贪官""坏官""恶官"，自然，人们对之是鄙视、痛恨、憎恶。但不能由此而将所有的"官"一棍子打死，这里面也有很多的好官。他们心底无私，他们一心为民，他们鞠躬尽瘁，他们爱憎分明，他们敢于与恶人斗争，他们想方设法为人民做好服务工作，他们心中想的是人民、国家利益，他们一身正气、两袖清风，他们想群众之所想，急群众之所急，他们吃苦在先，享受在后，甚至根本没有享受过，他们"为官一任，造福一方"。他们在人们心目中有着崇高声望，即使他们早已过往，但人们仍在念叨着他们，怀念着他们。这才是人民称赞的"官"，自然是越多越好了。

如果"官"都是这样，那么，班主任就应该是官——因为班主任的职责与这样的官的职责是近似的，即他们都是一个集体的负责人，都管着一方土地，都担负着集体发展、成员发展的重大责任，都有着集体发展目标和任务，都要带领大家为实现此目标和任务而不懈努力，都在为他人、集体做嫁衣……如此说来，班主任也是官。

3. 班主任是"大官"

根据第二点的分析来看，班主任应该是像周恩来一样的官，而不应该是人们心目中的"贪官"。我一直认为，班主任确实是一个"官"，而且是一个"大官"。

有人也许就说了，还"大官"？学生年龄那么小，数量那么少，学校给的权力就那么一点儿，而且工资就这么一点儿，还"大官"？如果这样来界定"官"大"官"小，那就说明我们的认识有问题。

试想想吧，班主任管的是什么？管的是学生。学生是什么，祖国的未来啊！管的是什么？管的是学生的灵魂，班主任是学生灵魂的塑造者，什么能够与灵魂相比？管的是什么？管的是学生和学生的家庭。学生的幸福，就是整个家庭的幸福，班主任尽管只管着五十个学生，却关系到五十个家庭，五十个家庭背后甚至是二百个、三百个家庭。毕业了，学生记得最多、最牢的人是谁？班主任啊！……如此，班主任管得还小吗？我们应该感到自豪，我们表面看来"官"不大，实际却很大，大得不得了——我们管着未来，管着灵魂，管着千家万户。

所以，班主任是天下最小的官，也是最大的官。最小，是因为没有人把他当回事；最大，是因为他担负着培养未来人的重任。

所以，班主任是最小的"主任"，却是最有价值的"主任"，因为他塑造的是一代人，一批人；他影响的是后一代，这关系到国家的未来。所以，班主任是学校里最忙的"主任"，平时忙得不可开交，但是却培养出了了不起的人物，而这些人物，一般又都会记得自己的班主任，这个班主任也就成了"大官"的老师。

五、教好学生是班主任的天职

美国女教育家玛瓦·克斯林说："优秀的教师，让差生变好，让好学生更优秀。"

苏霍姆林斯基在谈到"一个好教师意味着什么"时，说："首先意味着他热爱孩子,感到跟孩子交往是一种乐趣,相信每个孩子都能成为一个好人,善于跟他们交朋友,关心孩子的欢乐和悲伤,了解孩子的心灵,时刻都不忘记自己也曾经是个孩子。"

确实"带好班级,教好学生"是班主任的重要使命,如果一个班主任不能将学生教好,还能算是什么优秀班主任呢?

1. 教好学生的内涵

世上万物都是相对的。同样,"教好学生"的"好"也是如此。前面已经作了分析,每一个学生都是独立的个体,都属于他自己,世上没有相同的两个学生,自然"好"就是从各自的个性、特点出发表现出来的"好"。洋思中学提出了"没有教不好的学生"之"好"是指提升、发展、进步、成长,它是多元的,是多面的,是立体的。

这种"好",不仅是指在学校里是好的,在家里应该也是好的;不仅教育时是好的,不在教育时也是好的,即能够做到有没有老师在都一个样,能为未来的发展奠基。

2. 教好学生的意义

(1)学生快乐。

哪个学生不希望被表扬,被教好?这可是学生最为快乐的事。学生接受学校、班级教育就是为了使自己进步,自己进步了,内心就得到了满足,就能为将来进一步发展奠定基础,就能不断实现心中目标、理想和追求,这不是很快乐的事吗?

(2)家长快乐。

学生快乐,家长就快乐。学生是家长的心头肉,学生的一举一动都影响着家长的心情,家长送孩子到学校就是为让孩子快乐成长的,快乐成长的标准就是孩子在老师、在班主任的教导之下,进步、提升、发展了。整个家庭都会因孩子的快乐而快乐。

(3)老师快乐。

只有学生快乐了,老师才会快乐。我们不妨换位想一想,你的孩子被教好了，你会是怎样一个态度？快乐无比。学生都是自己的孩子，他们有出息了，他们成功了，试问，班主任怎么会不快乐？这种快乐，间接地证明了自己的价值与意义，而这，也为自己成长与发展奠定基础。

教育既是艰辛的，也是快乐的。尤其是当自己的教育行为真正给学生和家长带去感动与幸福时，你就会觉得，一切的牺牲与努力都是值得的，并且你也收获了无数的欢乐与幸福，感受着学生的幸福，感受着家长的快乐。

3. 教好每个学生的策略

如何才能教好每一个学生，这是广大的教育工作者不断探索的问题。我认为，教好每一个学生必须做到以下几点，或者说下面几点是必要条件，缺之必然有问题。当然，绝不仅仅是这几句话而已，否则，教育不是太容易了吗？我们每一个人都有一套自己的策略与方法，而且随着时代的发展，教育必须做到与时俱进。

（1）要相信每一个学生，不要有尖子生、"差生"概念。没有教不好的学生。

（2）要视生如子，即必须有强烈的事业心和责任感。

（3）要有作为人师必须具有的形象，要永远具有示范性。

（4）要充满理想，不懈追求，要有远大抱负，思想要有前瞻性，有先进的理念与策略。

（5）要有教书育人的本领、方法、策略，要会行动，要善反思，要不断改进。

4. 优秀班主任最痛苦和最高兴的事情举隅

（1）最痛苦的几件事。

① 好心没好报，努力了没回报。

② 对学生很好，学生却不理解，要转班。

③ 领导找到你，说你们班的某某又出事了。

④ 领导找到你，拿出举报信说，这是家长对你的举报。

⑤ 当问题出现之后，没有办法解决，也没有人来帮助你解决。

……

（2）优秀班主任最高兴的几件事。

①班级学生又获第一。

②得到校长、同事、家长的认可。

③学生毕业了，不在身边了，却仍与你有联系，打电话问候你，寄明信片给你，特地到母校找你、问候你。

④学生结婚了，特地邀请你。

⑤学生在他的回忆录中，认为你是他生命中的贵人。

⑥学生家长写感谢信给学校，送来锦旗给学校，放大你的育人成果。

⑦记者听说你教育很有一套，特地来采访你。

⑧学生在作文中热情赞扬你，尤其是他们已经不在你班上时。

关于班级

率先正式使用"班级"一词的是16世纪文艺复兴时期的著名教育家埃拉斯莫斯。17世纪，捷克教育家夸美纽斯总结前人和自己的实践经验，在其代表作《大教学论》中对班级组织进行了定义，从而奠定了班级组织的理论基础。

1862年，清政府开办的京师同文馆最早采用班级组织形式。20世纪初废科举、兴学校之后，全国各地的学校普遍开始采用班级组织的形式。

一、班级是一个团队

在所有的动物之中，狼是将团队精神发挥得最淋漓尽致的动物。在生存、竞争、发展的动物世界中，它们懂得团队的重要性，久而久之，狼群就演化成了"打群架"的高手。换言之，狼群是一个高效的团队。它们目标集中、服从指挥、井然有序、协同作战、相互照应，虽然单打独斗不敌虎、狮、豹，但狼群却能将之杀死——靠的就是团队精神。

在外国人看来，一个中国人是一条龙，而一群中国人则是一群虫。什么原因？因为我们缺少团队精神，不能把团队的力量发挥出来，内耗很多，不能做到心往一处想，劲儿往一处使。这也是中国在清代末期被别国打败的重要原因。

显然，我们的班级也应该是一个团队。但是，团队却因为管理的不同而呈现不同面貌。有的杂乱无章，一盘散沙，士气不足；有的精诚团结，奋发向上，成绩斐然。既然班级是团队，那我们就应该把班级打造成一流团队。

1. 一流班级团队的特征

（1）明确目标。这个目标必须切实可行，同时必须让所有学生都知晓，印刻在他们的脑海中，从而使他们把集体目标自觉地转变为自身追求的目标。

（2）团结协作。这就需要每一个学生准确定位，他们都是团队之人，都在为团队作贡献，而不能我行我素，逞个人英雄主义。

（3）团队规范。任何团队必须有规章制度，所有学生都必须守纪律，讲规范。

（4）富有归属感。这种归属感就是强大的凝聚力，学生之间要发自内心地帮助彼此，自愿为他人多做工作，要有班荣我荣、班耻我耻的思想，要对班级有一种自豪感、依恋感。

2. 打造一流的班级团队

（1）做好团队领队。在班级团队建设过程中，领队作用很重要，班主任首先要做好带头人，从外观形象到一系列活动的策划、安排、实施等，都必须以团队建设为中心，促进团队发展。

（2）集体个体融合。集体目标必须从个体目标中来，个体目标必须充分体现集体目标，只有这样，才能做到两者和谐一致，两者互融互通。这样一来，个体行为就自觉转化为集体行为。

（3）发挥骨干作用。骨干在团队建设中起着举足轻重的作用，作为班主任必须充分用好这些"呼风唤雨"的骨干，放大他们的影响力，不断纠正他们的不良思想与行为，并通过他们发挥建设团队的作用。

（4）有效开展活动。团队是在活动中打造并形成的，班主任必须通过设计各种有效的活动，让所有成员在具体的实践之中认识自我、认识他人、认同目标、认清差距，从而让活动成为团队建设的有力推手。

（5）确保求同存异。学生之间是有差异的，因此，在班级管理中，必须尊重差异，求同存异，彼此包容，优势互补，扬长避短，要努力让每一个学生在团队建设中发挥作用，得到发展。

（6）做到坚持不懈。一流团队的打造，绝不是一朝一夕之事，更不可能一蹴而就，这是一项长期的工作。所以，必须坚持，不能因为有问题、有失败就放弃。一般一个班集体的发展要经过五个阶段：松散班级集体、有组织的班集体、初级班集体、成熟班集体、优秀班集体。

二、班级是"家"

狄德罗说："人类的义务是要把世界变成乐园。"同样，"班主任的义务是把班集体变成乐园"。新课程也指出："把班级还给学生，让班级成为学生成长的家园。"

电影《放牛班的春天》讲述了一个在音乐上失意的老师和一群在人生路上迷茫的学生从"冬天"走向"春天"的故事。影片开头，从班主任马修老师的视角，展现出高大的院墙、冰冷的铁锁、阴冷而压抑的学校……马修老师第一次进教室，出现在他面前的是一个个不安分的孩子，有的在咆哮，有的在打闹，有的则在慵懒地睡觉。一个不留神儿，马修老师被杂物绊倒，他的公文包在这个时候被孩子们抢夺……就是这样一个班级，马修用爱、用尊重、用一支合唱团给孩子们带来了春天般的温暖和希望。而在马修老师离开的时候，学生送出的纸飞机让人觉得，作为一名教师，所有的辛苦都是值得的。马修老师为什么会得到学生的尊重与不舍？马修老师为什么会感到这是最大的幸福？因为马修老师带领着孩子们不断地改变着支离破碎的"家"，建设着这个有着无限可能性的"家"，于是马修老师成了学生最难忘的老师。

1. 班级之"家"的特点

（1）家是安全的。

家是最安全的地方，没有哪一个孩子在危险的情况下不想家。班级，首先应该像家一样，是安全的，而不应该让学生感到害怕。如果学生感到害怕，怕进这个班级，或一提及这个班级，就浑身哆嗦，那么，只能说明这个班级不是一个"家"。

(2) 家是温馨的。

在家中,有父母的呵护,长辈的关怀,有兄弟姐妹的互相扶持,家给人一种温暖、幸福、温馨的感觉,班级之"家"同样应该如此。几个科任老师应该无微不至地呵护学生、爱护学生,学生们之间应该是平等互助的,也应该是充满着爱的。如果一个班级不温馨、不快乐,那班级就不是"家"。

(3) 家是共同的。

家中孩子很多,但父母只有一个,家只有一个,这个家是每一个孩子所共同拥有的,而不是某一个特定孩子所拥有的。同样,班级之"家"也应该如此,它应该是师生共同的"家",是师生心灵的港湾。

(4) 家是需要维护的。

家好不好,不是说出来的,而是做出来的。这种做,是一种发自内心地对"家"的维护。社会是由"家"组成的,有的"家"幸福安康,有的"家"四分五裂,区别就在"维护"二字。同样,班级之"家"也是需要每个师生维护的,如果每个师生都发自内心地维护它,那么,岂有不好之理?

2. 把班级打造成"家"

将班级打造成"家",需要多方面的努力。

(1) 班主任首先要把班级看成"家"。

作为一"家"之主的班主任首先应该把自己看成是"家"里的一员,是"家"里的负责人,这样,他才能竭尽全力为"家人"付出,他才会想方设法地建设"家",再苦再累也在所不辞。只有将这个特殊的班级之"家"视作自己真正的家,班主任才会用心打造这个多人之"家",暂时之"家",无血缘关系之"家"。班主任是建设"班级是家"的最重要的核心人物。

(2) 用民主制来管理这个"家"。

班级这个"家"是每一个师生的,每一个师生都是"家"中的成员。家也需要每一个师生来共同面对、共同处理、共同帮助、共同维护,而不是由少数人来维护,其他人做旁观者,甚至搞破坏,这就需要发挥每一个"家人"的作用。班主任要用民主的方式来管理这个"家"——发挥每一个人的作用,让每一个人最大限度地为家服务，而不能推行"家长制"，进行"独裁"管理。

（3）多开展"班级是家"系列活动。

活动是教育的最好载体。只有通过活动，大家才能感受到"家"的内涵、意味、本质，才能使"家"拥有存在感。作为"家"的守护者的班主任，自然要为建设好这个班级之"家"而用心付出。要通过设计一系列的有关"家"的活动（包括环境创设、书写书信、主题班会、我为"班级之家"做好事、我为"班级之家"出主意、"班级之家"我最行等活动），让学生在"班级之家"的建设中提升素质，加强认识，共同进步。

三、班级是教育共同体

表面看来，班级就是几十个同学组合在一起形成的一个组织，班级的好坏只关系到这几十个同学将来的发展，实际上并非如此。这几十个同学的命运就是几十个家庭的命运，这几十个同学的好坏直接关系到班级所有科任教师的发展，这个班级状况如何，也牵涉到学校的发展。假如这个班级是差班，在社会上的影响很坏，那这个班级不仅会惊动学校，还可能会惊动公安部门。由此看来，班级不是教育单一体，而是教育共同体。

1. 班级教育共同体的含义

班级教育共同体就是由班级内所有科任老师、学生家长、学生及学校共同组成的，彼此协作支持、相互促进的，并在班级发展、教育价值和教育方式方面达到高度一致的，最终全面促进班级每一位学生发展的组织。

这里有几个关键内容：

培养每个学生、发展每个学生是班级共同体的共同目标。

培养学生涉及多个方面，彼此必须相互理解、信任、尊重、互补。

班主任、本班科任老师是教育的主体。

家长也是不可忽视的教育力量。

班级共同体的本质是整合教育资源和力量。

2. 班级教育共同体的打造

（1）加强宣传，促进班级教育共同体的形成。

显然，班级教育共同体的概念并不为每一个相关的人所接受。学生家长或许对此难以理解，他们会认为，教育学生是学校的事，是老师的事，与我无关。有的学生亦是如此，他们或许认为，发展是我自己的事，我只要把我自己的事做好，我只要不添乱就行，我有什么责任去帮助他人？……对此，班主任应该通过各种渠道向家长和学生说明班级共同体的内涵、意义、价值。"一荣俱荣，一损俱损"，只有共同作用、共同努力、共同付出，班级发展了，个人的意义和价值才能得到体现，个人才能发展得更好，家庭才能更具幸福感。

（2）加强协作，充分发挥各方作用。

协作是形成班级教育共同体的关键。

在建设教育共同体的过程中，班主任要同科任老师步调一致、行为一致、思想一致，使教育具有一致性，千万不能出现我在这边搭台，他却在那边拆台的局面。

在建设教育共同体的过程中，班主任要加强与学生家长的沟通，特别是那些有一定抵触情绪的学生家长，他们对教育、对班级行为可能不够理解，对此班主任更要高度重视，避免出现你在教育而家长却在不断否定的情况。

在建设教育共同体的过程中，班主任要特别注意加强与学校领导、学校相关部门之间的联系，以求得认同和支持，从而让学校教育与班级教育合二为一，共同促进学生成长。

在建设教育共同体的过程中，班主任要特别注意调动每一个学生的积极性，使其自觉成为共同体中的一员。教育没有观众席。在班级的活动当中，也没有多余的人。让每一个人成为班级发展中的一员，成为活动中的一员，即使一时帮不上忙，或因为时间有限，人员有限，没有机会上场，也必须发挥他们的作用。他们的渲染，他们的营造，无不体现了班级的力量。人人有事做，人人都快乐。参与的人都有一份荣誉——成功了，这是大家的骄傲和自豪；失败了，则是大家的责任，都需要反思。班级每一个学生都应该参与其中。

四、班级是小社会

班级是人的组合体,学生来自不同家庭,拥有不同性格,甚至来自不同区域,在班级里承担着不同的角色,这与我们的大社会有好多的相似性,所以说,班级是小社会确实有一定的道理。

1. 班级只是"小"社会

请注意,我在这儿强调的不是班级是社会的问题,而是班级本身这个"小"社会的问题。

确实,班级与社会相比,没有可比性,社会那么大,班级那么小,社会那么复杂,班级那么单纯,怎么可能相提并论?

但如果说,班级是小社会,两者就很相似。因为班级是社会的浓缩版。社会是什么?社会是一个很大的概念,不是一般人用语言所能讲得清的。我们一般所理解的社会实际上就是"共同物质条件下而相互联系起来的人群",是"人类相互有机联系,互相合作形成的群体"。班级不也充满人与人之间的关系吗?不也有诸多结构吗?班级有着社会的影子,故曰"小"社会。

2. 班级小社会,为学生走上大社会奠基

既然班级是小社会,那么,班主任就应该充分引导学生处理、适应好班级中的各种关系——人的关系、物的关系、事的关系、目标的关系、成长的关系,从而为以后走上社会积累经验。

处理和适应各种关系,不能用大社会的一套来教导学生,那会让学生变得世故、老道、油滑、复杂,而应该以自己的体会来影响学生,让学生接受"正统""前沿""理想"的教育,使人与人之间充满和谐、温馨。

把一个班级看成一个小社会,就要求我们在班级这个小社会中选好一位"领袖",他是全班的领导人物。这个人物由大家选举产生,而不是由老师来指定;这个"领袖"不能只是一人,而应该让生活在这个班级中的每一位学生都承担一定的责任。把班级所有工作都安排给每个学生,使他们都承担一定的社会工作,做好这个工作的"领袖",这样"事事有人做,人人有事做",做得好

的给予肯定，做得不好的要给予批评，表扬与批评的过程使得学生的本分和责任意识逐步增强。

五、班级是竞技场

1. 竞争是生存的常态

很多人怕竞争，却又躲不开。因为竞争是生存的常态，不想竞争是不可能的；人是社会的产物，优胜劣汰是生物生存之道，世间万物之间无不充满着竞争。

有人说，庄子不是提出"无为而治"吗？顺其自然才对呀！是的，但"无为而治"不是什么事都不做，都不想。试想，果真如此，你还能立足吗？人在社会上要生存，要生存就要努力，要努力就会有竞争；而事实上，人不仅只有生存这样的低层次的心理需求，更有发展这样的高层次需求，不满足现状，求得自身价值的实现，只有在竞争中获胜才有可能。

班级作为小社会，也同样存在着竞争。因为班级的成员都是年轻人，年轻人的最大特点就是争强好胜、不服输，这也是班级不断上进的一个重要保证。如果一个班级缺少竞争，不能形成竞技的局面，那么，要想让这样的班级发展、壮大，是绝对不可能的。所以，我们必须充分用好学生之间的竞争，把班级打造成竞技场，千万不能"知足常乐"，而要"富而思进""富而求进"。

在这里，我要强调的是，班级学生与学生之间的竞争，绝不是把别人比下去，而是把自己比上来，这种竞争重点是自己跟自己比，以使自己进步、发展添彩、增识。这种竞争的实质是挖掘自身潜力，从而不断取得新的更大的进步。

2. 良性竞争是班级的生存之道

为了使竞争真正促进班级发展、学生成长，我们必须让班级形成良性竞争态势，而不是恶性竞争，对此班主任需要对学生进行引导。

（1）引导人人参与。

竞争是所有学生的权利，不是少数学生的权利。有些学生到了社会上适应能力很强，敢于竞争而且善于竞争，始终有一种不服输的斗志，原因就在于他们在学校里经历了各种的竞争，他们不再畏惧，不再害怕，他们似乎已经锻炼出了竞争的能力；但也有些学生到了社会上，却没有大的发展，虽然在学校时表现并不差，原因就在于他们在学校里没有积极参与竞争，没有在竞争中发展自己。所以，班主任一定要引导所有学生参与到竞争中去，让每一个同学都理解竞争，认识竞争，从竞争中受益。

（2）引导多元竞争。

竞争是所有学生的事，但不是说所有竞争所有学生都必须参加，前面已作出分析，学生与学生之间是有差异的。如果这个学生某项方面能力一般，则不必让其参与竞争，而其某方面能力尚可时，则一定要引导其参与其中，即要根据学生实际情况进行有针对性的多元竞争。只有多元竞争，才能让学生自己看到自己的长处、特色，从而充满信心地夺得新的胜利，不断地发展自己。如此，才能让每一个学生充满生机、充满活力，迎接更大的竞争。

（3）引导合作竞争。

竞争不是一个人的事，竞争是集体的事，大家的事，有时是一人竞争百人帮忙。这些人在一人参与的竞争中，也同样做着竞争的准备——虽然不是亲临竞争现场，但却为最终的胜利做着自己应该的努力，这就是竞争中的合作。这种合作是幕后的合作，更能显示出一个人的胸襟。

在这里，要排除一种误区，那就是正确处理个人与个人的竞争。我们知道，在更多时候，学生与学生之间是面对面的竞争，如在考试中都想得第一名，这就必须竞争；如评选优秀时，名额有限，这也需要竞争。有人说，我放弃，我虚怀若谷。我以为，这不是谦让，而是一种退却。虽然最终未必是你，但你退却了，说明你害怕；同时对于对手来说，这也是一种耻辱，他没有真正的对手。事实上，你参与了，这就是最大的合作，这可以让自己得到锻炼，让别人获得发展。

第二讲 | 熏染篇

——蓬生麻中，不扶自直

《荀子·劝学》中有："蓬生麻中，不扶而直；白沙在涅，与之俱黑。"意思是：蓬昔日长在大麻田里，不用扶持，自然挺直；白色的细沙混在黑土中，也会跟它一起变黑。"蓬生麻中，不扶而直"，比喻人生活在好的环境里，会健康成长；"白沙在涅，与之俱黑"，比喻好的人或物处在污秽的环境里，也会随着污秽环境而变坏。这句话表明荀子已经充分认识到了环境和教育对人的成长很重要。

孟母为了孟子能健康成长，三次不遗余力迁移居所（由墓地到集市，由集市到屠场，由屠场到学校），终于找到适宜孟子健康成长的环境，最终让孟子成为了一代儒家大师，这就是"孟母三迁"的故事。

1920年，在印度加尔各答东北的一个名叫米德纳波尔的小城，人们常见到一种"神秘的生物"出没于附近森林。往往是一到晚上，就有两个用四肢走路的"像人的怪物"尾随在三只大狼后面。后来人们打死了大狼，在狼窝里终于发现了这两个"怪物"，原来是两个裸体的女孩。她们已经没有了人的基本生活习性，取而代之的是狼的生活习性，这就是曾经轰动一时的"狼孩的故事"。

《晏子使楚》一文也讲到，春秋后期政治家、思想家、外交家、辞令家晏子用"橘生淮南则为橘，生于淮北则为枳"作为论据有力地反击了楚王"齐人固善盗乎"的谬论，让楚王目瞪口呆，无言以对。

上述例子无不说明了一个道理，即：环境是能改变事物的，同样一件事物，由于环境的不同，其结果可能有很大的差异。

所以，我以为，没有一个好的大环境，想让学生健康成长简直是天方夜谭。教育学告诉我们，学生的生长环境包括家庭、学校和社会三方面，三者互相依存，互相影响。家庭教育是基础，"父母是孩子的第一任老师"；学校教育是关键，它是联系家庭和社会教育的纽带；社会教育是实践，对于一个人人生观、世界观的形成有着举足轻重的作用。

在这里，我们不谈家庭教育对学生的影响与作用，也不谈社会环境对学生的影响与作用，我们重点要探讨的是学校教育对学生的影响与作用。

我们知道，现在学生每天至少有七个小时的时间是在学校度过的（江苏省"五严"规定学生在校时间七个小时），如果是寄宿制学校，时间会更长。如果这个时候学校教育出了问题，那么，学生怎么可能会有好的发展呢？

这里的学校教育就是大的环境。也许有人会问，学校教育环境与文化、高效治班有什么关联？其实班主任要想在一个小小的天地内做出大的成绩，如果没有良好的学校环境、大的教育环境作为后盾也是不容易的。班级教育必须建立在学校教育之上，只有整个学校具有一个适宜学生成长的大的教育环境，学生在班级的成长才会变得容易与从容；反之，如果没有科学的、高效的学校教育环境，班级发展必然如同空中楼阁、海市蜃楼一般，可望而不可即。

校园文化本身具有重要的教育作用，对学生的世界观、人生观和价值观产生深远影响，而这种影响往往是任何课程的教授所无法比拟的。一个学生离开学校之后，记住的不是某一个知识点，而是在学校里所受到的文化熏陶。建设健康向上的校园文化，对提高全体师生的凝聚力，营造良好的校风、学风，提升学生的道德素养，促进学生全面、协调、可持续发展，具有极其重要的意义。高品位的校园文化建设，始终关注文化的传承与发展，这不仅彰显了一所学校的发展理念，更彰显了一所学校的发展方向。

显然，学校文化不仅包含着上面所讲的环境（显性的外在文化），还包含着诸多隐性的内在文化，如办学理念、管理策略、课堂教育、各种措施等。只有做到"内外结合""前后一致""彼此呼应"，学校文化才能真正建立起来，学生才真正能从中受益，获得长足发展。

洋思中学之所以在全国闻名遐迩，与学校大的教育策略有着紧密的关联。也就是说，学校创设了一个有益于学生成长的大环境，学校加强了文化建设，加强了管理，为班级发展提供了平台。于是才出现"班班都是优秀班"的喜人景象，才有了"每一位家长都满意"的高度评价，才有了"人人都能做好优秀班主任"的雄心壮志。换言之，如果没有学校环境的有益影响，单纯依靠班主任的管理，让所有班级都成为优秀班级，不能说完全不可能，但要完全达到，却是难上加难。当然，也会有个别的突出班级和优秀班主任的出现，但"满园春色"总比"一枝独放"好啊！

所以，在这一讲，我要重点谈一谈学校大的科学管理在班级管理中的作用，也就是洋思中学是如何加强校园文化建设的，如何通过显性的和隐性的文化建设促进学生发展的，希望大家能从洋思中学大的管理中得到一点启示，从而为科学治班奠定基础，为高效治班保驾护航。

先进的教育理念

俗话说，"思路决定出路，认识决定行动，态度决定一切"。可见，思路、认识、态度在学校发展、学生成长过程中的作用之大。一个学校只有具有了正确的思路、深刻的认识、科学的态度，学校之路才能越走越宽，班级管理才能和谐而高效，学生发展才能越来越好。

自创办以来，洋思中学就始终把"没有教不好的学生"作为办学理念，不仅将其张贴在学校主楼上，更是深深地烙在每一位师生员工的心中，更充分地落实到学校各项工作之中，每一个班级的科学管理之中，所有师生员工的行动之中。从大处到小处，从小处到细处，从细处到微处，学校的方方面面无不围绕"没有教不好的学生"而展开，它成了我们每一位员工的行动准则。"没有教不好的学生"是洋思中学得以不断发展的根源，离开了这个理念，就离开了发展的根、源，洋思就不是洋思，洋思就不可能实现科学发展、高效发展、可持续发展。

"没有教不好的学生"成了我们校园文化建设的灵魂和主旨，在这一理念的引领下，学校焕发了新的生命力。

一、"没有教不好的学生"的理念内涵

1. 正确的教育观——以生为本，面向全体

《国家中长期教育改革和发展规划纲要》（2010—2020年）指出："关心每个学生，促进每个学生主动地、生动活泼地发展；尊重教育规律和学生身心发展规律，为每个学生提供适合的教育。"我们洋思中学三十年前所倡导的并一直延续至今的"没有教不好的学生"的办学理念，与国家所倡导的教育方向是一致的。事实上，这一理念与美国政府在克林顿时代提出的《不让一个孩子掉队》的教育法案、英国政府早年提出的"每一个孩子都重要"的教育思想在根本上是一致的。

2. 正确的办学观——走进学校，奠基未来

在洋思中学的大厅里有这样八个字——"走进洋思，成就未来"。其内涵就是凡是走进洋思中学的每一个学生，洋思中学都有责任教好，为其以后的成长奠基，使其能够成就未来的事业。这既是对学生的一个寄语——你来洋思读书，就要为自己的未来奠基，也是我们对学生的一个承诺——你来洋思读书，我们必须为你的成长服务好，必须使你能够为未来发展奠基。

3. 科学的学生观——只有差异，没有"差生"

在洋思中学有一句名言："同学们，请记住，每一个学生都是一座金矿。"其含义就是孟子所说的"人人皆可为尧舜"、古人所讲的"天生我材必有用"、一些学校所讲的"没有一颗蛀牙"，就是"洋思无差生，人人皆为才""学校无差班，班班皆优班"，就是坚信学生潜能无穷，相信学生发展无限。

4. 正确的教师观——教师第一，学生第二

学生行为好坏的背后是老师行为的好坏，"没有教不好的学生"背后实际上隐含着"只有不会教的教师"，换句话说，"差生"都是教师教出来的，是教师不会教造成的，是"一不五没有"（"一不"：不热爱教育；"五没有"：没有师

德，没有信任，没有本领，没有责任，没有恒心）的老师教出来的。反之，如果每一位老师都能做到热爱教育、充分信任、加强师德、提高本领、富有责任、坚持不懈，那么就会减少"教不好的学生"，使学生生活在一个良好的班级环境中。

二、"没有教不好的学生"的理论依据

1. 普遍性

人才是一个广泛的概念。"人才存在于人民群众之中""促进人的全面发展"，这是马克思关于建设社会主义新社会的本质要求。对于学生这个庞大的群体来说，每个人都是可塑之材。

2. 平等性

"没有教不好的学生"合乎科学的学生评价标准，即不论一个学生性别、年龄相貌、家庭状况如何，评价标准都是统一的。班主任不能有门户之别，不能有优劣之分，从而为每个学生的健康成长提供公平、平等和透明的发展平台。

3. 进步性

每个人都希望进步，每个人都愿意进步。对于学生来说，无论他的成绩是好是坏，他都希望自己的明天灿烂辉煌。

4. 发展性

社会在不断发展，人也必然会随着社会的发展而不断提升自己的能力、素养。学生时代是学生身体不断成长，世界观、人生观与价值观逐步形成的重要时期。用发展的标准来衡量，用发展的眼光来看待，用发展的方式来引导，是对"没有教不好的学生"最具生动性的解释。

5. 实践性

现代教育心理学表明，学生的学习过程不仅是一个接受知识的过程，而且是一个发现问题、分析问题和解决问题的实践过程。它让学生在实践中进步和发展，让学生在进步和发展中实践。"没有教不好的学生"看重的就是学生的实践表现，体现了重实践、重进步、重发展的学生评价导向。

6. 多样性

新课程倡导学生是发展中的人，学生是独特的人，学生是具有独立意义的人。"没有教不好的学生"就是相信每个学生都会取得适合于自身需要的发展和进步，就是用多样性的评价来培养学生，就是要培养出适应社会发展需要的学生，就是让学生在适应社会需要后认可自己是个"好"学生。

7. 层次性

学生之间存在差异。"没有教不好的学生"并不意味着每个学生都是不存在瑕疵的，每个学生都是一样的。由于每个学生的家庭背景、教育环境、成长过程、智力因素、个人精神态度都有所不同，这就决定了教育的层次性，这就决定了教育者的努力方向是使每个学生得到不同层次的最大发展。

三、关于"教得好"

从本质上讲，好与不好是一个很难区分的哲学问题。但在我们看来，好与不好只有一个度的问题。

1. "教得好"的含义

"教得好"不是与别人比较，不是社会的一种普遍要求，不是闭门造车的想法，而是依据各个学生的状况提出的一种设想，即这个孩子的"提升、发展、进步"，使原始学生的"璞"成为"玉"。这种"提升、发展、进步"的对象不仅包括所谓的"差生"，也包括"优生"，即所有的学生在原先基础上向上发展。这种发展有的幅度大一点，有的幅度小一点，但不管大小，只要相较于自己原来有起色，就说明老师"教得好"。

2."教得好"的相对性

"教好"又是相对的。学生千差万别，让他们思想、学习各个方面都齐步走，达到同样的水平要求，是不可能的。就短期来说，只要每个学生都在他们原来的基础上有所进步，就应该认为是"教好"了；就长期来说，教的学生中一部分成为优秀人才，大多数成为合格公民，就应该认为是"教好"了。

"教好"是一个过程。一方面，昨天没有"教好"，不等于今天不能"教好"；今天没能"教好"，不等于明天不能"教好"。另一方面，昨天有进步，还没达到"好"的标准，今天有进步，还是没达到"好"的标准，但坚持下去，不断进步，就能达到"好"的标准。"教好"是学生不断进步的过程。

"未教好"则是孩子在你的教导之下，不但没有进步、发展、提升，反而退步了、下降了、厌学了。

"教好"应该是全方位、多角度的评价与认可。"好"的标准不应是传统教育模式下的高分数、好名次、老实、听话等，应该从身体素质、思维方式、操作能力、语言表达能力或动手能力、人际关系、面对挫折的心理素质、审美情趣、价值取向、学生的个人潜质等方面来全面评判学生。

四、"没有教不好的学生"的科学判定

学生有没有教好，谁来评判呢？我们以为，不是学校，不是老师，也不是教育行政部门。我们认为学生家长，最能担当评判者。

1.家长是学生是否"被教好"了的评判者

推动历史发展的是人民群众，同样地，我们认为推动学校发展的是学生家长。他们的孩子在学校念书，家长对学校的情况最了解，对学校的期望最明了。孩子有没有发展，家长心中最清楚。"水能载舟，亦能覆舟"，家长认为这个学校的教育不适合孩子的成长，就会立即采取行动，"此处不行，另寻他处"。虽然家长从心底里也是不愿意让孩子离开这里的，但毕竟"千大万大，孩子的前途最大"。所以，学校如果不能代表家长的利益，就会失去家长的信赖。

我们以为，学校是商家，家长是客户，学生是产品，教师是工人。学校就是为家长这样的客户加工学生这个产品的。老师只是加工学生这个产品的工人，是精心打造学生这块"璞玉"的——学校培养的就是满足学生家长需求的孩子。一所学校，不仅能让优生发展，更能让"差生"变化、变好——教好"差生"才更能体现教师的素质与水平，更能体现教师的本领与能力，更能体现一所学校的教育意义与教育价值，更能代表广大学生家长的利益。教育就是服务，教师就是服务者。只有为家长做好服务，我们的教育才能蒸蒸日上，欣欣向荣。

"办让人民满意的教育"是我们的办学目标。但我们以为，这不应该是学校提出的目标，而应该是政府提出的目标。政府为人民办教育，其教育的质量如何，必须让人民去检验。学校提出的办学目标是"让每一位家长满意"——这就是我们学校的服务宗旨。如此，就摆正了学校与家长的关系——学校是为家长服务的。如果不能让家长满意，那就是我们的责任，说明我们的工作不到家，不到位，有问题。"人民"这个概念太宽泛了，"家长"这个概念具体，靠实，贴近学生，看得见，摸得着。

2. 家长评判学校的主要渠道

让家长作评判，不是说说的，也不是做给别人看的，更不是作宣传用的，学校必须采取切切实实的行动。洋思中学通过多种渠道让家长监督学校、指导学校，使他们真正成为学校工作的评判者、推动者。

（1）公开电话。

洋思中学从学生进校第一天，就将校长室、教导处、政教处等室和学校领导的电话公开给家长，特别是把校长的手机号码给家长，让家长随时随地与学校联系、交流，参与学校事务的管理，反映孩子情况。公开电话，这是让学校和老师的行为在阳光下运行，让学校和老师的行为在家长的监督下运行，这样的运行才是科学的，才是有效的，才是深得人心的。事实上，这也是家长最希望的。

（2）问卷调查。

我们学校每个月底都要就学校与教师工作对学生家长进行一次"满意度"

问卷调查。其内容有三项：其一，你对班级工作、科任老师工作、生活老师工作满意吗？其二，你对学校工作满意吗？其三，你对班级、科任教师和学校有何意见与建议？其中，第一、二项分别从四个方面——非常满意、满意、一般、不满意对班主任、科任老师、生活老师、学校进行评价。对满意率低于90%的老师，学校会组成调查组，对该老师进行严肃查处；对家长提的意见与建议也责令相关部门进行调查、处理，给家长一个满意的答复。

（3）设立校长信箱。

我们学校在生活区、教学区、运动区分别设立了若干个校长信箱，以让家长在接送孩子时，将孩子在校相关情况、将自己对学校的管理意见及时通过校长信箱反映给我们，也可让学生自己将在班级中的所见所闻通过信函方式及时反馈给校长，使校长第一时间知晓并处理。在学校里，学生相对于教师来说，是弱势群体，作为校方的校长必须时刻代表广大学生和学生家长的利益，为学生和学生家长说话，这就必须确保信息畅通，高度重视并处理家长的信函、学生的信函。只有这样，学生们才能视校长为主心骨，学生才能热爱这样的学校，学生才能真正成为主人，获得发展。

除此之外，学校还通过其他办法来引导家长参与学校的管理，如召开家长会、建立家长学校、成立家长接待室、要求老师每个月必须至少与家长通电话一次、开通校信通等。

五、"没有教不好的学生"的价值意义

对于不理解"没有教不好的学生"的内涵和未实践"没有教不好的学生"的老师和学校来说，这个理念太绝对了。在他们看来学生这么复杂，怎么可能实现？事实上，洋思做到了。

1.对那些已经失去了上进心的学生来说

他们看到这条标语会重新鼓起上进的勇气——既然"没有教不好的学生"，那我肯定也能变好！他们从这句话中，从接触的洋思中学的学生中，又找回了自信，恢复了往日的朝气和勇气，顽强拼搏，想方设法地去追求成功——学生是最容易被激励的，尤其是在全校统一的思想之下，每一个人都会产生学习的

动力，激发学习的活力，并自觉地进行自我挖潜，不断提升，最终迈向成功。

2. 对那些思想观念陈旧落后的教师来说

他们看到这条标语，就会充满信心——每一个学生都是能够教好的，如果教不好，那就是我的责任。于是，他们就会充满自信地进行教育教学，探求各种有益的办法，苦干、实干、巧干。老师们在"没有教不好的学生"的办学理念的引领下，拥有了崭新的理念，改变了传统的教育观念，不断提高师德、师能，不断挖掘潜力，寻求方法，不断加强责任，自我发展，最终实现作为一个人民教师的最大价值——我无愧于教师这一神圣称号，我能教好每一个学生。

3. 对那些已经对孩子失望的家长来说

他们看到这条标语，对孩子的前途又充满了希望——"既然没有教不好的学生"，我的孩子也肯定能被教好，这又重新燃起家长对孩子的信心。许多家长苦于没有学校接收和能够教他们的孩子，得知洋思中学是一所"没有教不好的学生"的学校，带着满腔的希望，不远千里，背井离乡，来到洋思。洋思也不管学生有多调皮，成绩有多"差"，品行有多不好，从不选择、从不挑剔、从不歧视任何一个学生，最终也让这些家长满意而归——孩子在洋思真正获得了进步、提升、发展。如今，除了台湾地区，全国其他地方都有学生在洋思求学，洋思中学成了名副其实的"中国初中"。

4. 对社会来说

温家宝指出："教育公平是全民教育的灵魂。没有教育机会的均等，就谈不上社会公平。"洋思中学提出的"没有教不好的学生"就是在促进教育公平。我们对求学的学生，来者不拒，有教无类——这是落实教育起点的公平；在教育教学的过程中，不歧视、不抛弃，给予各种特殊关照——这是教育过程的公平；在学校、教师的精心教育下，"差生"获得了更多的成长机会，实现了跨越式发展，成为班内的合格生、优秀生，身心都得到了发展，有信心挑战困难，奋发向上，"丑小鸭变成了小天鹅"——这是教育结果的公平。所以，在"没有教不好的学生"思想的指引下，学生公平地发展了，家庭不就和谐了吗？社会不就和谐了吗？

5.对学校来说

这使学校获得了长足的发展，全面提高了学校在社会上的知名度，全面提升了学校的办学品位，让校园成了学生享受成长快乐的理想乐园，成了教师实现专业发展的理想舞台，成了学校提升教育品质的理想平台，成了学生、教师、学校共同发展的理想空间。这个理念更创造了弱校变强校的奇迹。

校园环境一流

校园环境是学校文化的重要组成部分，它以"独特"的方式，营造了一种健康向上的道德氛围，给学生以高尚的文化享受和奋发向上的精神力量，发挥着潜移默化的育人作用。所以，任何一所学校都必须无条件地为学生的成长创造一个良好的校园环境。这个环境可以是有形的，如校园绿化建设；也可以是无形的，如校园氛围的创建。但无论何种建设，都要让学生感觉得到。如果有建设，却"熟视无睹""充耳不闻"，那再出色的校园环境也是"秀"，也是"假"。

我一直以为，学校的校园文化建设必须真正做到"以学生为本""让学生体味""促学生发展"。一个学校，从校门到大路，从一草一木到老师的一言一行，从生活区到运动区再到教室，从校长到老师，从布置到布局，从校训到校风，从教风到学风，都应被细致而全面地考虑，使之真正成为教书育人的要素。所有这些，将对学生道德的养成起着不可估量的作用。这就是我们常说的环境能够造就人，环境能够变化人，环境能够发展人。

凡是到过洋思中学参观的老师无不为洋思的校园环境文化所吸引，所惊叹。他们一方面欣赏着、品味着洋思独特的、富有个性的校园环境，另一方面从各个不同角度描绘着洋思的美丽，用他们的妙笔撰写出一篇篇富有灵性的文章，用他们的相机拍下洋思一张张的照片，表达他们对洋思校园由衷的赞美。

我曾经应《江苏教育》之邀写过一篇关于洋思中学校园文化建设的文章，

题目是"此园无处不文化——江苏省泰兴市洋思中学学校校园文化观感",该文发表在《江苏教育》2007年第19期上,其中全面介绍了洋思中学的校园文化建设。

洋思中学的校园文化丰富多彩,确实值得品味与借鉴。

一、雕塑文化

洋思中学的雕塑很多,大大小小有五六十尊。这里我重点介绍四尊具有典型意义的雕塑。

(1)在我校正门北大门前,矗立着一块高3.8米、宽3.6米、重14吨的巨石,上面镌刻着书法名家启功先生书写的笔力遒劲的"真善美"三个大字,这是洋思的校训,也是洋思追求的教育目标。

(2)在可容纳五千学生的餐厅楼前的广场上,挺立着一尊石雕的拓荒牛,那勾紧的头颅、隆起的结构、绷直的四肢,刻画了一幅在荆棘中前行,在艰苦中奋进的开拓者的形象,它反映了洋思人具有"脚踏实地,不懈追求"的精神。

(3)在实验楼前,屹立着一尊6米高的雄鹰展翅雕塑,它寓意了洋思人胸怀大志、不懈追求、大展宏图的状态。

(4)校园大道的左侧是学校简介、校歌、中学生日常行为规范,雕塑是一本书,书的右页是:我想知道为什么,我能知道为什么;书的左页是:你能提出什么问题,你能解决什么问题。这会让师生在读书中思考读书的价值与意义。

二、长廊文化

洋思中学教学区用长廊将教学楼和实验楼、艺术楼连成了一个不可分割的整体,这个长廊总长达400多米。长廊里有48块长14米,高1.2米的橱窗。橱窗里内容丰富,有先进班级、先进学生的彩照、事迹介绍,有班级、学生的动人故事,有纪律、卫生、学习检查公布的表格,有学生的作文、书画展览,长廊的横梁上贴满了小学、初中所学的古诗词,中学所学的单词……这形成了洋思中学独特的长廊文化。

三、镜子文化

洋思中学有很多"多",其中一点就是"镜子多"——洋思的镜子几乎无处不在——长廊上、阅览室前、综合楼道口、教学楼里、学生公寓里、餐厅里,凡是可以装放镜子的地方,都不会缺少镜子。但洋思中学的镜子不仅仅是镜子,用来正衣冠,用来放大学校,更是将学校景致翻上一番。我校还在所有镜子的表面写上与洋思教育教学思想相关的文字、名言名句。这样能让全校师生,走到哪里都能看到自己的形象,同时还提醒他们做一个端端正正的人,一个求知向上的人。

四、路道文化

洋思中学学校内有南北两条主干道,每一条都正对着学校的大门。这两条主干道和连接两条大道的路的名字很有特色:对着北门的路叫北大路,对着南门的路叫南大路,连接南北大道的路叫交大路。顾名思义,学生每天走着的就是通往北京大学、南京大学、交通大学之路。只要你辛勤耕耘、只要你孜孜不倦、只要你意志坚强,北大、南大、交大之门就向你敞开!这些大路就是指南针,时刻指引着洋思中学的莘莘学子向梦想的国度迈进。

在大路两边有百根灯柱,这些灯柱不仅样式独特,造型美观,更为特别的是在所有灯柱左右都挂着写有教育思想的灯箱,如爱迪生的名言"天才,就是1%的灵感加上99%的汗水"。一到晚上,所有灯箱都亮着,不仅可以照亮校园,更可以吸引同学们的注意,让他们在来去的途中受到警醒,得到启迪。

五、标语文化

洋思的标语也很多,它出现在洋思中学道路两旁的花坛里、照明灯杆上、走廊的廊顶、支撑房屋的柱子上,甚至是学生餐厅里。学校里随处可见蕴含哲理的名言警句,处处体现着洋思的教育思想。我把它们归纳为以下六大类。

(1)校长寄语。①老师们,请记住:你自己就是一部"教材"。②同学们,请记住:你自己就是一座"金矿"。

（2）学科学习。各走廊以及食堂天花顶上都是英文单词及学英语的顺口溜。

（3）办学思想。①没有教不好的学生。②让每一位家长满意。③真善美。④走进洋思，成就未来。⑤校风：求实创新，教风：循循善诱，学风：自主学习等。

（4）教学思想。①没有差生，只有差异。②课堂教学的过程是学生在教师指导下的自学过程。③用发展的眼光看学生的未来，用放大镜看学生的优点。④从起始年级抓起，从学生进校第一天抓起，从最后一名学生抓起。⑤实行平等教育，不让一个掉队。⑥向课堂要质量，向教研要效益。⑦知荣辱、明责任、做表率。⑧让课堂成为培养学生创新精神和实践能力的园地。⑨创新是一个民族进步的灵魂，是国家兴旺发达的不竭动力。

（5）激励学生。①知识改变命运，细节决定成败。②迎着晨风想一想，今天该怎样努力；踏着夕阳问一问，今天有多少长进。③抬起头走路。④未来的文盲不是不识字的人，而是不会学习的人。⑤一流人才与三流人才的区别就在于是否有创造力。⑥一粥一饭，当思来之不易；半丝半缕，恒念物力维艰。⑦天地"粮"心，珍惜莫蚀。⑧人们常以为清闲就是幸福。其实，清闲正是生命力的浪费和萎缩。⑨彰显生命色彩，拥抱美好未来。⑩学习改变命运，细节决定成败。

（6）要求学生。①把肚子吃饱，不浪费粮食。②学会洗澡，提高素质。③坚持从小事做起，规范行为，养成习惯。④每天锻炼一小时，健康工作五十年，幸福生活一辈子。⑤尊重外宾，礼貌待人。⑥处处自反，刻刻自守，件件恕人。⑦有德不可敌。⑧能使你所爱的人快乐，是世界上最大的幸福。⑨鲜花还需绿叶扶，学校更需同学护。⑩希望同学们在新世纪的征程上努力做求知的模范。

这些标语有的在醒目处（如大厅中），有的在不显眼处（如草丛中），有的在教室里，有的在餐厅里，有的在操场上，有的在宿舍里，有的在洗手间里，有的在走廊里，有的在实验室里……凡是能写上标语之处，凡是应该成为育人之处，凡是必须达到教育目的之处，均有了这些发人深省的文字、标语，让人不经意间受到教育，明晰真理。即使这些标语、文字不是悬挂在醒目的位置，它们的教育作用也没有因为位置的不同而有所改变。这些标语既具体、亲切、实在，又够得着、做得到，胜过了千言万语的说教。

六、班牌文化

学校为每一个班级定制了整齐划一的班牌，均挂在各班前门外墙上，它成为"班级名片"，成为这个班级区别于别班的重要标志。形式上是统一的，但具体内容上却是彰显个性。它由本班班主任和全体同学共同完成，其中包括班名、班主任姓名、班主任寄语、班级理念、班级格言、班级评选榜、班级目标、班级成绩、班级之星、班风、学风、班训，等等。为了确保将班牌作用发挥到极致，学校要求每一个月由各班依据本班情况及时改换，同时，政教处——拍照后，评选先进，公示，奖励。结束后还举行班牌教育经验交流会。

七、公示文化

洋思的宣传栏很多，它们散布于校园的各个地方，内容多样，有宣传洋思经验的诸多报刊，有学校各项评比的表格，有显示教师风采、荣誉的证书，有学生社团的简介，有学生书法、绘画的佳作展览，有活动剪影的照片，有法制和心理专栏，还有各班的宣传栏，等等。

学校综合楼广播室墙壁上有三个年级的学习、卫生、纪律评比专栏，将三个年级的三种情况按月公示；有年级光荣榜（学习标兵、进步特快生等各类学生名单、照片）；有各班级周周清达到的百分比公示栏。综合楼一楼墙壁上有学生书法、绘画、佳作展；综合楼二楼墙壁上有全市校长谈洋思、教师风采（优质课比赛、广播操比赛、论文奖、政府授予的荣誉称号等）、学生会社团简介（乒乓球、篮球、羽毛球、足球、排球、象棋、英语、读书、集邮、计算机、环保等）、优秀学生干部、运动会剪影及班级获奖证书；医务室侧面有法制专栏、心理健康专栏；图书馆外墙上有禁毒专栏；餐厅中有各班食堂纪律、卫生评比栏；宿舍中有各班寝室纪律、卫生评比栏。

每个班级教室内均有"月月清"学习标兵照片和名单，"月月清"进步学生照片和名单，大干新学期决心书，"周周插红旗，月月送喜报"考核栏；前墙壁上悬挂着国旗，后面则悬挂着年级考核下发的循环红旗，如学习循环红旗、卫生循环红旗、纪律循环红旗，还有参加学校和年级比赛所获得的各种证书。

这些公示文化，化有形的管理为无形的自觉，让师生知道自己的言行怎样才能规范，怎样才能提升与发展，也让前来参观的老师看到了洋思中学的缩影。这些公示文化或增强师生的自豪感，激励大家的进取心，或开阔大家的视野，或引导同学们的思想向健康方向发展……这些公示文化成了学校的一道亮丽风景。

八、建筑文化

从平面图可见，洋思中学整个校园左边是生活区，右边是学生公寓和餐厅，正面则是功能区、办公区和教学区，宽大的走廊将各个功能区依次相连，形成一个整体，宛如一个展翅欲飞的雄鹰。

一进入学校大门，便有一条东西相向的河水连通着学校西墙外的羽惠河，河道两旁垂柳依依、绿地连绵不绝、河水清澈见底，让人仿佛置身于世外桃源。

学校东面是宽大的操场，操场由南到北被分成两个部分，东面是塑胶跑道兼足球场，西面是篮球场。篮球场上有白点均匀地分布着，课间操时，这些白点便成了学生站位的定点。操场从南到北能够同时容纳 5000 名学生。操场的北面，则是排列整齐的乒乓球台、单双杠和高低杠。

九、思想文化

洋思中学的校训——"真善美"。它镌刻于一块巨石之上，横亘在南北大道之中。有人说："真代表理智，善代表爱心，美代表形式。""真善美"，是一个人自我完善的标准。首先真字在前，做人要一切从实际出发；善字为中，因为善是人来到这世界上的目的，感受善和给予善，才能获得与人分享的快乐；而真和善，如果不通过美的形式展现出来，人就不能有所进步，有所超越。还有人说："追求美就是追求发展。"外在美可能是短暂的，而心灵美是不会随着时光的流逝而褪色的，相反，她会随着岁月的酝酿而升华成高尚的精神境界！洋思中学的校训——"真善美"三个字充满着人性的光辉和正义的光芒。它既是对中国传统文化的传承，更是对传统文化的实践，它让所有进洋思大门的人特别是洋思中学的学生，都能经受思想的洗礼，追求一种高尚的境界，它成为洋思中学每一个师生共同的价值追求和内在要求。

洋思的办学理念——"没有教不好的学生"。它高贴于学校教育教学交流中心东墙上，正对着操场。每次活动时，师生一眼看见的就是这闪闪发光的八个红字。这八个字富有内涵与深意，在上一节，我们已经就这个理念作了具体的分析，此处不再赘述。

洋思中学的服务宗旨——"让每一位家长满意"。这八个字高高张贴在所有家长必经的学校行政大楼前面的餐厅大楼最高处，正对着"北大路"。这八个字是学校对广大家长的庄严承诺，也是学校不断发展的动力——因为家长的需求是不一样的，家长的需求是无止境的，家长的需求是最切实的——家长成为学校发展的不竭源泉。从家长需求出发，处处为家长服务，让家长满意，学校才能得到最好的发展。有了家长的支持，哪所学校会干不好呢？

洋思中学的环境文化自然不止以上这些，以上这些只是洋思中学与众不同的文化所在，我们的学生置身于这样的学校环境文化之中时，所受到的教育肯定是积极向上的。

学校文化是学校发展的重要方面，是凝聚人心、展示学校形象、提高学校文明的重要体现。学校文化对学生的人生观、价值观产生着潜移默化的深远影响，而这种影响往往是任何课程都无法提供的。健康、向上、丰富的学校文化对学生品性的形成具有渗透性、持久性和选择性，对提高学生的人文道德素养，拓宽学生的视野，培养跨世纪人才具有深远意义。

学校环境文化是学校文化的外衣，是学校文化的重要体现。学生常年生活、学习在校园里，感受着学校的校园环境，受到校园环境的熏陶。你可以想象一下，漫步林荫大道，与同学一起坐在草地上，仰望苍天，激扬文字的豪迈之情；走进古香古色而又富有现代气息的图书馆，那种宁谧、神圣的氛围足以让你融入书海的世界里，感受五千年的人文情怀；一方池塘，芬芳的花香，让学生感受那花园般的清新。

既然如此，我们所有的教育工作者都有责任和义务一起为学生创造一个适合学生成长的校园环境文化。我们应该把校园环境打造成学生成长的摇篮，我们必须从学校实际出发为学生创建一个促进学生成长的校园环境文化，同时对校园文化进行有效的改造，调整校园的整体布局，丰富校园文化内涵，拓展校园教育空间，让学子们有更好的学习生活环境。

打造德育课堂

"先学后教，当堂训练"是洋思中学 1980 年代初期就提出并不断实践、丰富、完善的课堂教学策略，它充分体现了科学的教育教学规律，它使课成为了课，使教育成为了教育，使学生成为了学生，它真正实现了让每一位学生在课堂上得到发展、提升、进步的目标。

这种教学模式不仅减轻了学生的学业负担，也全面促进了学生素质的提升，使课堂不仅成为人们所认为的文化课堂，也成为学生成长的德育课堂。文化教育与品德教育合二为一，实现了德育工作课堂化，德育工作教学化，德育工作无痕化。

一、"先学后教，当堂训练"——课堂的教学模式

"先学"，就是在课堂上，学生在老师的引领下所进行的自主实践，自主探究，自主学习。

（1）"先学"中"学"的意思是实践、探究、学习，而不仅仅是看书，做题。也就是教师引导学生采取各种适合学生学习和本节课学习的方式进行学习。这就充分保证了学生学习的自主权，学习方式的多样性、丰富性，从而使学习更贴近学生的实际，更能提升学生的学习力。

（2）"先学"的对象是学生，而不是教师。课堂从学生学开始，而不是从教师讲开始。也就是课堂教学必须把首学权、首思权、首试权、首创权还给学生。这样一来，一开始就将学生置于学习的地位，保证了学生学习的主体地位，使学生成为"学"者。

（3）"先学"的时间是课堂之上，而不是课前。我们洋思中学取消了课前的"预习"。没有了"预习"就减轻了学生的学业负担。时间缩短了，学生在课堂上就会更加认真，更加努力，更加集中注意力，更有利于形成良好的学习习惯，从而在规定的时间内完成学习任务，达成学习目标，充分发掘自身发展潜能。

（4）"先学"的内容是必须学的内容。这个内容是老师精心预设的，是根据课标、课程、学情等提出的。也就是说，学习内容有其明确的规定性，这就使学生的学习有了方向，就可以让学生在学习中始终朝着正确的方向前行，而不再漫无目的，不知所往。

（5）"先学"的方法是由老师提供的，学生按教师提出的"自学指导"进行有效学习，即"先学"是学生在老师的指导下的自学。这就表明了学生"先学"采用的方法也不是随意的，而是老师将最有效的方法渗透在学习之中。当然，这种方法不是绝对的，教师在教学中充分尊重并积极鼓励学生自寻科学之法，主动构建学习策略，从而结合自己的实际用最有效的方法来实现目标，完成任务。

（6）"先学"的要求是三个词——独立、限时、考试。独立，就是靠自己，不能讨论；限时，就是有时间的限定，不能无限制地延长学习时间；考试，就是要端正学习态度，不能交头接耳，不能左顾右盼，不能翻阅资料。一句话，就是以"我"为主，在规定时间内，依靠自我来解决问题，培养解决问题的能力，提升解决问题的本领，获得解决问题的快乐。

（7）"先学"的保证在于教师，在于教师真正发挥自身的组织、督查作用。在洋思中学，我们要求所有教师在学生"先学"时，做到"四勤两不勤"。"四勤"，就是腿勤、眼勤、耳勤、脑勤，即要走下去，看起来，听起来，思起来，"眼观六路，耳听八方"，实现两个"关注"——关注有问题的学生，关注学生的问题，实施走动式教学；"两不勤"，就是口不勤、手不勤，即不能代替学生说，不能代替学生做，做到"不提示、不暗示、不揭示"——只观不语、惜言如金。

"后教"，就是在课堂上，学生在老师有效的引导下所进行的实践、探究、学习。

（1）"后教"的"教"的含义仍是实践、探究、学习。不过，这时的"教"是在"先学"的基础上出现的。因此，"后教"之"教"有深化实践、深化探究、深化学习之意，即通过此时的实践、探究、学习，使"先学"中的任务清楚，认识更深。

（2）"后教"的对象仍是所有的学生——"先学"中有有问题及没有问题

的学生。言外之意,"后教"的对象非教师,也就是说,"后教"不是老师讲,不是老师在学生"先学"后的"传道、授业、解惑",而是学生通过彼此之间的合作、交流、研讨来共同分析、理解、解决、深化"先学"中的问题。"后教"之"互教""研教"就是说教师在课堂上不"教"了,把"教"的权利也拿出来,完全地让学生进行"互学互研",这是更大胆的放手,也是完全在践行着新课程标准。

(3)"后教"是在"先学"之后,即没有"先学",就没有"后教"。所以,在"先学后教"的课堂上,我们坚决杜绝一上课就抛出问题让全班同学开展"彼此探讨""小组交流""共同研究",进行所谓的"合作学习",而是让学生自己先去研究、思考,只有自己真正研究了,充分思考了,才会找出自己不懂的问题,有了问题,才想求解,这样才会有"后教"。

(4)"后教"的方式主要有四种:一是同桌互教——同桌彼此帮教;二是小组互教——前后桌同学彼此帮教;三是自由互教——异桌间自由选择帮教;四是全班互教——全班就共同问题进行帮教。"后教"不仅是同桌之间的事,更是每一个学生的事,他们都承担着"教"与"被教"的角色,这就充分地发挥了每一个学生的积极性,让每一个学生都能发挥自身作用,为合理、科学地解决问题提供策略,献计献策。

(5)"后教"的内容是学生"先学"中存在的问题。我们以为,课堂不是展示,课堂不是表现,课堂不是回答正确,课堂的核心应该是解决问题。如果一个课堂没有解决学生学习中的问题,那这样的课堂还有什么存在的意义与价值呢?要想解决问题,首先要有问题——"先学"时,只有学生的自学,没有教师的"讲解""提示",学生有问题是必然的。"后教"的问题是指共性的、个性的、富有典型意义的和容易忽视的四大问题。也就是说,"后教"既注重解决个体之间出现的个别问题,更注重解决群体之间出现的共性的问题,如此,学生"先学"中存在的所有问题几乎都能得到解决。

(6)"后教"的保障在于老师,在于老师能切实做好"导教"工作。所谓"导教",就是教师引导学生"兵教兵",而不是讲解、传授、告知、解疑。也就是说,在"后教"中,老师只有引导学生合作研究、分析、解决问题的权利,而没有帮助学生分析、解决问题的权利。这就需要教师富有针对性地进行科学有效的"二次备课"——根据学情的变化而采取相应的引导策略。学情决定教情，教围绕着学进行，以变应变，随机应变。"导教"的重点在于做好"四导"工作——导问题、导方式、导方法、导答案。

"当堂训练"，就是在课堂上，同学在老师的组织下所进行的又一次自我实践、自我探究、自我学习。

（1）"当堂训练"之"训练"的意思仍是实践、探究、学习的意思。但这时的"实践、探究、学习"由于是建立在"先学"和"后教"基础之上的，所以较之于"先学""后教"，就显得更深刻、更广泛。此时的"训练"已经升华为一种检测、反馈、迁移，也升华为一种巩固、拓展、提升。

（2）"当堂训练"的对象是所有学生，是所有单个的学生。"训练"突出的是学生个体，非学生团体，检测、评价的是个体学生，不是整个组。也就是说，在训练中，不能有彼此的合作、帮助、研讨。学生依靠个人的力量，展示的是学生个人的"学"与"教"的情况，即"测个人"，非"测组别"，这就高度强调了教学的重点是"每一个学生"。但事实上，"测个人"的过程中，也就自然做到了"测组别"。

（3）"当堂训练"的内容是"学"与"教"的内容，即"未学""未教"的内容不应该列入"训练"。而"学"与"教"的内容是依据学习目标确定的，所以"训练"必须围绕着"学习目标"展开。今天的目标是什么，教师就以学、教为依据，以目标为准绳，进行"训练"。学、教的内容与练的内容应该是一致的，即都在目标的统率之下，都为目标的实现发挥作用。

（4）"当堂训练"的题型包括三类：必做题——基础性的题目（以书本基础题为主）、选做题——高于必做题而供选择做的中档题（以书本提高题为主）、思考题——进一步拓展延伸的题目（以教参中的拔高题为主）。三种题量比例一般为7∶2∶1，以必做题为主，这样就凸显了掌握基础目标的重要性，做到了面向全体。努力让每一个同学都有成功的快乐，同时又不拘泥于基础，在基础题的基础上，可以进行适当、适度、适宜的拓展，这有利于提高部分学生的水平。

（5）"当堂训练"的时间是课堂之上。这就是我们强调的一定要练在课堂，坚决不能将课堂作业移至课后，切实做到"千忙万忙，当堂训练不慌不忙"。

"当堂训练"之"当"本身就是"在"的意思，因此"当堂训练"就是在课堂上训练，这样做的一个重要原因就是确保训练检测的真实性。为使训练真实有效，就必须保证训练的时间。训练时间因训练内容而定，因题而定。我们在实施新课改的时候，应该切实做到四个不："不提前上课，不拖课，不占课，课后努力不补课。"这样，才能算是证明了"当堂训练"的高效。

（6）"当堂训练"的方式应多种多样，不拘一格，不能搞"一刀切"，齐步走。根据学科的不同，当堂训练的方式也不同。具体形式可以是笔头训练、口头训练、操作训练等。语文、品德可以是口头作业，数学可以是笔头作业，理、化、生可以是操作训练。这些训练不仅仅表现为一张训练纸，也不仅仅集中在一堂课的最后。跟集中训练相对的，还有分散训练，就是贯穿学和教始终的一种训练。一般来说，数学表现为集中训练，英语、语文表现为分散训练。

（7）"当堂训练"的保障是老师的监督。也就是说，在学生"当堂训练"时，老师应该做监考官，对学生训练的全过程进行监考，以使当堂训练有效果；当学生不会做时，不应该主动帮助学生，而应该激励学生靠自己的力量做出来；当学生已经做完，也不要强求学生交作业本，老师不应该当时进行批卷，更不能评讲。

二、"先学后教，当堂训练"教学模式体现的德育思想

从上面简单阐释的"先学后教，当堂训练"的教学模式中，我们可以发现这种教学模式的课堂无处不体现着德育思想。

1. 纪律教育贯穿始终

纪律是成功的保障，没有铁的纪律，班级将会一事无成。品德教育的一个重要方面就是培养学生的纪律观念。学习如此，课堂亦如此。没有纪律，课堂就不能成为课堂；没有纪律，学习终将一事无成，不可能有任何的效果，尤其是在班级授课背景下。

"先学后教，当堂训练"教学模式的课堂要抓纪律，确保纪律成为学生学习、成长的保证。

（1）纪律从起立抓起。良好的开端是成功的一半。在"先学后教，当堂训

练"的课堂上，课堂一开始就应注重抓纪律。班长的"起立"是一个号令，这时全班同学的起立形态是衡量纪律的重要标尺。如果做到"静快齐"，那学生就是有纪律的；如果是拉拉扯扯，随随便便，那就是纪律涣散，我们就会从严教育。

（2）制定并执行"课堂规则"。"不以规矩，不成方圆"，课堂必须有人人遵守的"纪律制度"。洋思中学要求每一个班级都必须发动大家的智慧，制定符合班级实际的《师生课内规则》。但制定只是第一步，执行才是最为关键的。规则面前人人遵守，规则是大家制定的，大家都要无条件地执行。学生固然要遵守，因为要考核；教师同样要遵守，因为教师本身就应该是纪律的化身。教师不能是只照别人，不照自己的电筒。

（3）教师全过程进行督学。为使纪律被切实遵守，教师在其中要发挥举足轻重的作用。在"先学"时，我们要求教师做"孙悟空"，做到"四勤"，实施走动式教学，时刻关注有问题的学生；在"后教"时，要求教师做好"导教"工作，确保每一个学生都能真正地进行"互教""研教"，而不搞"假研究""假帮教"；在"当堂训练"时，教师要像监考官一样全程监考，绝对确保学生中不能有任何的抄袭现象，确保对学生的检测真实而准确。

实际上，"先学后教，当堂训练"并不是一个抓纪律的模式，但确实起到了抓纪律的作用。怎样才能真正地抓好纪律呢？我们以为，为抓纪律而抓纪律是抓不住纪律的，抓纪律的最好办法就是"曲线救国"——"用抓学习的办法来抓纪律"。如此说来，"先学后教，当堂训练"这种教学模式实际上是教学的模式，但却起着抓纪律的作用。

2. 竞争教育贯穿始终

"没有竞争就没有活力"。只有有了竞争，学生才能不断地追求"真善美"。有的课堂之所以缺少活力，就在于缺少竞争。如果课堂上将学生的竞争心调动起来，整个课堂就能有无穷无尽的发展潜力。"向上""不怕""努力""争取"是"竞争"的最好诠释。"先学后教，当堂训练"教学模式充满着竞争，它将班级从一个胜利引向新的胜利，原因就在于"比赛"贯穿课堂的始终。

（1）全员竞争。在这种模式的课堂上，无人不在竞争。"先学"时，所有学生无论成绩好坏、能力强弱，均必须围绕目标努力地通过自我的学习达成目标；"后教"时，所有学生必须围绕自己"先学"中遇到的问题寻找解决办法，比谁能在他人的帮助与引导下达成学习目标；"当堂训练"时，所有学生必须能完成"必做题"，努力做好"选做题"，能力强的、基础好的要比谁能完成"思考题"。在这样的课堂上，全体学生心目中种下了"比"的种子。试想，长此以往，哪一个学生不是努力向上的？哪一个学生肯甘拜下风？哪一个学生会自愧不如？"竞争性"是一个班级班风正的核心指标，也是一个民族发展的核心指标。这种"竞争性"从哪里来？最好的办法就是从课堂中来，从课堂中的学生中来，学生在每一堂课上都参与竞争，那学生今后定然会"乘风破浪"。

（2）全程比赛。"先学后教，当堂训练"的课堂中，无时无刻不在进行着比赛。一上课，就比谁能做到"起立""静快齐"；师生问好时，比谁眼睛能紧盯着老师，真心地对老师说"老师好"，从而富有感情地开启新的一课；在出示"学习目标"时，老师充满激情地"煽动"学生比谁能达成目标；在出示"自学指导"时，总有一句"比谁在几分钟内完成得好"；在"当堂训练"时，比谁能在"检测与运用"中真正掌握，能够拓展运用，能够迁移深化。在学生自学时，教师无时无刻不在鞭策着每一个同学，"表扬与批评"贯穿着学习始终；在"后教"时，教师更是要激励着每一个同学、每一个小组、每一个帮扶对象，比谁能帮助他人，比谁能在他人的帮助下学会、学懂。这种比赛，所产生的效果就是学生全过程"紧张"地投入到学习中去，"全力以赴、全神贯注、全心全意"地努力达成目标。这不正是一个成功的人所应具备的优良品质吗？

（3）全面比赛。在"先学后教，当堂训练"的课堂上，学生开展竞争的对象绝对不仅仅是"知识的掌握"程度，也不仅仅是"分数的多少"，而是多元的、全面的。比如比赛耐力，比谁在十分钟里能静静地看书、做题、思考；比协作能力，比谁能与同桌、同组同学更好地合作学习，互帮互助，共同提高；比良好的习惯，比谁站得直，坐得正，写得好；比顽强到底的精神，遇到问题不是立即问，而是力求通过自己的努力获得解决的方法；比进步大的决心，所谓的"差生"在努力之下不承认自己差，通过努力产生了战胜对手的欲念，并付诸实践；比谁有更科学有效的学习方法、解决方法，在学习中方法很重要，但哪个方法好不是老师说了算的，而是学生在老师的引导下，各想各的，各说各的，比试着各种解法，各种技巧，各种策略，从而开拓了眼界，拓宽了思维……

因此，我们说，"先学后教，当堂训练"不只是学习知识，还切实开展了竞争，促进了学生多个方面的发展。竞争，使课堂充满活力；竞争，让学生努力不止；竞争，让学习富有激情。

3. 理想教育贯穿始终

理想是对一个人成长的引领。所以，加强理想教育是非常重要的。而加强理想教育绝对不是让学生将自己的所谓的理想写下来，贴在自己的桌子上，记录在老师的班务手册里；理想教育也不是学习几个中外名人事迹，就能激发学生斗志，然后学生就有所谓的理想了；理想教育更不是逼着学生学了某篇文章后，让学生写自己的理想。理想教育必须是实实在在的，它是建立在基本的行动中的，理想教育绝不是空喊口号。习总书记强调："空谈误国，实干兴邦。"学生的理想主义教育也应该避免空谈。没有实干的精神，是不可能有真正的理想教育的。学生的理想主义教育应该靠近一点（不宜过远），靠实一点（不宜过虚），靠细一点（不宜过粗）。

"先学后教，当堂训练"的教学模式特别注重学生的理想主义教育，并将学生的理想主义教育贯穿在整个教育教学之中。

（1）"目标"贯穿始终。理想教育的首要内容就是目标教育。只有有了明确的目标，学生才能为之努力，从而成功。"先学后教，当堂训练"教学模式全过程都围绕着目标进行学与教。"先学"前，教师引领目标，提出课堂方向；"先学"时，全体同学围绕目标进行自学、研究、探索；"后教"时，教师就目标达成中出现的问题进行研讨、分析、解决；"当堂训练"时，更是自我达标，自我检测，自我再次发现问题。总之，"目标"的达成成了学习的纲领，成了努力的航向。只有每一堂课都努力一点，提高一点，才能与理想接近一点，如此，目标教学就成了理想教育的助推剂。

（2）责任教育贯穿始终。要让课堂"目标"实现，实际上，师生就必须承担相应的责任，没有责任，目标就无法实现。这里的责任不仅是学生的责任，也是教师的责任，教师的责任就是让学生学到位、学会，学生的责任就是在教师的指导下学习、发展，两种责任贯穿于课堂教学的始终。为了加强责任，"先学后教，当堂训练"教学模式提出必须做到"堂堂清"，即通过课堂学习，必须达到"当堂学，当堂会，当堂学会，当堂会学"，也就是通过"当堂训练"这一课堂检测环节使"堂堂清"得到落实（很多学校却非如此，总是把课堂作业放置在课后进行，出现"课堂作业课后化"的局面）。当然，这一环节是建立在"先学"的责任和"后教"的责任的基础上的，只有"先学"中尽责用心独立学，"后教"中尽责用心相互研学，"堂堂清"才能最终落实。

（3）理想的实现，需要长期的坚持，绝对不是仅靠一两节课就可以的。如果今天是这样的一种学习方式，明天又是另一种学习方式，那就缺少了连续性，那么课堂上的目标的达成与检测也就不可能统一而集中，最终理想就在变来变去中变得虚无缥缈。洋思中学所推行的"先学后教，当堂训练"教学模式绝不是一节课的选择，也不是两节课的选择，而是所有的课堂的选择。不论学科、课型，不论教师、学生，不论正式的文化课、操作性愉快性很强的活动课（包括音体美课），都要通过"先学""后教""当堂训练"来达标。一节课一节课地达标，这就距离理想近了，就会始终保持一种向上的斗志，最终到达理想的彼岸。

（4）课堂是通往理想国度最重要的阶梯。但是，光有课堂上的教学与努力，并不能让所有的学生都靠近理想，因为学生有差异——基础的差异、智力的差异、习惯的差异、家庭的差异、性格的差异。如果解决？洋思中学在"先学后教，当堂训练"之"堂堂清"的基础上，提出了"日日清"与"周周清"，乃至于"月月清"。采用"承诺"的方式施加责任，采用"承包"的方法予以落实，采用"复清"的方式进行评估，这表面上看是"逼上梁山"，实质上是加强彼此的责任。通过努力与吃苦，为发展与进步打下一个坚持的基础，距离目标与理想能更近一点，从而使自己能够充满信心地迎接更大的挑战。

4. 榜样教育贯穿始终

（1）教师的示范是最好的榜样。陶行知说"学高为师，身正为范"，这应该是教师的努力方向，只有这样，教师才能更好地教育学生。这种模式下的课堂，要求教师"少说话""少动手"，但必须用自己无声的形象来给学生示范，时刻影响着学生。在刚上课时，老师的严格"上课"和富有感情的"同学们好"是对学生的示范，让学生看到老师后，就自觉起立，充满感情地说"老师好"，师生感情得到了沟通。在"先学"时，老师三言两语，简洁而明快地引领学生进入"自学"的快车道，让学生充满信心，积极学习。在学生"自学"时，老师没有放弃任何一个学生，而是始终"关注着有问题的学生""关注着学生的问题"，对所有学生充满期待，这本身也是一种榜样。在"后教"时，老师始终在用心地倾听，始终用一种商量的语气与学生沟通，和蔼可亲，平易近人，对学生存在的诸多问题没有无奈，只有耐心，只有反复引导，这不正是给互帮互助的同学树立了一个榜样吗？在"当堂训练"时，老师不仅是在布置，也是在观察，心始终不离学生，这种精神自然值得学生学习。

（2）表现好的学生是榜样。班级要想进步，必须及时地发现一批表现优异的学生，并通过多种渠道表扬、宣扬，这对这一批优异学生来说是鼓励，对其他学生来说是一种鞭策。但是，大多数老师通常的做法是空洞地表扬，缺少依据，让同学难以信服。最真实的依据在课堂上。在课堂上，学生听、说、读、写、思、感悟、体验、实践，动手、动口、动脑都是可见的，特别是在"先学""后教""当堂训练"时的表现更是"有目共睹"，他们自觉"自学"、真诚"帮教"、认真"当堂训练"，无论是成绩或是课堂上的表现，都展现在老师的眼皮子底下。这就改变了传统的教师课堂上"目中无人"的现状，让教师更多地关注课堂，关注学生，对学生的情况了如指掌，从而准确而真实地对学生进行评价，这就充分发挥了学生的榜样示范与引领作用，使班级更为积极向上。

（3）有进步的学生是榜样。"好的学生是榜样"，这是大家的共识。但对于一些学生而言，其榜样似乎很远，"可望而不可即"。此时，课堂中的老师不能将眼光仅落在那些所谓的"常好"学生身上，还应该更多地落在"非常好"学生身上。这些学生就是有点滴进步的学生——过去不守纪律，现在能够坐下听课了；过去不想帮助他人，现在也能给他人解答问题了；过去当堂训练只能做一道题，现在能够做几道题了。对这些同学的表扬，就是对他们的肯定，这是一种激励，更是一种正能量的展示。对其他同学来说，这无疑又是一种推促与提升。

5. 自信教育贯穿始终

自信是走向成功的基石，一个人没有自信，是永远不可能取得成功的。在"先学后教，当堂训练"课堂教学模式中，自信教育贯穿始终。

（1）自信，首要的是教师对学生相信。没有教师的相信，哪有学生的自信？在学生眼里，教师拥有至高无上的权威，教师说这孩子行，那这个孩子就会用各种表现证明自己确实行，这就是"赏识与期待"教育理论。"没有教不好的学生"是我们洋思中学的办学理念，其重要核心思想就是无条件地相信每一位学生，相信每一位学生能学、会学、能够成人、能够很好地长大。在教师的眼里，"只有差异，没有差生"。"没有相信就没有教育，相信学生是教育好学生的前提，相信是对学生最大的赏识与尊重"。教师不仅要相信学生学习的进步，也要相信他们品德的发展，更要相信学生情感态度与价值观的发展。当然，这种相信，不是盲目的相信，而是建立在充分认识和严格要求的基础之上的。

（2）相信学生，从相信最后一名"差生"开始。很多老师也相信学生，但相信的是所谓的"好"学生，自己喜欢的学生。这不是真正的相信，这是对相信的一种曲解。我们的相信是相信每一位，即使这个学生真的是"问题生"，我们也要始终用信任的眼光来看待他。"你行""你会""你能""你可以"，这样一来，学生会在教师的信任下一步一步向前。此时，教师所做的就是用放大镜来找学生的优点，让学生感受到自己确实不错，从而树立自信。

（3）"先学"就是让学生充满自信地解决问题。在老师未有任何讲解前，学生通过自己的努力找出问题，从而能够竭尽全力地解决，这就是培养学生自信的最佳办法；"后教"就是相信学生能够通过与同学之间的"诸葛亮会"来解决存在的问题，这也是自信心的一种表达；"当堂训练"就是让学生做到"当堂达标"，从而建立自信。只有成功了，才能自信；有了自信，才会有新的成功。这种成功，不是人人一百分，而是达到心中追求的目标。教师评定时要采取非"一刀切"式的评价，学生内心自然就升腾起向上的愿望，向着新的目标奋进。

在老师相信之下，学生有自信；在自信之下，学生有了小的成功；小的成功激发起新的自信，产生新的成功。长此以往，成功就会像滚雪球一样，不断变大,最终"成就自己""成就未来"。可以这么说,相信学生不仅是教育的一种策略,更是一种师德,它是教师"人文思想"的重要体现。

6. 耐挫教育贯穿始终

人生难免有挫折,对待挫折的态度,将关系到一个人一生的发展。凡是从挫折中走过来的人,大都会有美好的人生;凡是没有经受得住挫折的人,往往人生更多磨难。而挫折教育不是造就几个案例让学生经历,而是让学生在日常生活中去体验与锻炼。很多人会忽视课堂的耐挫教育,认为课堂再平常不过了,就这么长时间,这么几个问题,这么几个环节,有什么挫折可言?其实错了,如果真正把握住了课堂的实质,你就会在课堂上有意识地培养学生的耐挫品质,从而为其人生发展奠定基础。

(1)"先学"就是典型的耐挫教育。学习不是一帆风顺的。在传统的学习中,老师讲,学生听,会与不会均与学生无关,因为会的和不会的都是在老师的讲解之下完成的,这样学生也就不会经历什么挫折。"先学后教"则不然,它从一开始就让学生经历"风雨",给学生"当头一棒"——我不讲,你凭自己的力量学——虽然学生有一定的基础,但哪有这么容易,毕竟学的是新的知识呀!但不管怎样,仍要奋斗,因为老师在看着、在督着。长此以往,学生的斗争精神不就培养出来了吗?

(2)"后教"时,也不是老师讲,而是同学们共同努力,从而解决问题。虽说"三个臭皮匠,顶一个诸葛亮",但问题,特别是复杂的问题不是一下子就能解决的,这需要更大的耐力去面对与解决。所以,这时同学们就会挖空心思,开动脑筋,积极地寻找解决问题的策略,彼此交流,共同分享,相互合作。这样的学习是变个体的奋斗为集体的奋斗,最终在老师的引导下学生解决了学习中的问题,搬开了前进路上的绊脚石,耐挫教育得到了进一步的实现。

(3)"当堂训练",虽然主要是必做题,但还有选做题、思考题,这些都是具有一定的难度的题目,绝不是轻而易举就能解决的。即使是必做题,对于基础较差的学生而言也是有一定的难度的。但能够放弃吗?不能,因为要"堂堂清"——课堂必须达标。所以,学生只能咬紧牙关,想方设法地解决;只能通过自己的反复思考、积极投入来解决问题,决不能打退堂鼓。此时,加上老师的激励，学生会有一种与困难作斗争的精神，从而在"当堂训练"中始终保持积极向上的精神。

"耐挫教育"贯穿教学的全过程。事实上，"先学后教"强调课堂学习的"紧张"，要求学生"全力以赴、全神贯注、全心全意"地投入到学习中去，这就要他们与自己的很多"坏习惯"作斗争，这也不是一件容易的事，这也是对自己的一种挑战。但是，学生必须改变，只有改变，才能有获得。久而久之，学生的意识强了，内涵深了，耐挫教育也就收到了最好的效果。

7. 惜时教育贯穿始终

时间是做好一切工作的保障，没有时间，想要取得学习成效便是在做白日梦。但时间是有限的，一天也就24个小时，现在全国上下都在进行学生减负的运动，这要求我们必须严格控制学生学习的时间，不能靠延长学生学习时间来获得学生短暂的发展，使得学生不能可持续发展。那么，怎样让学生真正发展？"先学后教"教学模式做出了很好的尝试，那就是让学生在课堂上做到充分地珍惜时间，把每一分钟都用到刀刃上，使每一分钟都被最大限度地使用。课堂上时间充分了，用足了，学生学习的效率就能提高，"减负增效"的目标就能实现。

（1）在整个模式实施过程中，无论是"先学""后教"，还是"当堂训练"，每一步都有时间的限定。五分钟，八分钟，十分钟，即学生必须在规定时间内完成，只有在规定时间内完成，才算是真正的成功。于是，学生在课堂上的每一个环节都不敢有丝毫的马虎，而是竭尽全力、开动脑筋地学习，遇到问题不敢懈怠，想方设法地去解决，全程都在"紧张"地学习。

（2）目标意识贯穿学习的始终。学生为什么要珍惜时间？因为有追求，有目标，目标就是航向。学生在本质上都是向上的，都是不愿意落后的。怎么才能实现目标？一靠方法，二靠态度。态度就包含着对时间的态度。只有充分地利用时间，从上课的第一分钟开始，围绕目标，不停地探求，面对一个个的问题不懈地努力，目标才能得到实现。此时，一分钟已经掰成两分钟了，学生心中就想着，时间不多了，必须完成，必须做好。

（3）教师全过程关注着学生。在学习中，教师除了提出时间概念外，还应关注哪些学生积极、认真、努力，哪些学生在充分地利用时间。发现有浪费时间的学生，教师要及时指出；对用心的学生，则及时表扬。如此鲜明的对比，哪有学生敢不用心，敢不珍惜时间？不仅教师在关注时间，学生也在跟时间进行着赛跑，师生彼此监督，力求在最短的时间内都能提升。

确实，一个学校最大的浪费不是人才、物资的浪费，而是时间的浪费。洋思中学充分认识到了这一点。常言说得好："时间就是金钱。"我们以为，时间胜过金钱。洋思中学的"先学后教"就是从每一节课上让学生具备时间意识，珍惜每一分钟，从而在课堂上竭尽全力地学习，这样不就培养了学生良好的珍惜时间的习惯了吗？

8. 尊重教育贯穿始终

没有尊重就没有教育。尊重体现了师生人格上的平等，学生与学生之间人格上的平等。尊重使学生获得了学习的尊严，尊重让学生享受成长，尊重促进学生融入集体，真正成为集体中的一员。凡是高效的课堂必然是尊重学生的课堂。"先学后教"课堂教学模式全程贯穿了尊重教育。

（1）"没有教不好的学生"是对学生最大的尊重。教学为了谁？为了学生，为了所有学生。作为"先学后教"课堂教学改革的思想基础——"没有教不好的学生"，正充分体现了尊重的思想——"只有差异，没有差生"，这不正是对学生的人格与思想的尊重吗？因此，教师全程相信每一位学生能学、会学、肯学，全程都用期待的眼光看待学生，用发展的眼光看待学生，用赏识的眼光看待学生，如此，学生受到了尊重，自然会用自己的努力与成绩向尊重他的老师汇报——当堂学，当堂会，当堂学会，当堂会学。

（2）从一开始就让学生学，且让学贯穿于课堂教学的始终，这就是尊重的开始。尊重从哪里开始？不是从中间开始，也不是从结尾开始，而是从一上课开始。"先学后教"的课堂上，没有老师的赘语，有的是开门见山，直奔主题——同学们，老师相信大家能通过自学、研讨解决问题。于是，一上课教师就"充分相信学生"，把"首学权还给学生，把首思权还给学生，把首试权还给学生，把首创权还给学生"，把分析、解决问题的权利还给学生，老师没有"提示、暗示、揭示"，更没有"讲解、讲授、说教"，这一切源于尊重——

相信学生能学。在"后教"时，老师也没有立即讲、教，而是充分尊重学生，让学生回答，有多少回答多少，能回答多深就回答多深。若回答错了，回答浅了，回答偏了，老师不会怒斥，只会微笑着等待、引导，这一切还是源于尊重。在"当堂训练"时，没有事先告知要在规定的时间内进行考试，教师全程监考，这还是因为相信，相信学生能做题，会做题，能达标。

这种尊重，不仅是对所谓好学生的尊重，更是对所谓"差生"的尊重。在洋思的课堂上没有"差生"，所有的学生都是平等的，他们都是发展中的人。好学生也有差的地方，差的学生也有好的地方，没有绝对的好，也没有绝对的差。所以，在课堂上，老师对各类学生的态度本质上是一样的——严格要求、一视同仁。但在具体对待上又表现出"因材施教"——更多地关注基础差的学生，对于基础好的学生，教师则"一闪而过"；总是先让基础差的学生回答问题，以暴露课堂最真实的问题，而不是让基础好的学生回答问题以掩藏问题；在基础差的同学回答问题之后，不是老师讲，而是让基础好的同学给予其帮助、诱导、讲解，实行"兵教兵"。所有这一切是对学生的尊重——尊重不同学生的状况，提出不同的要求。分类别地尊重，而不是搞"一刀切"的尊重，正是"先学后教"的重要特色，它让每一个学生在课堂上都有各自的价值与意义，从而更好地投到学习中去。

是的，尊重教育对学生的成长最为重要，学生最希望获得的就是尊严。这种尊严的获得不是不管不问，也不是只表扬不批评，而是在充分认识课堂和理解学生的基础上，为了学生、走近学生、理解学生，这种尊重是人格上的看重，也是教师角色的自觉转换，更是教师获得学生最大尊重的有效手段。

9. 劳动教育贯穿始终

课堂上让学生劳动，不劳动者不得食。只有从小培养学生劳动的品质，学生将来才能真正成为劳动者。"先学后教"教学模式的课堂是全程让学生劳动的课堂，学生在课堂上必须劳动，必须全过程紧张地劳动，只有这样，才是一个合格的学生，才是一个有进取心的学生，才是一个不断发展的学生。

（1）让每一个学生在课堂上有事做，是"先学后教"教学模式的基本要求。从"先学"到"后教"再到"当堂训练"，无不让每一个学生在做事。"先学"时，教师通过引学，迅速让学生进入学习的主干道，怎样让每一个学生都在做事呢？教师不是立足讲台，而是实施"走动式教学"进行有效的督学。在"后教"时，教师加强巡视，不只是巡视到"大组"，更巡视到"组中的人"，对不尽职者，马上进行"检测""询问""验收"，同时还加强了"兵包兵"——"一帮一，一包一"，确保每一个都在劳动。"当堂训练"更是"一个都不少"地劳动——劳动无效果者或不理想者，将进行"日日清"。

（2）劳动以脑力劳动为主，体力劳动为辅。有些老师也让学生劳动，但是那是对学生的一种处罚性的体力劳动，这种劳动对学生来说意义与价值不大。"先学后教"教学模式以发展学生的思维为主旨，让学生在脑力劳动中发展自己的思维。"思考"贯穿课堂教学的全过程，这种"思考"就是脑力劳动，表现在外则是动口、动手、动脑。物理和化学课堂上，有时要做实验，会将东西搬来搬去，但这些只是一些手段而已，绝非根本。"冥思苦想、沉思默想、静思深想"才是学生劳动的主旋律，想好了，想通了，想透了，再通过做题来体现。所以"先学后教"最终培养的是思维能力，当然其他的能力诸如动手实验能力、动口表达能力等，在思维能力的培养下也都得到了培养。

劳动不仅是付出，也是一种享受。学生全程在劳动，很辛苦。但劳动是一种表象，在劳动的过程中，学生得到了享受，真可谓是"乐在其中"。"先学"靠自己，没有老师与同学的任何帮助，基本了解所学内容内涵，这不是最愉快的吗？在"后教"时，通过请教，解决了自己"先学"中的疑惑，使自己深入地理解了所学内容的内涵，这不也是一种愉快吗？在"当堂训练"时，通过自己的独立劳动，最终实现了"日日清"的目标，证明了自己，不正是在实现自身的价值吗？学习苦吗？当然苦，不苦怎么可能有成功？但最终会"苦中有乐"，"苦尽甘来"呀！此之谓"痛并快乐着""累并愉快着""劳动并享受着"。

10. 诚信教育贯穿始终

诚信教育是现今素质教育的主旋律。《论语·为政》也说："人而无信，不知其可也。"好多学生为什么不诚信？就是因为老师在课堂上没有实施诚信教育。"先学后教"教学模式全程都在实施诚信教育，使学生在这样的课堂里树立诚信意识，切实做到诚信，培养诚信品质，更好地促进学生的成长与发展。

（1）诚信做好学生。学生的职责是什么？学习。"先学后教"教学模式就是要让学生做一个真正的学习者。所以开学的第一天，教师就要对学生进行"学习主人"的教育——我是学生，我是主人，我要学习——引导学生反复咀嚼，反复品读，最终明确自己的主人翁地位：我是来学习的，我不是来玩的；我是一个学习者，我不是一个虚度光阴者；我是一个追求进步者，我不是一个只是长身体的人。学生明白这些道理以后，他们自然就会用学生的标准来要求自己，就会成为一个"真学生"，就能诚信地去上好每一节课。

（2）通过不断地训练让学生培养诚信品质。诚信品质不是一朝一夕就能获得的，需要长时间的训练才能获得。"先学后教"教学模式不只是某一门学科、某一种课型的教学状态，而是所有学科、所有课型的教学状态。这样学生就没有了不诚信的空间与时间——因为所有课都一样，学生必须学，必须做好学生，必须动脑，必须靠自己，必须有当堂训练——当一个人没有任何借口的时候，他就只能做一个最真实的自己了，更何况还有全程都在关注学生成长的老师在旁边呢！如此，"训练成习惯，习惯成自然，自然成素质，素质成文化"，学生在训练中，其诚信的品质最终成了学生的习惯，成了学生的素质，成了学生的文化。

（3）"兵包兵"让学生更加诚信。"兵包兵"是洋思课堂教学中一种很重要的策略，目的就是通过彼此的帮助与监督，使学生获得更好的成长。前"兵"是"优"兵，后"兵"是"有问题"的兵，这种问题有的是学习基础差，但更多的是思想、行为方面的问题。榜样的力量是无穷的，通过教师和学生的遴选，最终我们会选出"优兵"做"问题兵"的师傅，签订师徒合同，让他们确立两者的承包关系，并在教学管理中进行"考核"——一荣俱荣，一损俱损。为了徒弟，师傅自然尽责，为了师傅，徒弟当然不敢落后，更何况，还要进行师徒小组竞赛。因此在学习中，为了"师徒"的集体荣誉，师徒自然不敢有任何的马虎，必然会彼此监督，彼此推进，彼此真心协作，最终彼此提高。这样"兵包兵"后，最终取得实效，学生的诚信品德在"兵包兵"中得到了培养。

各位班主任，"先学后教，当堂训练"教学模式的目标就是让每一位学生都绽放生命色彩。绽放生命色彩表现在两个方面：一是抓分数，通过课堂教学让学生获得高分、满分；二是抓素质，通过课堂教学让学生素质得到提高。刚才我讲了十个方面的教育，不正是学生素质提升的策略吗？这样的教育不正是德育吗？不正是真善美的教育吗？不正是在让每一个学生绽放生命色彩吗？这种教育化抽象的德育为形象的行为，以学习为抓手，以课堂为载体，以行动为主线，切实有效地变虚为实，由远而近，从外至内，不再是虚无缥缈，不再是空中楼阁，不再是可望而不可即，这是一种着地的教育，这是一种从人的发展出发的教育。这就从根本处找到了"为每一个学生终生发展奠基"的路径与策略。

我们都希望学生有理想，有抱负，有纪律，有作为，其主要渠道在哪？在课堂。课堂才是根本阵地，没有了课堂中学生品质的发展，或者说，学生在课堂上这些作为人的品质没有得到培养，学生在课堂外也就不能得到真正的发展。即使得到，我想也是不全面的、不完全的。所以，聪明的班主任抓学生素养时最重要的策略就是抓实抓牢抓好课堂，即一切从课堂出发，一切纳入课堂之中，将课堂真正打造成素质教育的课堂，德育发展的课堂。如此，分数有了，学生的行为习惯与品质也有了提升，学生的身心就会得到真正的发展。

加强德育承包

加强责任是干好一切工作的前提，责任到位，工作才能到位，效果才能显著。学校工作如此，班级管理工作更是如此。很多事件，表面上看是孩子、学生的问题，实际上却是学校的问题——学校责任不落实、老师不负责、班主任工作无计划——问题虽然出在学生身上，根子却在教师那里。

洋思中学在德育工作中，也切实地加强了教师教育学生的责任，有效地促进了教育质量的提升。

一、德育管理制度的特征

通过实践，我们认为，使所有的教职员工都能把学校的事当作自家的事、使所有的教职员工把别人的孩子当作自己的孩子的制度，才是最有效的德育管理制度。

试想一下，天下之大，有不爱家、不爱自己孩子的吗？当然有，但在中国这样的国度之中是少见的，在教师队伍中更是少见的。一旦家中出了事，一旦孩子出了事，我们作为父母的一定会全力以赴地为自己的家、为自己的孩子解决问题，而如果教师也能用对待家庭、对待自己孩子的态度来对待学校和学生，那么，哪有办不好的学校，哪有教不好的学生呢？这就是责任的力量。

我们听过很多优秀教师、优秀班主任的感人事迹，他们为什么优秀？为什么出色？因为他们把学校的事当作自家的事，把别人的孩子当作自己的孩子；因为能够做到对教育，对学校，对学生痴情、忘情、衷情。一个"情"字贯穿教育、教学工作的始终，这种"情"实际上就是对教育事业的最高负责任——以校为家，视生如子。

所以，最有效的学校德育管理制度最核心的特征就是八个字——以校为家，视生如子。

这八个字要求教师必须以一种高度负责的精神对待学校，对待学生，从心底里认同学校，促进学校的发展。毕竟学校兴衰事关我们每一个人，关系到每一位在学校工作的同志的发展与前途。学校的事再小也是大事，学生的事再小也是大事，只有把学校之事、学生之事当成家事，教师才会对学校、对学生真正全面负责。

"当成"，不是说在嘴上的，也不是表面做做就行的，而是既有心里的真正感受、确认，更有与心里一致的行为，时时、处处用行为来维护学校利益，通过个人的努力来促进学校的发展，分配给自己的工作不仅要不折不扣地完成，还要想方设法地开展创新工作，使工作效率提高，效益增加。

这八个字，不是说教师一定要弃离自己的家庭、自己的孩子，不顾及他们。我们以为这也是不人道的，也不是一名教师应该有的品质。事实上，试想一下，如果连自己的孩子都不去关心，还可能关心他人的孩子吗？至少这种关心是一种变态的关心。如果连自己的孩子都不能教好，请问，还能去教其他人的孩子吗？至少这种教育是缺少元素的。

我们所讲的"视生如子"，其实质就是要用对待自己孩子的态度来对待学生。所有教师是希望孩子成长、发展的，坚信学生在自己的教导下是能够进步、成长、发展的。假如换一下位，别人的孩子也是你的孩子，那么，那些所谓的教不好的孩子还会教不好吗？更何况，我们的神圣职责就在于改变孩子，就是无条件地把孩子教好，而要教好，不付出、不努力、不创新怎么行？因此"以校为家，视生如子"是对教师的基本要求，也是教师必须做到的。

"以校为家，视生如子"，这并不是说非要把自己的家搬到学校，做一些形式的、表面的文章。也不是说，我始终与学生在一起，一分钟都没有离开学生，时时刻刻地看着他们，一有风吹草动，马上就迎上去。这些只是一些低层次的做法。

二、德育承包是最好的学校德育管理制度

为使"以校为家，视生如子"这八个字落到实处，洋思中学全面推行了"德育承包"管理制度。

1."德育承包"的内涵

所谓"德育承包"，就是将教师的德育工作以承包的形式予以规定，换言之，就是改变对教师教书育人的考核办法，不再是弹性制度式的管理，不再是良心发现式的管理，而是刚性的、规定性的，即达到什么目标，不是教师自己说了算，而是以国家相关制度、人民的需求、学校相关要求为基础制定的必须达到的责任目标。这样，育人的责任就落实到每一个教师身上，落实到教师的每一节课上，落实到教师的一言一行中。

"德育承包"告诉了我们一个最简单的道理，那就是教书育人是要有责任的。这种责任绝对不是端了教师的碗之后，做了班主任之后，走进了学校、走进了校园、走到了教室之后进行了工作，就是做了德育工作。事实上，我们的考核不是看你有没有做，怎么做的，而是看你做了之后有没有效果，有没有变化，有没有促进学生的发展。如果做了，依然如是，甚至更差，这样的做就是意义不大的做，问题出现了，学校不找别人，仍然找班主任——因为这德育工作是被承包的。

故此，德育工作就不能有半点虚假。这对每一个教师的师德和师能都提出了最严格的要求。

2. "德育承包"的实施

是的，做什么事都必须讲责任。人与人、单位与单位的不同从某种程度上说，不是人的不同，不是单位的不同，而是责任的不同。成功人士讲究工作的责任，成功单位讲究单位的责任，并把责任转给单位的教职员工，使单位每一位教职员工都有工作的责任——对学校的责任，对学生的责任，对家长的责任，对自己的责任。俗话说，"责任重于泰山"，其内涵就是在一个单位里，责任是最大的，如果落实了责任，一切都可以得到最好的解决。那么，在实际工作中，我们该如何进行"德育承包"呢？

学校必须全面制定、实施"德育承包责任制"，切实做到"包"字当头，无所不包，无人不包，无时不包，无处不包。

（1）包字当头——一切以包开始，以包结束。要想进入学校工作，就必须包，就必须心里想着包，手上实施着包，"包"字必须贯穿教育工作的全过程。

（2）无人不包——校长要包、校领导要包、各部门要包、备课组长要包、一般老师要包、生活老师要包、保安要包、后勤人员要包，就是我们的教育对象——学生也要包，包自己的成长，包自觉接受学校正确而有益的教育，包帮助别人成长等等。必须形成一个全员德育工作的承包责任体系。

（3）无时不包——只要在校一天，就必须包，从开学的第一天起就要包，在学校的过程中要包，在学校工作的最后要包，全过程都要做到包，一包到底。

（4）无处不包——课堂要包、课间要包、课外要包、操场要包、食堂要包、宿舍要包、实验室要包、图书馆要包——凡是学生生活、学习、工作的地方都必须承包。

3. 承包的实质

承包，与责任密切相关，承包的实质就是九个字——"知责任、明责任、负责任"。

知责任，就是知道自己的德育责任，即：知道做好德育工作是作为教师应有的责任，做好德育工作是班主任义不容辞、不可推卸的责任；知道德育工作是什么，德育目标是什么——这是思想认识层面的内容，它是德育工作实施的基础。

明责任，就是明确自己的德育责任，即明确德育工作应有的权利与义务、奖励与处罚，明确通过怎样的德育策略、途径、方法、手段等来实现德育内容、德育目标——这是操作层面的内容，它是德育工作实施的关键。

负责任，就是担负起自己的德育责任，对自己所从事的德育工作有担当，对因为自己的原因未能做到位的德育工作敢于承认，敢于纠错，敢于受罚，为使学生进一步地发展而尽心、努力、不懈追求——这是评价层面的内容，它是德育工作实施的保障。

三、德育承包的原则

德育承包，在许多人看来是笑话一则，但在洋思中学却是切切实实的，没有一点虚假，而且富有实效。因为洋思中学德育承包坚持了三字原则：实、利、真。

1. 实

"实"即指德育承包的内容、对象、方式、方法、评价等都必须结合校情、班情，从实际出发，实事求是，实实在在，不搞"假大空"形式的包，不搞"拿来主义"的包，不搞应付式的包，不搞说是一套做又是一套的包，不搞任何花架子的包。

2. 利

"利"即指德育承包必须有利于全面促进学校的发展，有利于全面调动广大教职员工的积极性，有利于促进学生的全面发展。也即德育工作做好了，做对了，做精了，做出色了，做得超乎寻常了，做出巨大的贡献了，要给予奖励——精神的、物质的、经济的；反之，如何处罚也必须清晰而准确。

3. 真

"真"即指在德育承包实施过程中必须做到真抓实干，顶真碰硬，求真务实；

做到不屈不挠地追求，严格细致认真地管理——严格要求，严格督查，严格兑现，及时公布，及时表扬，及时批评。今天能解决的，绝不拖到明天；明天要解决的，今天就要认真思考。只有有了真实的过程，才能有真实的令人信服的结果。"真"包括了制定制度的"真"，实施过程的"真"，检查、评价、兑现的"真"。

四、德育承包的实施

1. 签订合同

学校每学年开学之初，都要举行大型会议，校长都要代表学校与所有相关同志签订德育承包状，特别是与班主任签订班级德育承包合同，以此明确承包内容，各自职责，以及达标与未达标后的奖惩措施。校长、承诺人面对面签名、盖章，一式三份，学校、两位当事人各留存一份。签订责任状后，学校及时布置橱窗，并通过多种媒体进行报道，渲染承包氛围，让承包意识深入到每一位老师心中。

2. 承包内容

因所在部门不同，承包内容自然不同。

学校的所有教职员工都必须首先承包好自己的品德，这是学校与所有教职员工签订合同的一个基本内容。在其基础上，每个人都有着不同的德育工作重点。

分管德育工作的校级领导承包全校师生的德育工作，分管学生德育工作的政教处承包全校学生的德育工作，所有科任老师除承包本人的学科教学质量、人身安全外，还必须承包学生的品德发展（这便是老师工作的一岗双责），生活老师必须承包学生在宿舍和餐厅的行为习惯。

在所有承包中，班主任的德育承包是最重要、最关键的。下面，我从学校层面重点谈谈班主任德育承包工作的内容。

班主任承包工作除了学习方面的四大主要内容——巩固率、合格率、毕业率、优秀率达标外，还必须承包全班的秩序、纪律、卫生、思想、健康内容，特别是后进生的转化等工作。

很多学校要求班主任坐班，用是否坐班来评价班主任工作，他们认为坐班能解决很多问题。但是，洋思中学却采取包班制，因为包班要比坐班好得多。

确实，坐班能够维持秩序，不出乱子，但是学生就会如同犯人一般，这是对学生的不尊重，不信任，使学生处于被动、压抑的状态；同时也不利于培养学生的主人翁意识，他们会产生逆反心理，故意对抗；坐班也是对教师的一种不尊重，教师也处于被动的行动之中，不能发挥自身主观能动性，就可能被动应付——人在心不在，出工不出力，其积极性难以得到充分的发挥。

而包班就不同了。包班，要求班主任按照学生发展的要求切实做好应该做的各项工作，只要到位就行，不管坐不坐班，我们求的是一种结果。我们要求班主任必须包学生做好操，扫好地，吃好饭，睡好觉，走好路，处好人，学习好，讲卫生，守纪律，肯动脑，会创造，懂礼貌，等等。班主任还必须包班级学生巩固率、合格率、毕业率100%，包后进生转化，包教好每个学生，确保每个学生德智体全面协调发展。这样，就用一个"包"字牵住了班级管理的牛鼻子，所有的班主任就会主动而自觉地苦干、实干、巧干，就会把问题作为班级的研究课题。这种"包班"的效果是任何"坐班"都达不到的。

3. 承包考核

那么，谁来考核德育承包呢？所有人，包括教师、学生，甚至家长都有责任考核"包"。在"承包"的问题上，我们特别主张要打一场"人民战争"，即学校所有的人都参与。充分发挥每个人的积极性，真正做到"人人是管理者，人人都是被管理者"。

洋思中学全面推行检举制，以便使所有问题都能及时被发现，及时被解决。领导、教师、学生、家长、来宾等都是考核者，这样学校就有了一支特别庞大的考核队伍。在承包中，我们不仅发挥人的作用，还发挥物的作用，充分发挥了监控探头的作用，以便及时发现问题，及时记载，及时解决问题，使师生行动自觉，行动规范，行动统一，使师生时时、处处、事事做到文明、高雅、有序。

五、落实德育承包的好处

由于德育承包与教师个人利益——包括物质利益、前途利益等紧密挂钩，从而可以从根本上真正调动教师工作的积极性，使教师工作富有实效性和创造性——你必须教好每一个学生，你必须对每一个学生负责，你必须尽自己的责任用心做好教书育人工作，真正达到"人人有事做，事事有人管""人人做好事，事事做得好"的境界。同时，由于学校坚持德育工作的严格考核，奖优罚劣，这就增强了教师的竞争意识、责任意识、危机意识和质量意识，广大教师头上始终悬着这把"达摩克利斯剑"，他们必须想方设法地把德育质量搞上去。

另一方面，洋思中学还强调了学生之间的"德育承包"——好同学包差同学，这就让差同学有了榜样。同时，学校也在加强着考核，从前面所讲的德育"三清"工作来看，有"天天有结果"的评定，有"周周插红旗"的举措，有"月月送喜报"的表彰，这自然会促进师徒双方的共同提高，实现共进双赢。

总之，德育承包，给学校注入了不尽的活力，带来了不尽的效益，促进了学校向着正确的方向发展。

六、德育承包的意义

德育承包具有两大意义。

1. 充分体现了德育承包者的人生价值

人活着是为了什么？答案是多种多样的。但我以为，最重要的就是为实现人存在的价值，谁也不想仅仅是生命的存在、身体的活动，而要追求一种精神的愉快，一种自身存在的意义。学校里每一个成员首先都应该是德育工作的承包者，因为德育工作包含在各个工作之中，而要做好承包，首先自己要行，首先要包自己的品德，这样才能促进每一个学校成员的进步与提升，促使大家都在相应的本职岗位上干好自己的工作，干出成绩，完成学校交给的各项任务，让学校放心，让家长放心，让学生欢心。这不正是作为教师、职工的一种价值体现吗？——我是老师，不仅我的品德好，我的学生的品德也很好，自豪之感油然而生。

2. 充分落实了德育承包者的责任

俗话说："权利与义务是对等的，有多大的权利就必须尽多大的义务。"

确实，做什么事，都必须尽职尽责，"在其位，谋其政"。要使自己有政，就必须尽到责任，如果没有尽责，就必须追究其责任。"德育承包"实际上体现了权利与义务的统一。

作为教师，教书育人是天职，是责任。学校必须强化这种意识，必须让所有教育工作者都认识到"德育承包"是应该的，是必须的，是无条件的，是要有成效的，是要看结果的。如果德育工作无用、无效、无绩，只能说明老师德育工作有问题，思想认识不够，工作能力不强，到头来，学生评价差，学校评价差，职称评不上，人生发展不佳。因此，"德育承包"充分地增强了广大教育工作者的使命感、责任感、危机感，他们会努力为学校的发展、学生的发展注入无穷无尽的活力。

德育措施有力

学校，必须采取强有力的教育措施去达成教育目标。洋思中学为追求"没有教不好的学生"的理念的实现，采取了各种措施，多方面、全方位、高质量地推进教育。下文重点向大家谈谈洋思中学的教育方法，以期对大家的教育工作有所帮助。

一、用好两个"锦囊妙计"

教育学生是要讲究计策的，也需要运用教育智慧。洋思中学在教育学生方面，运用了三个"锦囊妙计"，从根本上杜绝了问题的出现，将隐患消灭于萌芽状态。

1. 合理分班，调动竞争的力量

在洋思中学，每一学年所有学生都要被重新进行分班。这在许多学校看

来很不理解，总认为这样学生不适应，家长有意见，教师不了解，所以一般学校采取的方法是管用三年的一次性分班策略，这样学校也少了很多麻烦。我们以为，这样的做法欠妥。其一，教师水平各不相同，不是所有的教师都能循环教学的，如果一管三年，那就是对学生的不负责，学生上学变成了碰运气，碰到好的老师，则是幸事，否则，就是悲事。其次，不利于教师的发展。很多教师是有潜力可挖的，也在不断地努力着；有的教师对工作马马虎虎，不负责任，敷衍了事，却享受着与前者教师一样的"待遇"，这是不公平的，到头来，校风不正，好差不分；有的老师是中途接班，不便考核，特别是班主任的调换，这将严重影响学校的最终发展，不利于教师的竞争与发展。再次，一教三年，三年不轮换，其教育教学质量却要三年后才能见分晓，虽说学校可以监控，可以督促，但一切都不可能来得那么完美。而且，教书的事有时是可以强词夺理的，如果一年一考核，一年一兑现，不是更能增强教师的责任心吗？三年，周期太长了，教师在这三年中，变化是很大的，学校在这三年，也有很大的人事变化，教学质量不容易被科学评价，谁能保证三年的教育质量呢？如果学生差了，班级差了，最终由谁来承担责任呢？后者可以推前者，前者可以怪学生，最终，大家都在推卸责任，都不负责，这样的教育岂能有效？

鉴此，洋思中学打破传统的三年一次性分班的办法，实行每年一分班。将初一、初二、初三三个年级段的学生以分数为基础，按照每个学生的实际情况，合理搭配，一年一分班，均衡地分到每个班级。

2. 结对帮扶，调动合作的力量

在教育中，学校要求所有班主任必须无条件地将所谓的"差生"安排到教室前排的位置——最好的位置，并且与优生同桌，结成学习对子、品德对子、纪律对子。同时，与优生签订帮扶责任状，将"差生"发展与优生成长捆绑考核。如果"差生"摆脱"贫困"，则给优生记功，加插"红旗"，记入成长档案，推荐评优、评选，反之，则找优生谈话，实行评价否决——优生有责任帮助差生共同进步，这才是"三好学生"的基本条件，也是作为一个优生应尽的本分。

3. 特别关注，调动情感的力量

对于"差生"，我们要求所有老师必须给予特别的关注，课上老师提问最多的必须是这些学生，板演最多的也要是这些学生，释疑、点拨最多的还要是这些学生，课后谈心交流最多的依然是这些学生。这要求班主任、科任老师不仅要关心"差生"的学习，也要关心"差生"的生活、思想、情感，以全方位的人文关怀激励学生奋发向上，以炽热的情感使过去备受老师冷落和同学歧视、家长打骂的后进生有自尊、自信，从而改变自己，发展未来。

二、坚持从"四个起始"抓起

"好的开头是成功的一半"，这个道理大家都知道，但却不能切实做到。洋思中学就做到了。洋思人认为，教育必须抓住教育契机，最好的教育契机就是在教育刚刚开始的时候。因为开始时人最容易变化，开始时也是最有自信心、最有理想与抱负的。

1. 坚持从起始年级抓起

我们坚持的起始年级就是初一年级。我们认为，没有一个学生不想进步，没有一个学生不想发展。学生之所以会越来越差，是因为老师开始没有抓好，没有使他们养成良好的行为习惯，没有有针对性地对他们进行相关的教育。为此，我们狠抓初一年级，不仅加强师资力量，而且领导重点关注初一年级，自觉走到初一年级，使学生一进入初一年级就感到被重视。同时，教师狠抓教育教学过程，促进学生在过程中变化，在过程中发展。试问，基础打牢了，地基打实了，还愁学生不能进步与发展吗？

2. 坚持从起始学科抓起

我们认为，一般学生差总是先从成绩上差下去的。成绩差导致自信心差，自信心差导致纪律差。所以，要让学生不差下去，其中一个重要的办法就是不让学生成绩差下去。怎样能够做到不让学生成绩差下去？洋思中学的一个重要做法就是确保起始学科不掉队。在江苏，每一个年级都会有一门起始学科。初一年级开始有英语，初二年级开始有物理，初三年级开始有化学。我们要求所有起始学科必须人人达到"优"的水平——当然这是不可能实现的，但是有了这一目标，我们的行动才能有方向。事实上，老师们通过各种渠道，最终虽然不能保证起始学科都达到优，但至少能达到良或及格。这样，学生在学科学习中的成绩有了起色，他们也就对学习有了信心——是的，学生的信心往往来自功课学习的成功。对于其他功课，我们也不放松，提出必须及格的要求——这是一个底线，不能突破。而且，我们从制度层面规定老师必须确保"人人及格"，否则，就要受罚。

3. 坚持从起始活动抓起

学生差的另一个重要原因就是在活动中不能严格要求自己，他们视活动为游玩，这当然不利于学生的成长。所以，我们必须切实抓好起始活动，确保学生在起始活动中守纪律，从而为后面的各次活动奠定基础。学生入校之后就要被严格管束，不能让学生存在任何侥幸心理。比如，做广播操是学生进校后必须学会的，为此，我们充分认识做广播操的意义，把它上升到做人的高度。事实上，学生做广播操，已经不仅仅是做广播操的问题了，在学操的过程中有集体主义的教育内容，有跟困难作斗争的精神，有与他人合作的品质，有积极向上的精神追求，等等。所以，我们把健身与做人合二为一，综合考核，科学评定。再如，学生的第一次家庭作业。我们要求所有老师要么不布置，布置了就必须认真检查，对于不认真完成者，或敷衍马虎者则"严肃查处"。其实，做任何事都是有规范的，表面上是严肃，实际上这是对学生真正的爱，这种爱以另一种形式表现。为了有效地解决双休日作业难的问题，我们除了加强作业校本化，必须做到作业少而精外，还要从学校层面大力号召各班级全面开展双休日作业评比、展评、经验介绍、表扬、批评等活动。如与家长签订责任状，要求教师在门口等作业，每周日下午将作业情况上报学校，召开全校大会让好的学生讲体会、让差的学生谈原因，在班级开展双休日作业好不好做、怎样做的演讲比赛等，使所有学生都受到教育。

4. 坚持从起始规范抓起

学生的不良行为往往是从学生不了解规范，不能严格执行规范开始的。刚进校的初一学生是最容易改变的，虽然他们身上可能存在诸多缺点、问题，但是由于"初来乍到"，这些毛病一般都被"隐藏"起来了。他们努力让老师、同学认为他是"好学生"，使自己处于"好学生"之列，这是教育的最好契机。为使这种好的举动能够持续下去，我们在学生进校后，不是首先引导学生学习科学文化知识，而是对学生的表现、变化予以充分引导、表扬、激励，使其看到自己到了新的学段后确实变成了一个"好学生"，以增强其进一步变化的信心；另一方面，我们组织这些新生学习《中学生日常行为规范》《洋思中学学生一日常规》，给他们逐条讲解《中学生日常行为规范》的意思、包含的内容，让他们比照自己的过去，写出自己感触最深的条款，开展全班、全校征文比赛、演讲比赛，抛出自己的问题，提出自己解决问题的措施。在此基础上，再进行全校性的背诵规范比赛，即所有人、所有班级都必须会背《中学生日常行为规范》，能背的颁发背诵证书，不能背的扣班级分数，并与班主任考核挂钩。然后，再组织学生写落实《中学生日常行为规范》规划，一式两份，一份自我保存，一份交学校存档。每个班级为每一个学生设立执行《中学生日常行为规范》小组，每天记录学生的行为，每周进行总评，凡是遵守《中学生日常行为规范》者，我们坚持"周周插红旗""月月送喜报"。

有人也许会问，为什么一定要以学《中学生日常行为规范》为抓手呢？因为"不以规矩，不成方圆"。知耻从知规矩开始，心中没有规范，请问行动怎么会有规范？就应了我们常讲的一句话：心中有"规范"，行动才规范。

三、深入开展"三清运动"

洋思中学有全国闻名的"三清运动"。但大家可能只是知道学习中的"三清"运动，却不知德育工作中也有"三清运动"。

德育中的"三清"，就是指每天对学生行为举止作一个评定，每天公布评定结果，包括优、良、中、差四个等次。凡是在中、差等次的同学必须写认识书，不少于500字，只有认识到位，才能撤销中、差等次，上升至良的等次，同时这个同学的师傅也必须写出认识书200字，否则降一个等次——这就是德育"日日清"。每周对学生德育工作进行一次考核，凡是一周中四次获得良级（包含良级）以上等次的，经大家综合评定，给学生"插红旗"，以示肯定，这种做法我们叫作"周周插红旗"——这就是德育"周周清"。每月对学生德育工作进行一次全面的考核，凡是一月四周中四次均获得良级以上等次的，经大家综合评定，给学生"送喜报"，以示表彰，这种做法，我们叫作"月月送喜报"——这就是德育"月月清"。

德育"三清"，清的就是学生基本的行为规范，基本的校规班纪，基本的为人做事准则。通过德育"三清"，学生就会逐渐养成良好的习惯，最终具有良好的素质，从而促进学生的发展。

四、全程、多元评价学生

什么样的学生才是好学生？如何评价才能促进学生积极发展？这是我们教育的方向性问题。洋思中学提出了"只有差异，没有差生"的观点，所以，我们对学生采用多元评价的方法。

在洋思中学，我们评价学生的方法很多，只要有可能，学生就是优秀，就是先进。这样的评价不是降低要求，而是在挖掘学生发展的潜能，维护学生发展的自尊心，树立学生的自信，从而使学生有信心、有更大的发展。

综合起来，我们设立了以下评比类型：三好学生；优秀班干部；优秀团干部；优秀团员；学习积极分子；学习进步快标兵；卫生标兵；广播操标兵；书写工整标兵；假期作业标兵；勤俭节约标兵；诚实守信标兵；拾金不昧标兵；尊敬家长标兵；遵守纪律标兵；优秀师傅；感动洋思学生；感动班级学生。

我们的评价共七步：

第一步，公布项目和名额；第二步，对照申报，可报三项；第三步，班级成立评审组，确定一项；第四步，班主任把关，调剂到位；第五步，公布公示；第六步，上报年级，年级把关；第七步，制作证书，发放到人。

我们评价的目的不是限定，而是要通过评价，发掘每一个同学的优点，放大每一个同学的优点，而优点是多项的，所以学期结束时，几乎人人都有奖状带回家，而且有的是有五六张，人人有进步。但这并不是说，一定每个都有奖状,也有学生真的没有奖状,这对这个学生来说是最大的打击,班主任此时就要采取更多的措施使其认识到自己的问题,然后在自己的反复申请和同学的担保下,他最后才能拿得一张自己认为表现最好的项目奖状。

我们不仅多元评价学生,还多元评价班级。

我们对班级评价的项目有:学习标兵班;学习先进班;学习进步班;纪律标兵班;纪律先进班;纪律进步班;卫生标兵班;卫生先进班;卫生进步班;书香班级;体育先进班;综合先进班;广播操优胜班;感动洋思班级;等等。

对于先进班级的评选是一月一评,由年级负责人带领相关人员凭考核记载进行考核、公示、颁发奖状。有的班级一学年下来,有十来张奖状,这对班主任、科任老师和同学们来说是一个很好的激励。

为了使同学们时时刻刻保持清醒的头脑,向着自己预定的目标奋进,学校对所有同学进行了"马拉松式"评语鉴定。我们的评语打破了一次性评价的格局,不再是班主任一人说了算,不再是只看学生的最后一个阶段,而是看全程——开学初自评、一个月再评、期中初评、三个月复评、学期末终评,把评的权利给所有与学生接触的人——同学、小组、班干部、科任老师、生活老师,他们都是评价者。这样的评价更为客观、准确,更具科学性,更能引起同学的关注,更会促进学生的改变与发展。

五、切实开展多种教育活动

活动是教育工作的主要载体。洋思中学每年都要开展各种教育活动,在活动中推进德育工作。学校利用节日开展多种活动。每年的元旦、端午节、五一劳动节、五四青年节、教师节、中秋节、国庆节等节日,我们都要组织与节日主题相关的活动,全员参与,一个都不能少,总之,让每一个同学在享受节日带来的快乐的同时接受教育,当然,也丰富了他们的生活。学校每年都开展几项传统常规活动,如每天观看新闻联播(从初一到初三每晚七点到七点半看新闻,让同学足不出户,每天知晓天下大事),每天开展体艺"2+1"大课间活动,每学期都举行有关安全、交通、生活等的讲座,每学期都要开展"没有教不好的学生"的系列活动(学校围绕着"没有教不好的学生"组织征文、演讲、出板报、橱窗宣传、"走进洋思,成就未来"签名活动,等等),学校每年都开展

"让生命充满爱"大型演讲会（请所有家长到校，与同学一道感受生命之爱），每年一次春季体育运动会、冬季长跑、读书节、书法节、科技节、艺术节，一月一次篮球比赛，等等。通过这些活动，学生发挥各人长处，以此促进学业文化的提高。我们还常常带领学生布置校园环境，如文化长廊、橱窗、景点、名言、路名等都是通过同学献计献策最终形成的。

六、指导好学生生活

我校 3000 多名学生，80% 是外地寄宿生，为此，学校开设了一门别具特色的课程——生活课程。该课程对学生的衣食住行等进行有目的、有计划、有组织的引导、训练、管理，使学生学会自理、学会做事、学会做人、学会关心、学会合作，养成良好的生活习惯。学校编写了《生活指南》《四会读本》，讲述了起床、吃饭、洗衣、洗澡、管理钱物、合理支配时间、人际交往等生活技能，内容广泛，要求具体。为了让学生学好这门生活课，学校时常组织讨论、开讲座和知识竞赛等活动，让学生知道该怎么办，不该怎么办，为什么这样干。每年新生入学，都有专门的宣讲会，初二、初三的学生来现身说法，介绍自己是怎样学会的。学校还为每幢学生公寓配备了责任心强、工作细致并具有一定育人技能的生活指导教师，他们对学生进行具体指导。开设生活课程不仅部分地承接起家庭教育的任务，又丰富、拓展和系统化了学校的活动课程和未成年人的习惯养成教育。极强的时代感和示范性，极大地提高了学校德育工作的针对性和时效性，该课程也成为开展未成年人思想道德教育的有效载体。

第三讲 | 律己篇

——打铁还需自身硬

习近平同志当选总书记后,会见中外媒体记者时说了"打铁还需自身硬",用以告诫全党"切实解决自身存在的突出问题,切实改进工作作风,密切联系群众"。

对于管理班级而言,"打铁还需自身硬"这句话也具有非同小可的意义和作用。因为班主任的素质决定着班级发展的方向,关系着学生成长的方向。

我们都认同"一个好校长就是一个好学校"。确实如此,校长的素质关系到学校的发展,好校长是一个学校的灵魂,校长好学校才好,洋思中学就是因为有像蔡林森、秦培元这样的好校长,才发展起来,并不断做大做强的。

同样,"一个好班主任就是一个好班级"。班主任好,班级才好;班主任好,学生才好。家长们常常慨叹,"遇到一个好班主任是一个孩子的幸运与福气",可见,好的班主任对班级、学生、家长的影响之大。

大家都知道现在全国范围内都出现了"择校热"。为什么择校?择校难道是家长愿意的吗?答案自然是否,只是因为学校有好差之分。而进了学校后,为什么家长又要挑班?因为班主任有好差之分。班主任对孩子的成长太重要了,好的班主任能够将"差生"变成优生,使优生变得更好。现在一个家庭就一个孩子,在竞争这么激烈的今天,谁输得起?孩子的幸福就是家庭的幸福,孩子的发展就是家庭的发展。

谁不希望做一个让家长选择的班主任?这多有自豪感、成就感、优越感啊!在学校,领导表扬,学生热爱;走出去,总能够得到社会的赞扬。这样的感觉多好啊！我们的班主任哪一位不想享受这种待遇？

但是我们做班主任的绝对不是为了所谓外界的风光，而是出自本心，出自对教育的热爱，出自教育的责任。但在过程中附带了这些风光，何乐而不为呢？

那么，如何使班级成长起来，如何让学生发展起来，如何使自己优秀起来？我以为，习总书记为我们指明了方向，那就是作为班主任首先要切实做到他告诫我们的那句话："打铁还需自身硬"。古人讲："工欲善其事，必先利其器。"方法必须得当、正确，才能取得预期效果。"打铁还需自身硬"中的"硬"包括了两个层次：一是形象硬，二是技能硬。

形象硬，就是要不断加强自身修养，不断提升自身素质，不断促进自身发展；技能硬，就是要不断学习，用先进的思想指导自己的班主任工作，采取更为科学的管理策略、手段、方法、途径来从事班主任工作。

形象硬关乎班主任在人们心中的印象、地位、评价，它是做好班级工作的基础，体现了班级工作的水准，如果形象不佳，评价不好，那他如何更好地育人？

技能硬关乎班主任工作的力度、深度、效度，它是做好班主任工作的助推剂，是做好班主任工作的根本保证，是班主任能力的体现，它从另一面强化班主任的形象，促进班级不断攀高、走远。

班主任，每天都在管理着四五十人的班级，实际每天都是在考试——考你的品位，考你的教育，考你的言行，考你的认识，考你的能力，考你的为人做事，考你对学生的负责精神。而要考出好的成绩，"打铁还需自身硬"是关键。这一讲，我们重点来谈谈"形象硬"的问题，即作为班主任应该树立怎样的形象，如何树立自身形象。我们所讲的班主任"形象硬"重点包含三个方面：一是思想层面的硬，二是言行层面的硬，三是关系层面的硬。

观念先进

观念是行为的先导。你的思想到哪一步，你的行动才能到哪一步，它是你前行的指导。

一、认同、适应、执行、建设学校管理制度

有的人似乎天生就有反骨,对什么都抱怀疑态度,爱搞对立。在一个学校里,也有这样的一些人,他们对学校的一切充满了反感,认为学校这也不是,那也不是,总是挑学校里存在的问题。

当然,学校可能确实存在这样那样的问题,但是,又有哪一个学校不存在问题呢?为什么总是盯着问题不放呢?有了问题,作为学校的一员,你又是如何做的?抱怨解决不了问题,怨天尤人解决不了问题,关键是要去有效地做!学校问题成堆,作为班主任必须积极地与学校走在一起,适应环境,努力改变,这样才有出路。

事实上,我们的学校虽有问题,但也有很多的优势与特点。作为班主任,应该认同学校的管理,积极地去建设学校文化,想方设法地执行好学校的指令,带领学生践行学校的各项管理制度,沿着学校发展的大方向走下去,这样才有可能发展自己,壮大自己,才会成为学校管理、学校文化执行的先头兵、先进者,才能得到领导、同事、同学的认可。一个从心底都不认同学校管理、学校文化的班主任,一个"我行我素,我走我自己的路"的异类班主任是不可能在学校这个大环境中真正干出自己的一番事业的,最终也不可能得到大家的认可——班级管理是离不开大环境的,人的发展必须适应大的环境。

二、具有过硬的思想政治素质

班主任的思想政治素质是指班主任在政治方向、政治立场、政治观点、政治品德和思想作风等方面的总和,它不仅影响着班主任的世界观、人生观、价值观、幸福观、责任感、荣誉感,还影响着班主任职业活动的方向和态度。思想政治素质是班主任素质中的首要概念,它是班主任整体素质的灵魂,在班主任素质结构中起着定向意义、动力意义的作用。

过硬的思想政治素质要求班主任在思想政治方面必须有坚定的共产主义信仰,强烈的爱国热情和较高的政治理论素养,必须旗帜鲜明地坚持四项基本原则,拥护党的路线、方针、政策,具有较高的马克思主义理论水平,用辩证唯物主义和历史唯物主义的科学原理武装头脑,使自己拥有科学的世界观和方法

论，能自觉地运用马克思主义的立场、观点和方法，能用毛泽东思想、邓小平理论、"三个代表"重要思想、科学发展观和"群众路线"理念来正确地开展班级管理工作，正确而有效地引导学生认识人生、认识社会和把握未来。

人是需要一点信仰的，我们一旦选择了教师之路、班主任之路，就必须坚定信念，坚守信仰，绝对遵守各种法律，绝对不说、不做与国家、党的意志相违背的话和事，不断提升自己的政治素养，做到义无反顾，披荆斩棘。

三、具有高尚的道德素质

班主任的道德素质是指班主任在道德品质方面的修养，是班主任在道德认识、道德情感、道德意志和道德行为上的稳定的特征。

班主任的道德素质如何，不仅关乎自身能否又好又快地发展，更关系到学生的成长，它对学生道德品质的形成和发展有着重大影响。"一个好老师影响学生的一生"，常常就是指班主任的道德影响着学生的一生。一个道德高尚的班主任，会让学生走得更远，飞得更高，发展得更好；而一个道德败坏的班主任则贻害无穷，会让学生丧失信心、失去前途、走上不归之路。

班主任最关键的是树立积极的人生观。如果班主任的人生观是"及时行乐"，那他就会去追求金钱，想方设法地"敲诈勒索"学生、学生家长，就会采取不法手段搞推销，就会违反政策搞家教，就会在教育教学中动用所谓的特权，就不能做到一视同仁，就不能做到"以班为家""视生如子"，就不能去搞真教育，而是搞假教育、伪教育、虚教育。

关于教师的政治素质和道德素质，《教育学》中讲了很多，很多班主任并不把它当一回事，认为做班主任只要不违法乱纪就行了。我说错了，这可是两码事。要知道，思想永远在第一位，你的思想到什么程度，你的行为才会到什么程度。你看问题的水准高了，认识深了，就能透过现象看本质，就能迅速找到事物的根由，就能明察秋毫，防微杜渐；而如果你的思想很浅，认识很低，要求不高，那就只有流于一般，止于平常，而绝对没有超越，没有档次，没有深刻，永远达不到人们所追求的优秀、卓越。

为了优秀、卓越，更是为了学生，为了班级，班主任必须不断建设学校文化，不断提高自己的思想政治素质和道德素质，而这就需要不断地学习。

学习是提升自身素质的第一要务，如果没有学习，岂能有进步？但很多人的学习都是装装样子。真正的学习是"为用"的学习，为"积淀"的学习，学习书本、学习时政、学习教师、学习电视剧、学习外校，等等，学习是随时随地的事。

如今，人类已经进入一个终身学习的社会，新的知识、新的思想、新的观念、新的技术像潮水一样涌来，此时，学习如同生活、睡觉一样成了每个人生存、发展中不可缺少的一部分，我们应该把学习当成生活的习惯。在学习中提升，在学习中发展，在学习中实践，在学习中认识，在学习中深化。

班主任的学习责任更重大，更应孜孜不倦地学习，学习书本理论，并与实践有机结合，从根本上提升自己的素质。不仅学习教育类书籍，还应该学习与教育有关的经济、科技、人文、社会知识，还要学习更多的诸如交往、法律等知识，甚至于要学习国学。博览群书，博采众长，做一个杂家，做一个专家，在学习中，与自己的班级实际管理结合起来，达到融会贯通，学以致用。

关于"学习"的问题，在后面第六讲中要作详细讲解，以下着重讲解班主任其他方面的要求。

身正为范

"学高为师，身正为范""其身正，不令而行；其身不正，虽令不从""喊破嗓子，不如做出样子""身教重于言教"，这些话无不强调教师，尤其是班主任"身正"的重要性。确实，班主任的"身正"能够给学生以示范，他们就如镜子一样，给学生以现实的榜样与表率，给学生无形的影响，这样的示范胜过千言万语。

一、诚信示范

东方人身受儒家文化的影响，讲究"言必信，行必果"，以诚信为荣、以失信为耻。古人尚且如此，作为教书育人的班主任理应追求诚信，说话做事都应实事求是，言行一致，诚实守信。只有讲究诚信，树立威信，爱憎分明，以自己的"诚信"让学生知道什么是正确，什么是错误，对自己所说的、所答应的、所允诺的都切实做到，才能取信于生，才能树立自我形象。

诚信示范，要求班主任实事求是，凡事要在分析和思考之后，再作出正确决断。千万不能有不经大脑思考而随便作出的允诺，这样的允诺必然是"轻诺必寡信"。

诚信示范，要求班主任认真对待自己的工作，切实遵守学校各项规章制度，严格执行学校布置的各项任务。要求学生做的，自己首先做到；禁止学生做的，自己首先不做：做到表里一致。

诚信示范，要求班主任坦诚对待学生，不装腔作势，不做表面文章，学生最喜欢的是实诚的班主任。学生最讨厌"装"的班主任，因为这种"装"代表着虚伪。学生不可欺。事实上，学生对"装"是一清二楚的，如果你的言行不是发自内心的，而是"装"出来的，你的教育就失去了真实，这种教育就不能打动学生，就不能吸引学生。

所以，班主任必须做到诚信，诚信为本。班主任的诚信行为，既让自己的形象、威信大为提升，又能纯洁班风、昂扬斗志，更能给全班学生带个好头，让同学们全身心地投入到学习中，有效地推进班级各项管理工作。

二、语言示范

捷克教育家夸美纽斯说过："教师的嘴是一个源泉，从那里可以产生知识的溪流。"苏霍姆林斯基说："教师的语言修养在极大的程度上决定着学生在课堂上的脑力劳动的效率。"

班主任的良好愿望、美好心灵、热情态度、诚挚关怀等均须通过语言来表达。有的一句话能解开学生的思想疙瘩，有的一句话却使学生背上思想包袱；有的话讲得好，工作开展顺利，有的话讲得不好，工作开展不下去。有的班主任空有满腹经纶，却如同"茶壶里煮饺子——有口倒不出"，班主任的语言不仅关系到自身形象，也关系到学生、班级的发展。

班主任必须学会说话，善于说话。班主任一定要讲真话、说实话，说话一定要注意语言表达的正确性，要说到做到，要"一诺千金"，否则，班主任不就是一个说谎者的形象了吗？有的班主任很会说话，但啰唆，无重点，无逻辑，让人摸不着头脑；有的班主任会说话，但是巧言令色，让人一看就觉得虚伪，空洞。

　　班主任绝对不能说脏话、粗话，而应该说文明话，说规范话。说话时，声音要响亮、清晰，内容要丰富，不能过于单调，同时要讲究语气、语调、节奏，要把说话当成一桩大事来做，因为你的说话方式很可能会影响学生一辈子。有很多学生若干年后记得的不是老师讲课的内容，也不是老师的外形，而是老师说话的语气、语调。

　　班主任在做学生工作时，可以把有声语言和无声语言、抽象和形象、明示和暗示、无形和有形结合起来，这样可以互补，从而取得最佳的教育效果。

　　作为班主任，要坚决杜绝语言暴力。现在国家的大政方针都不允许教师采用体罚的方式教育学生，但有的班主任教育能力不高，以语言暴力的方式进行教育，口出谩骂、诋毁、蔑视、嘲笑、刺激等侮辱歧视性的语言，致使学生在精神上和心理上遭到侵犯和损害。长此以往，学生将会产生心理压抑，对学校教育就会有一种自然而然的畏惧。语言暴力是无能的班主任通常采用的一种方式，它有违教师师德，也是一种违反《教育法》与《未成年人保护法》的行为。

　　在教育工作中，班主任在作个别沟通时，一定要注意因材施教，一定要根据不同的对象，因时、因境采用灵活的方式进行教育。如对自尊心强、有逆反心理、脾气暴躁、感情易冲动的学生，宜采用平等商讨的语言；对善于独立思考、自我意识强、感受力较强的学生，宜采用暗示、旁敲侧击或警句格言的点拨式语言；对惰性心理和试探性心理突出的学生，宜采用措辞尖锐、语调激烈的触动式语言；对自我防卫心理强烈、不肯轻易认错的学生，宜采用突击式语言；对性格内向、孤僻、有自卑心理的学生，宜用有层次、有步骤、逐渐深入学生心灵的渐进式语言；等等。班主任也可以根据需要运用借古喻今说理、列举数字论证、名言警句铺陈、正反事例对比等语言艺术来教育学生。这也是对学生的示范——对什么人讲什么话，讲话要讲出效果来。

三、行为示范

　　我们讲了语言示范的重要性，但光有说还不行，还要有班主任的行为示范。

　　每天当我们把垃圾放入垃圾箱时，学生就会耳濡目染，也会这样做；而如果老师随处乱丢东西，学生也会乱丢杂物。

如果我们每次进入教室后都有序地整理桌上物品，给人一种有序的样子，学生也会受到感染，也会将自己的物品整理有序；而如果我们不拘小节，随便马虎地处置物品，学生也会效仿，从而马虎地对待自己的东西。

如果我们平时待人接物彬彬有礼，助人为乐，平等相待，处世豁达，我们的学生也会成为这样的人，这就是榜样的力量。

班主任不应该是一板一眼的，不应该是正襟危坐的，不应该是与学生隔开的，也不应该是只会讲大道理的，而应该走近学生，与学生共商、共谈、共叙、共吃、共唱、共动、合影、共同生活、同甘共苦，做一个亲民班主任，做一个人性化的班主任。这样班主任就处处给学生以榜样，这样就拉近了师生的距离，融洽了师生的关系，就能收到"润物细无声"的教育效果。班主任如果只是高高在上（相对于学生）的概念，管理模式千篇一律，隐藏个性，板起面孔，那我们的教育将会死气沉沉，缺乏活力。

我们通常讲"身教重于言传"，其实，通过刚才的分析，我们发现言教与身教都非常重要，言教是语言，身教是行为，言与行合二为一。既有言语的示范性，又有行为的示范性，以言教配合身教，以身教践行言教，把有声语言和无声语言结合起来，让学生在"两教"中受到感染，得到熏陶，不断进步。

四、激情示范

美国著名教育家诺曼·文森特·皮尔说："你的热情将会感染、激励和吸引他人。他们将为此而爱戴你，他们将为此愿意伴随你前行。"美国教育家贺瑞斯·曼恩说："从来不去尝试激发学生学习热情的教师，就像是捶打一块冷冰冰的铁。"苏霍姆林斯基说："孩子的心不应该是真理的仓库。我竭力要防止的最大恶习就是冷漠，缺乏热情。儿时的内心冷若冰霜，来日必成为凡夫俗子。"

一个班级的发展是需要激情的。班级是否有激情，关键在于其引路人——班主任是否有激情，是不是能给学生以示范，是不是能够把这种激情有效地传递给学生。

班主任如果没有精神，学生哪来的精神？班主任如果没有激情，学生哪来的激情？而这种精神和激情来源于集体和个人的目标。没有目标，前进就没有方向，就只会随波逐流。教师一定要有激情，有了激情才能让自己无比热爱教育工作。激情工作，对自己有益，对学生同样起激励作用，这种积极向上的心态会传递给所有学生，但这种传递方式是潜移默化的，这种激情不仅会点亮学生的心智，也会点燃其潜能。

作为班主任，就应该有激情，就应该给学生做出样子，不管你年龄多大，也不管你身体如何，都要努力保持有激情，这样才会始终对前途与目标充满希望，从而取得成就，获得发展。有了工作的激情，就不会产生职业倦怠，就会每天充满精力地去工作，去享受工作带来的乐趣。学生在你的熏染之下，也必然会充满激情，激发内在的斗志，全身心地扑到学习中去。

美国当代最成功、最伟大的企业家杰克·韦尔奇曾说："激情是成功者的首要标准。"我国教育家朱永新也强调："实际上，做任何一件事情，尤其是管理一所学校，作为校长，最重要的应该是有一种激情，一种创造的冲动。"

确实，人在激情的支配下，常能调动身心的巨大潜能。可以这么说，一个人的成功首先源于对所钟情事业的激情投入。班主任有了激情，就会努力工作，乐观对待学生，就会开动脑筋，想方设法去扫除一切障碍，最终走向成功。班主任的激情投入，会影响其班级管理，会感染学生，从而唤起学生的激情，培育出激情学生，建设出激情班级。班主任的这种激情示范的影响可谓大矣。试想，如果班级中每一个学生都能像班主任一样富有激情，有冲天的干劲，那么，这个班级怎么可能不成功，怎么可能不发展？

事实上，如果一个班主任有了激情，他就会对工作充满干劲，他的理想和追求就会不一样，他会不断去创造，不断地发展，他会化信念为坚决的行动，把学校的利益和发展放在首位，不断地认识自我、完善自我，就能不断地走向成功。

五、形象示范

苏联教育家加里宁说："教师每天仿佛都蹲在一面镜子里，外面有几百双精敏的、富有敏感的、善于窥视出教师优点和缺点的孩子的眼睛，在不断地盯着他。"也有人说"世界上没有比教师受到更严格的监督的了"。

确实，教师，特别是班主任几乎每天都与学生打交道，其一举一动无不影响着学生，特别是班主任的外在形象最容易被学生模仿，会对学生产生直接的、有效的影响。教育学家研究表明：人们接受外在影响，主要依靠视觉和听觉，其中视觉占83%，听觉占11%。可见，一个教师的外在形象对学生的影响之大。

班主任的外在形象大体可以分为仪容服饰、面部表情、肢体语言等。契诃夫说过："人的一切都应该是美的：容貌、衣裳、心灵、思想。"教师应给人端庄得体、干练精明、朴素大方、温文尔雅的形象感觉。班主任的外在形象的修饰和提高，是"人"懂得美、追求美、体现美的本性要求，是班主任生命力外显的物质存在。良好的外在形象对学生是一种尊重，一种吸引，对学生有潜移默化的影响。班主任的优良形象在学生成长中的作用是学校任何大纲、规章制度都不能取代的。经验告诉我们，如果学生对班主任的第一印象好，他们就愿意接受其所教、所讲，这就是所谓"亲其师，信其道"。另外，外在形象还是内在修养的外显，所谓"腹有诗书气自华"，一些很有涵养的老师，其内在修养在外在形象上总是很自然地流露出来。

但是，当一位班主任在衣着上刻意追求时髦，追求名牌或奇装异服时，却不利于培养学生们的艰苦、勤俭、朴实的品德和作风。试想，如果这样的班主任教育学生要艰苦朴素时，学生会怎样想？肯定会对这位班主任的教育嗤之以鼻，拒绝其教育，班主任必然会失去威信，教育效果将大打折扣。再如，一个不修边幅、穿着邋遢的班主任，带出的学生在生活上不拘小节，不文明语言和不文明行为出现比较频繁，班级纪律性较差；衣着华丽、打扮入时的班主任带出的学生，一般喜欢弄潮，以时尚为荣，但适应能力脆弱，克服困难能力较差；而衣着整洁大方、仪表庄重、大众化的教师带出来的学生，多注重内在美和外在美的结合，对生活和学习充满信心，充满希望，且有坚强的心理承受力和耐挫力。

确实，"育人无小事，事事皆教育；教师无小节，处处皆形象"，作为教师一定要高度重视、突出自身的外在形象，而班主任自然更应如此。

六、健康示范

人应该做一个健康者，班主任更是如此。因为健康对人的成长非常重要，班主任的健康不仅关乎自己，也关乎学生的成长与发展。

此处健康的概念比较宽泛，包含着身体健康和心理健康。

身体是革命的本钱，只有有了强健的身体，才能为革命事业服务。事实上，班主任带头锻炼身体，对学生不也是一个无形的影响吗？哪一个学生喜欢整天呻吟、无精打采、活力不足、病态的班主任呢？

而有些人似乎是工作狂，没日没夜、不讲方法地工作，结果把身体累垮了，发病了，身体始终处于亚健康状态，那怎么可能集中精力参与工作呢？带着病工作，对己不利，对学生发展同样不利。所以，班主任应该把自己的身体健康与班级的发展结合起来，与自身和学生的发展结合起来，时时刻刻充满精力，时时刻刻积极努力，那样才能发展自己，提升学生。

班主任确实是一个劳累活，有时他们会为了一件事、一个学生而大伤脑筋。所以，做班主任的，必须有强健的身体，这样才能更好地工作，才会有精力与学生打交道。

班主任的职业是一种特殊的职业，是一种用生命感动生命，用心灵去浇灌心灵的职业。正如雅斯贝尔斯告诉我们的："教育意味着一棵树动摇另一棵树，一朵云推动另一朵云，一个灵魂唤醒另一个灵魂。"班主任工作的这一特殊性决定了班主任心理素质的重要性。

有的班主任抑郁、精神不振，对学生漠然、冷淡、焦虑，对外界担心和过分忧虑，有说不出原因的不安感；有的班主任在与他人的交往时沉溺于倾诉自己的不满，不能耐心听取他人的劝告和建议，拒绝从另一个角度看问题；有的班主任则表现出攻击性，冲家人发脾气、体罚学生等；有的班主任对教学中出现的问题小题大做，出现过激反应，处理方法简单粗暴；有的班主任缺乏责任感，对学生出现的问题听之任之；有的班主任整天厌烦班主任工作，不能把心思放在教育工作上，一看到学生就发火。所有这些都是班主任的心理出现了问题。一个有心理问题的老师怎么可能教出心理健康的学生呢？

所以，要让学生具有良好的心理素质，首先班主任要有良好的心理素质。班主任在思维方式、处世态度上要努力与社会要求相协调，自觉克服不良行为，平复不良情绪，经常反思自己的不良行为，学会给自己减压，学会宽容学生；加强学习，系统掌握心理学、心理卫生学和心理健康教育等知识，主动解决一些常见的心理问题；正视现实、不断奋进，拓宽心胸，冷静地对待自我、悦纳自我，努力做到"天天有个好心情"，热爱自己的工作，把自己的工作当做乐事而不是负担。当自己心情抑郁不想做事时，我建议选择放下，进行休息放松。美国斯坦福大学都要求学生不必追求十全十美，何况我们这些成年的班主任呢！

七、教课示范

2009年8月12日教育部出台《中小学班主任工作规定》指出："班主任是中小学的重要岗位，从事班主任工作是中小学教师的重要职责。教师担任班主任期间，应将班主任工作作为主业。"一些人错误地理解了这段文字的内涵，认为此段文字明确规定了班主任的"主业"是班主任工作，言外之意就是学科教学是"副业"了。我认为这种理解是错误的，这儿绝对不是非此即彼的关系。这儿主要强调的是过去很多人都把班主任工作作为"副业"，现在通过规定，明确班主任不是副业，应该和学科教学一样是一门主业。为了突出主业的地位，规定要求班级主任工作计算为一门主科工作量，同时每月有一定量的津贴。

让学科教师做班主任，实际上就是让这样的老师身兼两职，一是学科教师，二是班主任工作。这样就有了两大责任，一是把所教的学科教好，二是把所带的班带好。两者都必须做好，不可偏颇，不能顾此失彼。

有的老师说，我是班主任，我的责任就是把班级稳定好，自己所教学科成绩差一点无所谓。还有人认为，我既要教课，又要管班，哪有这么多精力？我只好丢卒保车了——放弃学科教学，保住班级秩序。我以为这两种想法和做法都是错误的，都是在为自己不能教好课找借口，都是在为自己的失败找台阶。

我一直认为，一个好的班主任，首先是一个好的教师。如果学科教师做不好，从本质上讲，他是做不好一个班主任的，至少说不能做一个非常出色的班主任，因为这样的班主任缺少最根本的吸引力——学生最信服的首先是老师的课教得好。

班主任的天职就是做好班级工作，确保班级团结向上。但班主任同时也是一名科任老师，所以还应该无条件地把自己的功课教好，因为学生发展也包括这一门功课的发展，不然，就会连带影响到学生的前途与命运。

事实上，做班主任的担教某门学科，把学科教好了，对学生就是一种无形的强有力的影响，对班级管理也会起到一定推进作用，学生就会信服你，你在学生心目中的地位就高，就很有威信。表面上看这是两条线，一是教学，二是教育，实际上，两者相互融合，彼此渗透，教育中有教学，教学中有教育，来共同促进学生发展。

教育和教学从来都不是隔离开来的！每一科在制定教学目标的时候，都是从知识与能力、过程与方法、情感态度与价值观三个维度入手的。在学科教学中，思想教育从来都是与知识传授、能力培养齐头并进的。我们不可能搞纯文化教学，"三分教，七分管"，这句话很有道理。很多著名的班主任都是学科教学的高手，他们常常通过自己的班主任身份让教学更加高效，从而更具有吸引力和影响力。比如魏书生、任小艾、斯霞、霍懋征、李镇西、窦桂梅等，他们既是优秀班主任，又是教学专家。

李镇西老师在《我的语文教育观的形成过程》第十章"语文教育的思考与探索"中讲述了：孤立的"语文教学"造成了教学的失败；语文教学和班主任工作应有紧密的联系；温暖的班集体促进了学生的语文学习。他告诫我们"语文教学"应该转变为"语文教育"，实现语文教学与学生教育的双丰收。《班主任兵法》作者万玮老师在数学课上给学生留下"数学日记"这样的作业，同样是将数学思想教育融入数学教学。

这些名师所教科目的教学方法不同，却有一个共同之处：不是孤立地传授知识，也不是孤立地培养能力，而是将教育与教学高度结合在一起。所以，班主任应该明确自己的双重身份，必须同时兼顾。

在这儿，我还要强调，我们做班主任的除一定要上好所教的"主科"外，"副科"也必须上好，我们绝对不能做"势利小人"，认为考试学科就是重点学科，非考试学科就可以马虎，这是对学生的不负责，也是对教育的不负责。我们必须切实认真上好课，因为这是一门功课，你认真了，你有成绩了，学生同样会对你钦佩，这对你的班主任工作同样起到促进作用。

人际和谐

人际关系是指社会人群中因交往而构成的相互储存和相互联系的社会关

系，包括彼此之间的作用和影响。在东方哲学里，人际关系就是生产力；在本书里，人际关系是最稀缺的资源。可见，良好的人际关系让人身心愉悦，学习、生活、工作顺畅。同样，良好的人际关系，对班主任工作有着重要的意义和作用，对自身、学生、班级的发展均起着促进作用。因此，对班主任而言，人际关系是带好班级的一个重要因素。从某种意义上讲，班级工作管理就是班主任的人际关系学，班主任面临的人际关系很多，其中最重要的人际关系自然是与学生的关系，其次就是与科任老师的关系、与领导的关系、与学生家长等的其他关系。

班主任该如何处理这些人际关系呢？首先要有良好的情绪、心态和正确的认知。自己必须不断提高自身修养，科学地处理在人与人相处过程中的人际关系，既做到原则性——坚守自己的做人准则底线，也要做到灵活性——在与人相处时，不一意孤行，死搬教条。

关于班主任与学生的关系，在第一讲中已经着重讲过，此处不再重复。下面我就重点谈一谈其他人际关系的处理。

班主任与领导、与家长、与学生、与同事之间的关系，虽然错综复杂，但只要用不复杂的心对待，用真心去处理，只要出于公心地工作，只要切实扮演好各自的角色，人与人之间的关系就能被和谐处理，班主任工作就不会有多大问题。

一、与同行和谐

俗话说："同行是冤家。"但如果班主任能把与这个冤家的关系处理好，那就能让班主任工作更如鱼得水。

班主任的同行一般有三类人：一类是异班班主任，二类是同学科老师，三类是同班科任教师。

为什么同行是冤家？这是由人性决定的，这是诸多的利益关系导致的。关系紧张，自然引发矛盾，如果不及时处理好，小则伤及自身，大则影响工作、影响学生。

那么，怎样消除与同行之间的紧张关系呢？如何变"冤家为亲家"呢？如何做到"相看两不厌"呢？我以为，不管同行如何，从我做起，做好自己，增强自我的认识，提升自我的修养，才是关键。

1. 多了解你的同行

了解是相处的前提。现在，大多数学校用分配法来安排学科老师，即没有征求班主任的意见，就把科任老师分配到班级。这是学校决定的事情，班主任无法改变。

所以，我以为，既然是学校安排的，班主任就没有必要去领导处说要与谁搭班，不想与谁搭班，这是非常伤人的事情，让对方知道了就会产生隔阂。有人说，我是为了班级，我是为了学生，他的能力确实不行。如果真是这样，学校难道不会处理这位科任老师？学校难道不要质量？你这样做，不仅与搭班老师产生了矛盾，还会让领导对你产生误会——怀疑领导的能力与安排。我以为，还是服从为宜。

事实上，像洋思中学，领导班子在配备科任老师的时候，都是从大局出发的，努力做到一碗水端平，因此不可能把所有教得好的科任老师都配备到一个班级，也不可能把所有教得不好的老师放到一个班级，学校领导有学校领导的考虑，他们考虑得确实长远一点，全面一些，缜密一些，他们也是希望每一个班级都能发展的，这样学校的整体才能发展。

这时，智慧的班主任从了解他的搭班老师入手，尽管过去听说过，也见识过，但现在必须天天相处，天天同进一个教室，面对同一批学生，同为一帮学生服务，这就是所谓的"利益共同体"。此时，班主任必须更加耐心地了解科任老师，熟悉他们的教学能力、教学风格、对课堂的驾驭能力以及脾气，只有像研究学生一样研究你的搭班老师，才能在与搭班老师相处的过程中，说话、做事对其脾气，对其口味，得到搭班老师的认可，获得搭班老师的理解，共同为班级发展而努力。

沟通是了解的最好方式，有定期的、不定期的，正式的、随意的，谈班级的、聊家常的，不限形式，力求有效。通过交流，可以分享信息，了解科任老师的态度；通过交流，可以让科任老师全面了解学生状况，从而更好地进行施教；通过交流，可以请科任老师对班级的教育、教学提出自己的意见与建议，从而使教育更具有合力。

2. 多理解你的同行

班主任是学生成长和发展的首要负责人，他既是本班各科任老师间协同教育的调节者，也是学校教育和家庭教育力量的整合者。所以，班主任要做好班级工作，必须搞好与其他科任老师之间的关系。现在，国家对班主任队伍建设的重视日渐升高，班主任的地位提高了，工作量大了，绩效多了，获得升迁的机会也多了，于是其他科任老师的心理也就发生了微妙变化——班级发展是班主任的事，待遇不是都给班主任了吗？于是他们对学生的成长发展采取的是袖手旁观、隔岸观火的态度，甚至对待班主任的教育协调也是不理不睬、消极对抗。

对此，怎么办？学校要加强引导，使教师认识到：教师工作是一岗双责——既要教书，又要育人；教育工作是分工不分家——分工是必须的，但彼此是协调的；考核实行连坐考核制——一荣俱荣，一损俱损。洋思中学就是采取"承包"的方式来进行考核的。

但这还不是根本，还不能完全杜绝上面出现的现象，还需要班主任正确处理好与同事的关系。事实上，没有一个老师不想把班级搞好，他们也知道班级班风正了，学风浓了，自己的学科教学就会事半功倍，他们从内心深处是希望班级好的。只不过有时确实因为分工问题——我总不能夺你的权，我总不能分你的利——科任老师就不管了。

此时，作为班主任，首先要充分理解科任老师的两难心态，其次要主动走近他们——同是一家人，同为一班服务，只不过班主任是代言人、牵头人而已。特别是在涉及某些利益之时，班主任必须首先想到科任老师，必须合理分配，必须公开、公平、公正地处理，不能私字当头，"我"字当头，认为应该是我的，否则，会造成不必要的嫌疑，造成人与人之间的隔阂。有时，班主任还要故意"吃亏"——让利于科任教师，多为科任教师做事，把他们奉为座上宾；有时也可以让学生特地请科任老师来参加集体活动，让科任老师成为你的教育资源，努力让科任老师充分认识到"这个班是我的，也是你的；这群孩子是我的，也是大家的"。

如此，人非草木，孰能无情？精诚所至，金石为开。表面上你吃亏了，其实人家已经记住了你，记住了你的这份情，认识到你是一个中正的人，一个实诚的人，一个为他人考虑的人。在你这个班主任所带的班级中科任老师可以感到幸福、温暖、真情，与你搭班，学生会更尊敬他，会更爱学习——尽管学生成绩不太理想，尽管学生还存在诸多问题。但是，在明处、在暗处，科任老师会帮助你，在你有需要的时候为你出主意，试问，这样的吃亏是亏吗？不是，是"福"啊，"吃亏是福"就是这么个道理。和则双赢，斗则两伤。你这样做了，还能让你的影响力扩大，让搭班者愿意为你服务，为你付出。

理解科任老师，还应该协助科任老师做好相关工作，如力所能及地帮助科任老师解决一些实际问题。比如：科任老师生病了，班主任要主动为其分担课务；征求科任老师意见，让其选课代表，或帮其选课代表，当与自己的选择有冲突时，满足科任老师的需要；科任老师家中有些小事不能解决了，你可以抽出时间询问并协助处理；任课老师感到班中某些学生总是跟他对着干，你要想方设法地对该生进行有效的教育，让其承认错误，服从管教，尊重科任老师；班级举行活动时，亲自请或让班干部请科任老师参与，使之得到做科任老师的快乐。

3. 多树立你的同行

有一些班主任，总是有意无意地抬升自己，说自己如何如何，其目的无非是想树立起自己的威信，让学生认识到作为班主任的"我"是不错的，能教他们是他们的福气。岂不知，说者无心，听者有意，此话传到科任老师耳朵里，他们却认为这是在损贬他们，降低他们的威信。如此，他们还能配合班主任做好相关工作吗？

所以，班主任必须做到"心底无私"，只有"心底无私"才能"天地宽"。班主任要想方设法树立科任老师的威信，既让科任老师高兴，又让班主任的威信得到提升。

在与学生相处的第一天，作为班主任，首先要介绍的不应该是自己，而是科任老师，不管科任老师在场不在场，都应该对科任老师大加赞扬，大张旗鼓地谈其优点、特色、成绩，表明这个班级的科任老师都是好老师，都是能够为大家服务的。每一个老师都有自己的个性，不可能适合每一个学生，而且每一个学生都有个人的喜好，即使一位很优秀的老师也不可能让所有学生喜欢。但我们必须全面地看老师，全面地评析老师——第一印象是最重要的，让学生对科任老师有一个最好的第一印象，这样学生和学生家长就充满信心。

当某位科任老师不太受学生欢迎或学生意见比较大时，班主任此时的立场就显得非常重要，是偏向于科任老师还是偏向于学生呢？很多人左右为难，闪烁其词。偏向科任老师吧，学生得不到好的发展，因为这个科任老师确实有问题；偏向学生吧，科任老师说不定会记恨一辈子。

我的意见是，实事求是，但必须富有技巧，两面做工作——对学生的意见表示理解，但更多的是疏导，强调人无完人，带领学生从另一个角度看到老师的优点和长处，教育学生尊敬老师，与人为善；与任课老师沟通，倾听其意见，共商教育之道，并不失时机地向科任老师提供解决学生问题的策略与方法。班主任对科任老师在学生心中的地位有着催化剂的作用，班主任只有帮助科任老师与学生建立良好的关系，使师生关系步入良性循环，很多的矛盾才会迎刃而解，这对今后的工作会起到事半功倍的作用。

比较而言，班主任与领导接触机会是比较多的，领导总会不失时机地问班级情况，问班级科任老师情况。此时，你该怎么回答呢？多进行正面评价，不作负面评价或少作负面评价。这既是为人之道，也是你的工作之道。试想，当科任老师从领导那儿知道你对他的评价时，他是怎样的态度是可想而知的。

所以，为了切实做好班主任工作，在各种人面前，尤其是在学生、家长、其他老师、领导面前多说科任老师的优点、特色、成绩，再通过第三者传到其耳朵里，自然，对方就会努力工作。请记住，信任是最重要的，信任从我做起。千万不能当面说人很多好话，转身却讲起别人的坏话。

如果真能做到以上三点，你会与科任老师关系不协调？科任老师会无事生非，与你闹矛盾？"众人划桨开大船""一个篱笆三个桩""众人拾柴火焰高"，你可以与科任老师一道把班级这艘大船开得既稳又远。

二、与领导和谐

班主任在班级是最大的"官"，他统领着五十个左右的学生，在学生看来，班主任的命令确实是不可违背的。

但现实是残酷的，学校生活中，一物降一物，比班主任大的官多的是。年级组长、德育主任、德育校长、教务主任、教学校长、总务主任、安全办主任、司务长、后勤校长、教科研主任、教科研校长、大校长、大书记，等等，还有各种临时负责人——他们哪一个人都是"大官"。

俗话说："官大一级压死人。"这么多"官"，他们为了使自己工作富有实效，拥有实绩，必须行使他们的职权。"在其位，谋其政"，他们总要干一些让人看得见的事情来显示自己的存在与意义，尽管很多工作在班主任看来是无意义和无价值的。

于是在他们的"领导"下，所有的工作——布置、检查、考核、评价等，都被下到了学校最底层的工作单位——班级。而这些工作实际上最终都落到了班级最大的"官"——班主任的头上。这些工作多吗？太多了；好完成吗？有的很难办。真可谓"文官动动口，武官跑断腿"。

对此，班主任怎么办？不干，矛盾重重；干了，干不完，还不一定能干好，弄得不好，还惹出身心上的毛病。

怎样和谐地处理与"上面领导"的关系呢？怎样才能让自己在班级工作中享受快乐呢？这就需要班主任有正确的认识态度。

1. 理解领导

领导不容易，领导不好当，领导也是人。因为领导上面有领导，必须接受上面领导的检查、考核与评估；必须干出自己的成绩，拿出自己的业绩；必须对上面的领导负责，对自己负责，对职位负责——在其位，谋其政。

安全工作说起来最重要。但在学校中安全算什么呢？全校以抓质量为根本，以抓分数为根本，分数才是一切。所有人都在奔教学质量，奔分数，于是，安全教育被忽视了，最终出现了安全问题。此时，谁最担心与害怕？当然是后勤校长。"人命关天""安全重于泰山"，所以，后勤校长从自己分管的工作的角度出发，就必须狠抓安全——虽然绝大多数老师认为安全没有必要抓。但事实是安全非抓不可。于是，开会动员、布置任务、加强检查、评估测试，等等，后勤校长只是做了自己应该做的，就像科任老师上课一样，我们怎么能够剥夺其上课的基本权利呢？

后勤校长如此，其他的领导呢？他们不都有自己的工作职责范围吗？对此，我们应该加以理解并配合执行，这样他们的工作才能到位。他们的工作到位了，这实际上不就是在帮助班主任做工作吗？难道班主任不需要抓安全？难道班主任不需要抓学习？难道班主任不需要抓考试纪律？他们抓不就是帮我们抓吗？只有有了好的学校大环境，班级这个小环境才能安身立命，班主任何乐而不为呢？

2."利用"领导

首先要声明，这里的利用领导，不是指为了自己的"私利"，抓领导的小辫子，背后搞小动作，让领导难堪，让领导为自己办事，而是"借力"的意思。所谓"借力"，就是借领导之力，达治班之效。

班级管理的主角应该是班主任，只要班主任尽心尽力了，努力了，班级肯定能得到长足的发展。但是，万事难以预料，若真出事，责任是谁的？班主任难道要说"这是意外""我已经尽职了，不信你可以调查"等来推卸责任吗？不能。

大家都知道，中国现在推行的"谁主管谁负责"的制度。你在班主任的位置上，你的班出了问题，第一个被问责的肯定是你。当然领导确实也不能推卸责任，但毕竟隔了一层、两层，甚至三层，所以班主任是第一个被问责的。

班级若真出事了班主任该怎么做呢？一定不要与领导闹翻，不能冲动，不能逞个人英雄之勇，而应该利用领导来平息事态，主动承认自己的不足与不是，一定要让领导看到你的诚心与诚意，恳请领导出面帮助解决一些问题。此时，如果你跟领导作对、翻脸就是最大的愚笨，这是在跟自己作对，跟自己的工作作对。试问，今后，你出了问题谁还会帮你？更何况，单靠个人的力量，有些事是很难解决的，如果只是靠单打独斗，有时候甚至会将自己带入一个孤立无援的危险境地。此时，如果依靠领导，就是依靠组织，就是保护自己，就是实现有层次、有梯度的立体化作战，班主任—年级组—德育处—校长室，这可是学生成长的教育团队，只有四者力量集中，智慧合一，才能抵挡任何力量的冲击，才能最终收到教育学生的功效。

3.灵活应对

在充分理解与"利用"领导的同时，班主任还要加强学习，特别是一些政策法规的学习。因为在工作中，班主任难免会遇到个别的领导利用手中的职权要求自己帮他干一些私活，班主任如果懂得政策法规，就不会盲目听从领导的安排，做出对学校、对班级及个人不利的事情来。

三、与家长和谐

在新课改背景下，班主任和学生家长同属教育学生的主体，他们的教育目标是一致的，即都是为了学生的发展。班主任与学生家长亲密的人际关系、心理相容的感情是学生个性全面发展的良好环境，也是他们的天赋、才智得以发展的良好背景，其紧密的联系是家校配合教育的基础。所以，一个优秀的班主任必然要处理好与家长的关系，使其成为学生进步、班级发展的助推剂。

1. 正确认识当今家长行为

有的人总是认为现在学生难教的一个重要原因就是现在的家长难处，如家长太偏爱自己的孩子，家长不明事理，家长要求太高。我们以为，这种想法是错误的。

凡事都要看其本质。从根本上讲，没有一个家长愿意真正与老师特别是班主任为"敌"，但有时这种情况确实发生了，原因是什么？固然可能与家长的不理解有关，但从深层上看，是因为孩子在班级里出现了问题，是因为班级里的教育不能满足孩子的需要。有人说，这又有什么办法？大环境这样，我又无法改变。我说，这也错了。如果，在学生问题出现苗头之时，你与家长多一点沟通，多一点交流，工作再细致一点，情况可能就完全不同。

譬如说，打骂学生的问题，收取班费的问题，从根本上讲，从国家的大政方针讲，从学校的规章制度讲，是绝对不允许出现的。但是，规定归规定，违反者有之。最终，有的出问题了，被处理了；而有的却安然无恙，家长不但没有任何的意见和投诉，而且还写表扬信表扬教师的做法。试问，同一行为什么出现不同的结果？

除了教育技巧外，更主要的是教师的教育出发点不同，有的老师是爱学生，假打威吓一下；有的老师是真恨，狠打。

狠打，就是让学生肉体上疼痛，是对学生真的处罚，最后伤及心灵，目的是让学生"服从""投降""畏惧""不敢"。这种情况是老师与学生关系对立到极点的产物，是老师表面上"恨铁不成钢"，实质上这是发泄怒气的手段，是平时因工作不细致、不扎实而造成问题时治理学生的最后一招。请问，这样的"打"，学生家长愿意吗？换位思考一下，你的孩子被这样打了，你乐意吗？

假打，就是"打"是假相，"打"只是一个手段，"打"只是一个幌子。打是为了不打，是在学生自觉自愿的基础上的，表面上是老师动了手，实际上家长、学生都明了、知晓，而且"打"还有一个度的问题。魏巍的《我的老师》中的蔡芸芝老师不也"打"学生吗？但她"打"学生的戒尺最终落在桌子边上，而不是落在学生细嫩的小手上。这种"打"是假的，"打"的背后是一种真"爱"，这种"打"既是一种教育学生的方法，也是老师对学生"真爱"的体现。

所以，实质上不是打骂与不打骂、收钱与不收钱的问题，而是打骂与收钱背后的问题，是老师工作责任心的问题，是老师工作出发点的问题，是老师是否真心爱学生的问题，是老师工作到位不到位的问题，是老师是否真的无私的问题，是老师是否真的讲究教育策略的问题。

如果真是为了学生，如果真的勤勤恳恳、兢兢业业，即使真的出现了"打骂"现象，也不会打出什么大的问题来，因为孩子是理解的，是接受的，是会为老师辩护的。即使真收费了，也是取之于民、用之于民，是真的为了班级、为了学生的发展而收取的，其中是没有丝毫的个人"贪取"之心，更没有"贪取"之行的。班主任收取的费用是与学生商量过的，是与家长商量过的，是建立在自觉自愿基础之上的，并没有采取任何的强迫措施，此时，学生家长怎么可能投诉你？所以，学生家长投诉你，肯定有背后的问题，投诉只是借此宣泄自己的不满，这是对老师不信任的反映，他们自然就不会支持老师的工作。

教师只要真正关心学生的前途、命运，并为之付出努力，做到爱生如子，时时关心爱护学生，就能和家长达成一定的共识，形成教育的合力。虽然对学生或孩子来说教师与家长是两支不同的教育力量，但其教育目标是一致的，利益是一致的——都是为了学生或孩子好，都是为学生或孩子的前途考虑的。如此，家长就会"大人不计小人过"——教师偶然有一丁点儿问题是能求得家长谅解的。

在这里，我并不是说班主任可以打骂学生，也可以乱收费。事实上，洋思中学校是绝对禁止任何打骂学生的行为的，是绝对不允许教师乱收费的，是发现一起查处一起，绝不姑息的。洋思中学会经常搞问卷调查，杜绝这类现象的发生。

2. 要检讨自己

什么样的班主任是好班主任？家长认可的班主任就是好的班主任。这就是我们学校评价班主任的唯一依据。可家长为什么认为你好？是因为他们的孩子、我们的学生喜欢你，是因为你确实为孩子的成长付出了很多。哪个家长不喜欢真心实意为他们孩子付出的班主任呢？

家长是班主任成长的推进者、帮助者，如果家长对班级教育和管理持否定态度，那么，班主任的教育就不会有效果。反之，如果家长对教师持信任和支持的态度，并与教师结成教育的同盟军，携手一致，那么许多美好的教育期望，便有了成为现实的可能。

可一些班主任，在孩子犯错误屡教不改的时候，总是把怨气撒在家长的身上，这是最糟糕的事情，这是班主任完全情绪化的行为而不是教育行为。教师气急败坏地把家长找来，面对友好而拘谨且不知孩子犯了什么错误的家长，冷冷地说："请你把孩子领回去吧！"这让家长非常难堪，究竟是"领"还是"不领"呢？我们的教育又岂是一个"领"字能了事的？这是一种无能的教育，这是一种荒唐的教育，这一种推卸责任的教育。

试想，家长此时怎么想？孩子在家里不是这样的呀！刚进校、进班的时候不是这样的呀！孩子变成今天这样也不只是我一人造成的呀！我是有责任，我是要配合，但学校教育、班级教育是干什么的呢？你怎么可以一推了之呢？这还是教育吗？正因为我的孩子有问题才让你教的呀！更何况，我也不是你的学生呀！我凭什么无缘无故受你的责难？……这无疑增加了家长对班主任的一种蔑视——这个班主任是无能的班主任，是一个无用的班主任。于是，调班、转学、投诉之类的事情便接踵而来。

这时，班主任应做的事情，不是把孩子送到家长面前，让他一"领"了事，而是应检讨自己。自己的出发点是否正确？自己对学生的态度是否正确？自己是不是真的了解学生？自己是不是对他有歧视？自己处理问题的方式是不是使其产生了逆反心理？等等。可以这么说，很多问题都是班主任自己造成的，是因为班主任认识不当、方式不当、要求不当。

3. 会协调家长

班级管理是一项系统的工程，仅靠班主任自身的力量是远远不够的，还需家长的大力配合。这种配合，应该是处于班级教育主导地位的班主任通过多种形式，如通过家访、开家长会、短信、校信通等形式，去协调和家长的关系。在此过程中，班主任应尊重学生家长，虚心听取他们的意见，使班级教育和家庭教育合拍。这样，班主任才能赢得家长的尊重、理解和合作，在学校教育与家庭教育间建立和谐、有序的联系，使两者相辅相成，共同完成培养学生的教育目标。

（1）笑脸相迎。

老话说得好，伸手不打笑脸人。可是现在的很多年轻班主任不会笑，特别是不会对家长笑。因为他们觉得自己没有必要对家长们笑，教育工作又不是卖笑的，这是一种误解。你笑着面对家长，首先给人的印象就是非常真诚，家长觉得你和蔼可亲，孩子放在你的班级里很放心。有了这么一个基本印象，他们就不会过分地苛求你。而你不笑呢，他们会认为这个班主任死板，孩子跟着这个班主任肯定没有什么人文情怀，或者认为你是想得到家长的什么，或者说你家庭中发生了什么不痛快的事情，各种猜测会导致家长与老师的误会。

（2）不要轻易联系。

许多班主任喜欢动不动就联系家长，特别是在犯了错误的学生面前说这么一句话："你再不听话，我告诉你的父母，我请你父母来处理，来丢你的人！看你还敢不敢再犯错误！"我觉得这句话不要轻易说出来。要知道，广大的年轻父母们，也很喜欢在孩子们面前说一句类似的话："你再不听话，我告诉你的老师！"几次下来后，孩子们就明白了，无论是告诉父母还是老师，最后他们的错误基本上都是不了了之的。因为家长如果有办法，他们也不会告诉老师。而当我们老师说出要告诉家长时，孩子们也明白了，老师基本上对他无可奈何了。更重要的一点是，如果你真的告诉了学生的家长，家长们往往也不会认为你是一位负责任的老师，反而也会和学生一样，觉得你很无能。很多家长认为："我如果管得下，我还送孩子到学校里干什么！"确实，请家长处理学生的问题，或请家长到校是教育管理的下下策。事实上，有时，你真联系了，对家长工作也不利，假如孩子的家长正在飞机场，你说他是来好呢，还是不来好？这会让他很为难，他的工作出了问题，你负得了责任吗？

（3）视生如子。

很多时候，家访、家长会及平时街头巷尾接触时，当然还有实在不得已请家长到校协助教育时，班主任都是要面对家长的。这时班主任一定要表现出自己比家长还要关心学生，要充分表明自己所做的一切都是为了他的孩子——我的学生的健康成长。对犯了错误的孩子，首先一定要肯定他是聪明的（没有一个家长觉得自己的孩子笨，他们最喜欢听人家说自己的孩子聪明，哪怕这个孩子实际上很笨），只是因为太调皮了，才会犯错误，才会学业成绩跟不上。然后，一定要在孩子面前大讲家长如何辛苦养家，如何辛苦地培育他。很多教师可能不以为然，觉得孩子犯错父母也有责任。我也知道，孩子会有种种不端行为，家长自然会有责任，但家长并不是专业的教育者，他们并不一定会懂得这些道理，他们也并不一定像我刚才所说的一样，真的是辛苦地培育自己的孩子。但他们却无一例外地喜欢听这种话，觉得这位老师的话说到自己的心坎上了，觉得孩子的错不是出于老师的缘故。特别是有时候，他们本来是要到学校找茬儿，宣泄一下自己对学校的不满的，可是一来到学校，一看到老师是如此把学生当作自己的孩子，于是心里感动，就平静地回去了。

（4）共同作用。

通过协调，家长对班主任信任了。他如果向你提出了好的建议，你要当面采纳，并说："好的，谢谢。"对家长提出的过分要求要耐心解释，大事化小，小事化了。家长的地位得到了保证，你给了他足够的尊重，他也充分感觉到自己的身份被认可了。同时你可将班级的整体情况及其子女在班级中的表现和作用通盘告知家长，让家长做自己的高参，双方通过及时相互沟通，取得一致意见，共同来教育好学生。

4. 求助家长

俗话说："隔行如隔山。"老师因职业和工作范围的限制，对很多教学以外的事知之甚少，所以经常觉得这也困难那也难办。其实，不仅是做老师的有这样的问题，各行各业皆是如此，世上真正的"通才"几乎没有。必须有其他人来协助，班主任才能将事情办好。此时，对班主任最有帮助的除了同行、学校外，家长是重要的资源。

（1）只要为班级做事、为帮助学生成长做事，班主任就应该大胆地、主动地求助家长，请家长协助。很多家长都愿意为自己的孩子做点事儿，为班级做点事儿。只要不给家长带来沉重的负担，他们都是愿意支持班主任工作的。

（2）求助家长可以通过集体求助，即通过家长会、家长委员会向家长求助治班策略、管理学生之法；也可以是个别求助，即通过求助个别的家长，来求得好的治班策略和管理之法。因为学生家长来自四面八方，来自各行各业，有的家长所从事的工作与我们的班级管理、学生管理有很大的联系，这样他们就能够结合自己的工作，对班主任的工作提出有效之策。

（3）求助家长除了请家长帮助出点子外，还可以请家长做"班主任助理"——请有经验的家长或优秀学生的家长在家长会上介绍育子的经验或互动答疑，也可以请他们给学生作学习、做人方面的讲座，还可以请他们帮助设计班级活动，更可以请他们为综合实践活动等的开展提供帮助。

（4）求助家长，要注意次数不能太多，次数多了，对学生家长来说是麻烦，这样也体现了自己的"无能"；求助家长，还要看对象，不是所有的家长都能够求助的，如果家长热心则可以求助，反之，不行；求助家长时，一定要发自内心，与家长充分沟通，征求家长的意愿；求助家长，绝对不能求助钱财、物质，否则，就是心术不正，这对管理有百害而无一利。

（5）求助家长，协同管理，可以让班级管理更贴近家长，从而密切与家长的联系，提升班级管理的品位；求助家长，显示出班主任的胸怀，显示出班主任好学、尊重、谦虚的优秀品质。

总之，一名班主任要准确地把握自己的社会角色，不仅要埋头苦干、身体力行，更要积极进取、统筹安排，处理好各个方面的人际关系，确保人际关系顺畅、和谐、融洽。在班级工作上，班主任应该根据社会的发展要求不断去探索符合时代潮流的人际关系，积极努力地去做新课程背景下班级教育改革的实践者和创新者。

第四讲 | 常规篇

——把平凡的事做好就是不平凡

上一讲重点讲了作为一个班主任首先要做好自己,让自己行。自己行,这是做好班主任工作的前提条件。自己行,前面讲得比较多,但实际上,要想成为一名优秀班主任,最关键的有两点,一是敬业,二是专业。

第一,敬业。敬业精神是一种事业心,是献身事业、务实肯干、积极进取、不断开拓的精神;敬业精神,最重要的是爱心、责任心、良好的道德修养、良好的身体条件。

第二,专业。"工欲善其事,必先利其器。"班主任的专业范围很广,包括良好的知识和能力修养,必要的社会知识,所教学科的专业知识,教育理论知识,组织管理能力,观察、了解、判断能力,公关和协调的能力,自我调控的能力,创造能力,教学能力,计划总结能力,评定学生能力,以及良好的心理素质,等等。

这两点表现在具体的班级管理工作上,那就是要有一套管理班级的专业本领,并能不断地打造、最终形成优良的班级文化,达到用班级文化来统领班级,发展学生的目标。

我常讲,一个班级出现问题,绝对不是某个学生有了问题,某个事情有了问题,而是管理出了问题,文化出了问题。问题只是表象,根子在常规管理未能真正落实,班级文化建设未能加强。所以,关键就在于你能不能真正做好班级常规管理工作,并且将之当作班级文化来做实、做透、做牢。

敬业是前提,专业是关键。所以,这一讲重点就讲一讲与班主任管理相关的专业的问题——班级文化建设的问题。下文主要从宏观上来谈，从具体的文化建设的策略上来谈，但不谈如何解决具体问题。

班级文化建设的几个基本问题

一、什么是班级文化

很多人一听到"班级文化"几个字就感到非常为难，认为层次太高无法做好。其实，这是由于我们误解班级文化而产生的畏惧心理在作祟。班级文化作为现代班级管理中不可避免的工作其实并不那么难，我们每天所做的工作不管是大还是小，都是在加强班级文化建设。

那么什么是班级文化呢？

"班级文化"由"班级"和"文化"两个词构成。"文化"词义颇丰，据不完全统计，到目前为止，人们已给"文化"提出了160多个定义。但在"文化建设"中却只有一个意思，那就是——人类社会历史发展过程中制造的物质财富和精神财富的总和，如天文、地理、教育、服饰、语言、处世方式，等等。人类学家克拉克洪说的"集团的人员所共同拥有的某种观点、感受方式、信仰方式，这便是文化"，与之有异曲同工之妙。

自然，"班级文化"就是"班级"与"文化"的合成了，即班级发展过程中，班级成员在班主任的引导下，朝着班级目标迈进过程中所形成的物质文化和精神文化的总和。

一部分是班级的物质文化，如班级教室的布置、班级的环境卫生、桌凳的摆放、学生作品的展示、班级一系列的标语（如班风、学风、名言名句）等。显然，这是看得见的文化，所以，我们又可以把这种班级物质文化称为显文化或硬文化。

另一部分是班级的精神文化，如班级发展过程中形成的制度、观念、信仰、思想、行为方式、做事风格、处世态度、价值取向等，具体指班级目标、班级道德、班级舆论、人际关系、班级风气等。显然，这是看不见的文化。有人认为制度可以看得见，但制度最终不是为了看的，而是需要人去执行的，它是通过人的行为体现的，而决非通过挂墙壁上来体现。所以，它仍是看不见的文化，故我们将这种班级文化称为隐文化或软文化。换言之，软文化不是花钱就能达到的，而是经过长期熏陶、积淀、训练才能达到的文化，是通过人的行为举止反映出来的文化。

班级文化是一个班级的形象，体现着班级的生命。它是班级全体师生共同创造的财富，是全体师生共同努力的结果，它属于班级中的每一个人，但又内化到每一个人心中，成为每一个师生行动的指南与灵魂，影响着每一个师生的成长与发展。

班级文化与班级要求不同，班级要求是班级规章制度要求和老师要求的总和，这是对学生的最低要求，是要怎么做和不应该怎么做的具体条文。而文化却是上位概念，有一个统一的思想指导，有具体的文化打造策略，有一系列的活动方案。文化需要要求作为支撑，但符合要求，绝不是已经达到了文化的要求，要求的落实是基础，文化是内在的，而落实的要求却是外在的。

无论是物质的文化还是精神的文化，都不是一夜之间就能够做成的，它是要不断积累的，是长期做出来的，所以说，班级文化是逐步形成的。

二、什么是班级文化建设

班级文化建设，就是打造并形成一流的、特色的、前瞻性的班级文化过程中，所采用的一系列的策略、方法、途径。

显然，"班级文化"是"班级文化建设"的核心，它是班级文化建设的目的、主旨与方向，"建设"只是为获得"班级文化"时所采用的手段——包括认识、规划、实施、修正、提升、完善等。所以，"班级文化"是追求，是理想，是理念，是思想，但最终能不能形成，能不能化为每一个师生的行为，还必须靠"建设"。建设不是说的，而是做的，必须做得靠实，必须做得有效，必须做得巧妙，必须做得恰到好处，必须以"班级文化"为纲。

通过研究，我以为，班级文化建设有四重境界：

第一重，初级境界，即学生被迫听班主任的话。其中，班级文化贯穿于班主任的话语和要求之中。

第二重，中级境界，即学生听从学生干部指令行事。其中，学生干部已经领先内化，在执行着班级文化，他们已经变成班级文化的代言人。

第三重，高级境界，即学生听从自己内心的召唤行事。学生通过行事，已经认同班级文化，努力自觉践行着班级文化。

第四重，顶级境界，即学生权衡后，和谐协调地行事。学生以班级文化为指向，将班级文化内化为自己的行为，自觉而有效地克服了发展中的问题。

显然，班级文化建设的四重境界，正是由他律教育逐步走向自律教育的具体过程。四重境界，是学生有序发展的具体过程，是从有我的文化到无我的文化到认同班级文化再到执行融入班级文化的过程。

三、班级文化建设的功能

班级文化建设是通过教室环境的布置、活动的精心设计和开展、制度的建立和健全、舆论的积极引导以及班级内部各种关系的不断优化实现的。它能够营造出一种积极向上、不懈追求的班级风貌，其目的就是让学生在班级管理中受到熏陶和感染，从而形成积极的情感态度与价值观，从而将道德认识内化、升华为道德信念和道德理想。班级文化建设的功能就是：育人。具体说来，包括以下几个方面。

1. 导向功能

江泽民同志在全国宣传思想工作会议上，曾经讲过四句话："以科学的理论武装人，以正确的舆论引导人，以高尚的精神塑造人，以优秀的作品鼓舞人。"其中强调了舆论的重要性。

这里"舆论"不再是日常的、大家的言谈，而是一种富有文化内涵的用语，放到班级中，班级文化就是深刻的班级"舆论"。

班级是一个大熔炉，也可能是一个大染缸。在学生集体中，在一个有着优良班级文化的学生集体中，学生的思想行为是极易受到班级文化影响的。特别是在班主任的引领下，在正确的班级舆论引导下，班级为了加强文化建设，会通过确定班级目标、班风、学风、班级口号等让大家有一个共识，从而引导大家前行。班级还通过黑板报、图书角、名人名言警示牌，大张旗鼓地宣扬好人好事、道德模范、先进典型，同时大力批评那些错误的思想行为、歪风邪气，等等，以此引导着学生认识什么是"是"，什么是"非"，什么是"美"，什么是"丑"。思想认识到位了，行动就会跟上。

班级文化是一个班级进步的指南，它始终引导着全体学生向着正确的方向和道路前进。如果失去这一功能，那班级文化建设纯属虚假的、形式的和无效的。导向功能是班级文化的核心功能。

2. 熏陶、教育功能

苏霍姆林斯基说："无论是种植花草树木，还是悬挂图片标语，或是利用墙报，我们都将从审美的高度深入规划，以便挖掘其潜移默化的育人功能，并最终连学校的墙壁也在说话。"显然，班级通过加强环境文化建设，建成一道道文化景观，渲染出一种美的氛围，这不仅让学生得到美的享受，而且起到"润物细无声"的作用——深刻地影响、感染着学生的思想品德、行为方式和生活方式。

班级的教育功能对学生心理素质的培养具有引导、平衡、充实和提高的作用。这种教育功能不同于课堂教育，它虽是无形的，但又是无所不在的，就像"润物细无声"的春雨，滋润着学生的心田，陶冶着学生的情操，塑造着学生的灵魂。

3. 凝聚功能

前面我们已经强调过，班级实际上是一个大家庭，要让这个大家庭得到全面、和谐、高效的发展，必须用一种先进的班级文化来统领、协调、凝聚。如果五十个人有五十种想法，而且这些想法似乎都有道理，都代表着先进，那怎么办？这就要靠班级文化来解决问题，这就是班级文化的凝聚功能——理念认同、目标一致、行为同向。

班级文化是一种理想的黏合剂，可以有效地协调自己与同学、自己与老师、自己与家长等之间的关系，使各方彼此合作、同心协力、和衷共济，减少内耗和摩擦，增强凝聚力和向心力。而良好的人际关系是学生成长发展的保证，无时无刻不在影响着教育的过程和结果。班级文化的凝聚功能，能增强学生的主人翁意识，让学生之间更加友爱。在此影响下，他们会更加关心他人，关心集体，更加理解、热爱班主任、家长和科任老师，最终有效地将个人与集体凝聚在一起，将个人利益与集体利益凝聚在一起，个人与集体"同甘共苦"。个人对集体有一种归属感、认同感、使命感，就会"劲儿往一处使，心往一处想""我是学生，我是主人""我为人人，人人为我"，从而为班级的发展添砖加瓦。

4. 激励功能

班级文化一旦内化为学生的思想行为，就会产生巨大的力量，这种精神被传播出去，就会激发、调动班级内每个成员参与班级活动的积极性、主动性、创造性，使他们保持高昂的情绪和奋发进取的精神，积极投到学习和成长中。

文化的这种激励功能不仅表现在个人身上，还表现在整个班级的发展上。如果人人都受到班级文化的感染，那么，这个班级就会士气冲天，这是一种无形的精神驱动力。大家都会为了这个班，为了这个班的发展，为了这个班的每一个成员献出自己的一切。

文化的这种激励功能还会影响到与班级、同学相关的人，如当一个孩子接受了班级积极向上的文化后，他不仅在班级表现上积极向上，而且这种努力向上还会被带到家中，家中成员也会被影响，变得向上，并反作用于孩子，会让孩子更加努力，从而将文化的正能量最大地发挥。

5. 约束功能

"没有规矩，不成方圆。"一个班级为了成长必须有一个能够约束学生言行的制度——哪些可做，哪些不可做。如果没有约定，那不成一盘散沙了吗？这就是制度文化的功能。

班级制度文化建设是根据学校和班级实际，经所有同学讨论通过后共同制定的"公约"，对全班师生的言行举止都起到约束的作用，从而使师生日常行为规范化、具体化、制度化。

班级制度文化建设，使每个学生时时在一定的准则规范下自觉地约束自己的言行，朝着教育培养目标发展。事实上，这种约束功能还不局限于学校、班级，它还能够延伸到社会，在学校、班级里形成的现代公民所应具备的法制意识和法治精神，让学生走进社会后自觉养成遵纪守法的习惯。

四、班级文化建设的基本原则

1. 国本化

所有的班级文化建设必须遵循国家法律，符合国家要求，体现国家意志。这是班级文化建设的一个底线，不可动摇，不能更改。因为我们培养的学生，是建设中国未来的接班人。

2. 班本性

所有的班级文化建设必须从本班实际、本班学生实际出发，从学生的生理特征、年龄特征、思想基础、学业水平出发，以班为本，以生为本，体现班级特色，体现学生要求。

3. 前瞻性

班级文化建设必须有超前意识，走在时间的前面。用先进的文化引领着学生前行，不仅要做到与时俱进，更要百尺竿头，更进一步。

4. 实践性

即班级文化建设是实实在在的，不是虚无缥缈的，不是空中楼阁，也不是表象的，这就需要我们设计方案、提供机会，让学生在实践中认识、理会、内化、施行。

5. 协调性

即班级文化建设要协调好多方关系，如各种建设载体的关系、当前文化建设与终极文化建设的关系、重点文化建设与一般文化建设的关系，只有协调一致，才能和谐发展。

6. 创新性

即班级文化建设不能只停留在已有文化之上，而是要与时俱进，引进时代活水，不断改变、充实、完善、创新已有班级文化，使之更富有生命力。

五、班级文化建设的注意事项

1. 要虚实结合

文化是一个高位、上位的东西,说远也近,说虚也实,说看得见却摸不着。对此,很多班主任要么将班级文化设得很高,让学生难以触及;要么设得很低,让学生一做就达:这都是不正确的。班级文化建设既要脚踏实地,又要仰望星空。脚踏实地,就是一定要贴近学生、贴近班级、贴近学校,要求具体可行,操作性强;仰望星空,就是定位要高,格局要大,眼界要宽,但又不能过高、过大、过宽,要"跳一跳,摘得到",而不是"不用跳,就摘得到",也不是"无论怎么跳,就是摘不到"。

2. 要狠抓起始

很多班主任认为班级文化建设是长期的事,故开始抓得松,这是一种错误的做法。凡事都要讲究策略,文化建设亦然。俗话说,"好的开头是成功的一半",我们应该在开学的第一天就开宗明义,让学生明白班级理念、目标、班风、学风、班训等。同时,出台相关的规章制度,让学生学习、记熟。事实上,第一天就是文化教育的最佳时机,因为学生第一天最具有新鲜感,学生第一天最求上进,学生第一天最容易接受文化教育,此时教育效果才最好。

3. 要人人参与

大家的事情大家做,班级文化的建设必须让与班级有关的每一个人都参与,包括班主任和全体同学,还应该包括科任老师,甚至包括学生的家长。当然,这需要班主任引导学生家长,让他们成为班级文化建设的支持者、建设者。

千万不能忽略科任老师的参与,如果没有他们的参与,班级文化建设就不全面,因为科任老师的一切行为也要服从于班级文化,这样班级文化教育才能一致。如果没有大家的共同参与,班级文化建设就不可能取得成功。

4. 要不断完善

任何一个人的知识和能力都是有限的，班主任也是如此。而班级文化的创建却是无限的。如何使班级文化建设更加富有成效，更能与时俱进？这就要求班主任在班级文化的建设中做到开放、包容。特别是那些在班级文化建设中与时代不合拍的，不适合学生发展的落后文化，班主任一定要引起重视。同时班主任要想方设法地进行改进，不断学习先进的班级文化，不断地改造不合时宜的班级文化。这样，班级文化才能最终生根、发芽、结果。

5. 要坚持不懈

班级文化是班级全体成员在长期的学习生活中形成的。入学时，学生彼此不会认同，这就需要用班级文化来统领他们，但短时间内岂能办到？这就要求班级文化建设必须一步一个脚印，由表及里、由外而内渐进地进行。事实上，班级文化建设也不是一帆风顺的，不是绝对的预设，而是有诸多的生成。这就更需要班主任在班级文化建设中持之以恒，不气馁，不懈怠，做好打"持久战"的准备。

6. 要突出重点

在班级文化建设过程中，一定要按照计划、按照实际有重点地实施与推进，千万不能一哄而上，什么都讲，什么都干，什么都做。胡子眉毛一把抓，到头来，很可能丢了西瓜得了芝麻，甚至最后连芝麻都失去了。也就是说，班级文化建设急不得，应一步一个脚印，一次一个重点地慢慢来，待成功了，再向前推进。但这并不是说，不能完全同时进行，而是说，同时进行时重点要突出，为推进后面的文化建设奠定基础。

六、班级文化建设的设计与策划

和企业文化建设一样，班级文化建设也是需要设计的，就像建造一座大厦，必须有图纸，有科学的论证，有前期的准备，有全面的统筹，只有这样，才能做到胸有成竹，才能做到有的放矢。设计和策划是班级文化建设的基础工程，这一工程关系到班级文化建设的全面推进。

班级文化建设设计和策划的重点工作就是制订好《班级文化建设方案》(有时也叫《班级文化建设设计方案》或《班级文化建设策划书》)，说法不一样，但内涵差不多。《班级文化建设方案》通常包括标题、序言、主体、附属四个部分。

1. 标题部分

特殊标题可以有两个标题，即正标题和副标题，一般副标题表明主要内容。(标题是综合概括所述文化建设内容，进而高度表述文化建设的意义、价值、内涵的句子，一般要用修辞格，可一句，也可两句，两句一般对仗。)

一般包括两类：一是总体文化建设方案，如《××学校××年级××班级文化建设实施方案》；二是专题文化建设方案，如《××学校××年级××班级××文化建设实施方案》。

2. 序言部分

主要是对班级文化建设的相关背景、班级文化建设的总体要求、班级文化建设的价值意义的有关说明。一般最后一句都要写上一句"特制订班级文化建设实施方案"。

3. 主体部分

这一部分是整个设计方案的核心和关键，关系到整个方案实施成功与否。所以，这一部分在设计和撰写时一定要考虑全面，统筹兼顾，细致周到，突出重点，注重科学性、操作性、可行性。

这一部分一般包括六个内容：

（1）创建思想。即说明班级文化建设是基于怎样的认识观、学生观、发展观。一般100字以内。

（2）创建目标。即通过创建班级文化最终让班级成为怎样的班级、学生成为怎样的学生，要富有概括性，一般不必细化，可以条文列出，也可以进行叙述。

（3）创建现状。即交代班级文化建设已取得的成效以及存在的问题，重点写创建的基础优势和可能阻碍文化创建的劣势。此处一定要实事求是，不能夸大，也不能缩小。

（4）创建项目。即几个方面的班级文化建设，通常有三个——环境文化建设、制度文化建设、精神文化建设。不仅要交代这几类，还要与前面创建思想、创建目标和创建现状前后呼应，交代几类文化创建的总体目标。

（5）创建措施。即通过哪些办法来实现上面的大目标和小目标，如何改进班级管理，促进文化建设目标的实现。一般创建措施有：布置好教室、培养班干部、召开好班会、开展好活动、制定好班规、设计好班报、处理好关系等等。

（6）创建安排。即具体创建行事历。这一部分是对创建措施的具体时间安排。一般细化到月，有时可以细化到星期。但在安排时，必须有重点，即有共建的文化内容，也有重点专题性的文化内容。班会、活动、黑板报、改选班干部等内容必须详尽，哪一周干什么事，一定要写具体，班会主题、活动中心、黑板报重点都要说明。

4. 附属部分

这一部分包括两部分：一是补充说明或附录，该点是对上面未能完全交代或说明清楚的问题作说明；二是落款，即交代方案时间。

以上只是方案设计的大致结构，并非每一个方案都是如此，班主任可以根据自己的理解和方案的具体内容来自行设定方案。特别是附属部分，有的根本就没有，因为前面都已经作了交代，没有必要再重复。

七、班级文化建设的主要内容

文化建设的内容很多，下面是我们常见的教育主题：

（1）生命教育、安全教育、交通教育。

（2）感恩教育——感恩父母，感恩老师，感恩社会，感恩国家。

（3）集体主义教育、协作教育。

（4）爱国主义教育。

（5）劳动教育。

（6）诚信教育。

（7）个性教育。

（8）惜时教育。

（9）文化教育。

（10）青春期教育、性教育。

（11）挫折教育。

（12）理想教育、目标教育。

（13）创新教育。

（14）禁毒教育。

（15）纪律教育。

（16）环保教育。

（17）节俭教育。

（18）责任教育。

（19）信心教育。

（20）礼仪教育。

（21）合作教育。

（22）尊严教育。

……

对这些教育主题的学习，我们可以并行化，系列化，也可以在某一点上做大做强，但都要根据国家、学校、班级和学生、学段实际进行调整。

班级文化建设的有效实施

前面已经分析了班级文化建设的有关理论，下面我们就围绕班级文化建设谈一谈班级文化建设的具体实施。

一、班级硬环境建设

1. 意义

所谓班级硬环境，是指在班级中看得见摸得着的实际环境，它能够直观展现在人面前。

好的班级硬环境建设能够在潜移默化中影响学生的行为，陶冶学生的情操，让他们的心灵受到启迪，让学生在不知不觉中发现美，欣赏美，创造美；学生也会真诚地与同学和老师相处，友好地进行竞争与合作。优良的硬件环境还会促使学生自发地加入建设班级文化的行列，使班级文化建设与学生的发展积极互动。具体意义有：

（1）有利于培养学生良好的学习习惯和学习风气。

（2）影响学生的思想情绪，使学生能积极主动地安排自己的学习活动，提高学习效率。

（3）扩大学生的知识面，培养他们丰富的想象力和创造力。

（4）为同学之间，教师与学生之间提供更多更好的交流活动条件，培养学生的适应力和自我实现能力。

（5）陶冶情操，满足学生对美好事物的追求和欲望，促进良好的民族性格的养成。

（6）增进学生对环境的感情，加强学生对环境的责任心，培养学生的社会责任感，增强班级凝聚力。温馨教室建设是构建和谐校园的有力举措。

（7）加强校园文化建设的有效载体。

（8）加强班主任专业化发展和教师队伍建设的有效平台。

2. 原则

（1）安全第一。

班级硬环境建设是一种显性的建设，是通过物、字、形等的物质达到对人的教育的目的，这就必然要使用到多种物品。在使用这些物品时，班主任必须禁用有毒的或不安全的材料和设备，例如强力胶、石棉、铁钉、挂钩等。换言之，班主任应该首先使用的是环保型的材料，像旧报纸、杂志、包装纸、牛皮纸、塑料袋、吸管、铝箔包等。

（2）全员参与。

班级硬环境建设必须充分发挥每一个学生的作用，只有让每一个学生都参与其中，他们才能受到感染与教育，才会感受到硬环境对自己的影响与帮助。但这种参与不是无意识的，而是在班主任的引导与指导下进行的，有特长的学生固然能够帮助多一点，没有特长的学生也能够尽自己所能为建设服务。班主任绝对不能大包大揽，要让学生去做，即使做不到位也不要紧，只有他们参与了，他们才能真正有收获。

（3）统筹策划。

班级硬环境建设是逐步进行的，不是一蹴而就的，是需要不断地完善的。所以，作为班级硬环境建设的责任人，班主任必须对整个班级硬环境建设进行统筹与策划。在开学初、期中、期末、学年末等时间段里，如何一步步地进行建设，先进行什么方面的建设，再进行什么方面的建设，最终达到什么目标，班主任要十分清楚。在这里，开学初的建设最为重要，但也不要求一步到位，应该在两个星期内，通过大家的共同参与和布置，建设好相关项目。

（4）围绕中心。

班级硬环境建设必须切合班级发展目标、班级发展思想，必须围绕班级长期和近期主要工作来进行，应该留白或具可替代性，以便不断地充实与丰富。

（5）突出重点。

班级硬环境建设并非要面面俱到。每一个阶段都有其重点，开学初的重点是基本建设，形成基本的文化氛围，提出基本的目标与要求，并最终能体现在班级的硬环境建设中。在学期中，一定要围绕学校、班级的重点，特别是学习、纪律、卫生等方面有的放矢地进行建设，完善制度、加强考核，最终通过各种上墙公示的检测表来检测，最终实现重点突破，全面提升。

（6）符合学生、学段特点。

班级硬环境建设一定要依据学生的身心发展特点来进行，要符合学段的要求。小学有小学的要求，中学有中学的要求，大学有大学的要求，如小学低年级硬件环境中的文字就不能纯粹是所谓的文字，有时文字下面必须附上拼音;而初中、高中阶段,随着学生认知阶段的上升,建设内容可以抽象化或国际化。

3. 内容

(1)卫生与整洁:地面、墙壁、屋顶、桌面等。

教室卫生是一个班级的外套,是整个班级形象的外表,从中可以看到班级的班风、学风、管理、思想、素质等。所以,加强班级卫生建设应该是班级硬文化建设的基础工作。

如何使教室卫生整洁起来呢?很多班主任为此大伤脑筋,有的班主任每天派人看护,一发现不干净就立即打扫,我以为,这是在做表面文章,学生并没有因此具有卫生意识。要想使教室卫生保持干净,我们可以从以下三个方面来抓:

首先,必须树立卫生不是打扫出来的,不是捡出来的,而是保持出来的观念。只有每个学生都树立起主人翁的责任感——"教室就是我的家",养成保持干净卫生的良好习惯,我们的教室才能干净整洁。

其次,班级要有一整套卫生考核制度,要推行一个"包"字,即要把卫生分区包给每一个学生,让学生对自己的行为负责,对他人的行为负责。其中,要突出一个"比":比谁不打扫,即比谁一个星期、一个月不打扫,自己所分包的区域始终是干净的。在"比"的基础上,班主任还要进行"奖"与"学",以便引导学生具有保持班级卫生的正能量。

最后,要在全班形成风气,班级无扫帚,班级不打扫,人人都自觉,个个都维护。如此,让每一个学生都成为班级卫生的建设者和维护者,使得学生无论在什么时候都保持教室的整洁,不乱扔纸屑,卫生工具都排放整齐,最终这可以对每一个学生都起到教育与培养作用。

(2)布置:特色角、各种制度、各种标语、学生作品栏、意见箱、荣誉榜、与教育教学和学生身心发展相关的最新信息、其他物化布置等。

只要是班级都是有布置的,有的是学校规定的布置,更多的则是班级自己的布置。这种自己的布置,有的是班主任独自的布置,有的是班级学生积极参与的布置。好的布置,让人赏心悦目,起到添砖加瓦的作用。这里的布置包含了很多方面，这些方面必须协调一致，共同发挥作用。在这里，我重点谈一谈如何打造特色角。

特色角，就是从班级教室内划出一定的区域，使之成为专门做某项工作的平台。特色角的创立，可以让某项工作得以持之以恒地进行，从而收到一定的成效。例如：

①"积水成渊"图书角——角名出自"不积跬步，无以至千里；不积小流，无以成江海。"这个图书角有平均每生三本书的图书柜，有好书介绍，有好文推介，有读书感言，有读书之星。

图书角应该是每一个班级都重点建设的，特别是在打造书香校园、书香班级的今天，更是如此。图书角是班级学生学习百科知识、交流学习心得的最佳场所。在学校，学生一个人的课外书籍毕竟是少的，但将大家的书籍整合起来，数量是相当可观的。同学们把自己购买的课外读物带到教室，交给班级图书管理员，由图书管理员登记造册、分类摆放。大家随心所欲地阅读自己喜欢的散文、童话、传记及各类名著。班级的阅读资料共享，既丰富、拓宽了学生的知识面，增进了学生之间的友情，也增强了班级的凝聚力。班主任一定要高度重视，不管你是不是语文老师，都应该如此，千万不能因为你是理科老师而忽视对图书角的建设。

②"滴水穿石"学习角。这里有先进生榜，有进步生榜，有学习事迹栏，有决心书。

③"水到渠成"艺术角。这里有书法展示栏、绘画展示栏、摄影展示栏、手工制作和科技小制作展示栏。

④"水乳交融"生活角。这里有班级评选出来劳动先进、礼仪先进、节约先进、助人先进、孝敬先进、尊师先进、规范先进、做操先进、运动先进、待人先进、爱护公物先进，等等。

⑤"饮水思源"感恩角——角名出自名言"滴水之恩，当涌泉相报。"这里有感恩故事，感恩名言，身边感恩学生，感恩作文，感恩行动计划。

⑥"打开天窗"自评角——"批评与自我批评""表扬与自我表扬"的平台。该自评角提倡同学间打开天窗说亮话，不将矛盾带回家，做个堂堂正正、光明磊落的人，做个能够既看到自己的问题也看到自己的优点的人。

另外，我们还可以建立一个绿化角，让同学们种种花，养养草，这不仅美化教室环境，更陶冶学生的情操、性情；还可以建立卫生角，更有助于班级卫生管理。

（3）各种文宣：班风、班训、学风、班级口号、班级学生个性展示空间等。

不可否认，这些文宣都是占地方的，但我后面要讲的"班级个性文化建设"中很多内容都要通过在教室墙壁上张贴文字来体现，这时候班主任就必须对班级空间进行统筹规划——文宣张贴在何处，多大位置，字体如何，什么颜色，等等。

这里，我讲一下个性展示空间的布置。在教室一角设立一个学生个性展示空间，主要展示学生的得意之作，如精美的手抄报，优秀的书画作品，充满生机活力、富有鲜明个性的作文和日记及学生喜欢的名言警句等。这里充分展示着学生的个性风格，学生们从中品尝到收获的喜悦，领略到成功的甘甜，才艺得到了发挥，信心得到了激发。这一个空间，不宜太大，一定要集中，按时轮换；这个空间一定要在老师的指导下学生自己布置，老师不可越俎代庖。

（4）各种贴表：课程表、作息时间表、值日生轮值表、扫地区域分配表、班会议程表、班级干部一览表、班上同学遵守或违反班规的记录表等。

每一个班级都有很多的表格，这些表格对学生的成长很有必要，但一定要注意不能杂乱无章。这些表格一定要由专人负责，不能只做样子，否则占地方却起不到作用。还有，这些表格要定期更换。所有的表格，都要经得起推敲，不能随便上墙，不能随便画两根线，要正规。

（5）黑板报。

在班级硬环境建设中，黑板报是一项重要的内容。它能够发挥学生的特长，利用课本资源。出黑板极既能锻炼学生的绘画能力，又能提高学生的书写能力，同时也可以发挥学生的丰富想象力。黑板报的内容应经常更换，并由学生自己策划、排版。另外，应鼓励学生根据墙报主题的需要，自己从课外搜集内容，例如：文明礼仪歌谣、名人故事、感恩教育、环保教育等。做墙报既能锻炼学生的动手能力，又能使学生开阔眼界，陶冶情操。在此，我强调几点：

黑板报坚决不能挪作它作，如用来出文化学科的作业题，用来让学生默写，用来让学生课堂板书。班主任一定要把黑板报当作一个对学生极为有效的教育平台来用好，要发挥大家的智慧与力量，务必组织学生不超过两个星期更换一次，这种更换，不是随心所欲的，而是有计划的、有针对性的更换。更换了之后，还必须引导学生学习、理解、消化，千万不能熟视无睹、漫不经心。再就是黑板报重点不是图画，而是文字，一切要围绕着确定的主旨寻找内容或自写内容，这样，让学生在出黑板报的过程中，真正获得长进。

在班级教室硬文化建设中，我们还应该充分利用门窗来进行班级文化建设：前门，我们可以亮出班级的名称、口号、班主任寄语；后门用来张贴班级里的每周之星，以喜报的方式让表现出色的孩子起到榜样作用；室外，我们可以利用空白，对本班好人好事进行宣传，也可以张贴一些体现本班特色的宣传图片或资料，让别人了解本班，让家长走进本班，让本班学生为本班自豪。

在班级教室硬文化建设中，我们还要合理填补墙壁的"空白"，如：教室后面黑板的上方可以挂上班级的班训，鲜艳醒目；两侧的墙壁可以贴一些字画，如班级格言或激励学习的名言谚语等；还可制定班级公约（爱的约定）贴在教室一角。制作精美的班训、班级格言、班级公约悬挂在教室的墙壁上时，不仅增添了教室的文化氛围，更激发了学生学习的灵感，启迪了学生的智慧。但要注意的是，教室的布置不能乱，应使各个部分都和谐统一起来。

实践证明，学生生活在这样一个书香四溢、幽雅宜人，又不失生机勃勃的环境中，是"未成曲调先有情"。优美的班级硬环境建设，能使学生在不知不觉中、自然而然地受到熏陶和感染，给他们增添无穷的学习和生活乐趣，同时也带来希望和活力，有助于陶冶学生的情操，培养学生正确的审美观，使班级形成强大的凝聚力和向心力，激发学生热爱学习、热爱生活、热爱班集体的热情。因此，我们要充分利用班级现有的物质条件，不断深入开发新的资源，加强班级物质文化环境建设，使班级里的各种物化的设施都能体现班级的个性，把教室建设成一个"愉悦的场所"。

当然，建设好班级硬环境，只是给这个班级做了一件好看的外衣，班级真正的精神体现在班级的软环境之中。

二、班级个性文化建设

1. 建设意义

所谓个性文化，就是人无我有，人有我优，人有我特，人特我尖，人尖我奇。当然，也可以是人家都有，我没有，但我有他班没有的文化。

班级个性文化是班级文化的一个重要组成部分，通过建设与打造班级个性文化，展示班级个性，体现班级特色，突出班级自我，从而增强凝聚性，体现创造性，让学生更加爱班、爱师、爱同学。

2. 建设原则

（1）全员性——班级个性文化建设不是班主任一人说了算的，不是一人设计的，不是一人打造的，而是充分发挥了班级所有教师和所有学生的作用共同建设和打造的。

（2）引导性——在班级个性文化建设中班主任和科任老师必须全程参与并起主导与引导作用，让其有序地向着科学的、先进的方向发展。

（3）激励性——班级个性文化必须具有激励作用，让每一个学生从中感受到班级文化的魅力与特色，从而激发学生自觉地参与其中，并不断地促进自身发展。

（4）通俗性——班级个性文化需要通过文字来表达、来体现、来落实，这时的文字就不简单了，而是要富有内涵与特色，因此必须做到通俗易懂，朗朗上口，易于记忆。

（5）一致性——由于班级个性文化内容较多，范围较广，这就要求班主任必须围绕着班级发展主旨来有序展开，让各种个性文化前后一致，避免彼此冲突，相互碰撞，要相互补充，共同发挥作用。

3. 建设内容

（1）班级简介——班主任要通过对班级整体情况的大体介绍，让全班老师和同学，让学生家长，让外班教师和同学更好地了解班级现状，从而使学生更

加全面地了解班级、热爱班级、服务班级,共同为班级的成长发挥作用。班级简介宜细、实、准,不能大、空、虚。如:

①2010年9月1日,34名可爱的孩子在小学一年级(4)班相聚,从那天开始我们便组成了一个学习的集体。如今我们已经是三年级的"大"学生了。我们现在的三年级(4)班是一个团结向上、学习成绩优异、积极进取的集体。我们朝气蓬勃,勇往直前,风雨无阻,在班主任迟老师的带领下,三年(4)班已经有了很大的起色。相信在今后的学习中,我们三年(4)班一定会更加努力,在思想上、学习上积极进取,团结拼搏,在学习以及各项活动中取得优异的成绩。

②一个因友好而团结,因团结而努力,因努力而奋斗的集体——初三(1)班,由17名男生和18名女生组成,充满活力的我们相信,用自己的智慧、勤劳和团结一定会创造一个良好的班集体。

③2014级(5)班(文科)现有56人,男15人,女41人,寄宿生43人。它是一个温馨团结、和谐统一、健康向上的班集体。我们秉承"志存高远、追求卓越"的校训,在思想上:统一协作、执著追求、永不言弃;在学习上:刻苦钻研、互相竞争、共同协作、相互提高;在生活上:和睦相处、互相谦让、友爱互助。一路走来,从开始的浮躁不安到现在的沉着冷静,每一个同学都在不断变化,不断成长。在学校组织的各项活动中表现优异,分别获得"校优秀团支部"、校运会"体育道德风尚"和"入场式最佳方队"称号等多项荣誉。现在我们正朝着自己的目标,在不断地努力和拼搏着,正如那响亮的口号"亲密五班、合作无间、非比寻常、五班最强"!

这三则班级简介一个小学的,一个初中的,一个高中的,都很具体,班级序号、学生个数、班级目标、班级信仰等等一目了然;同时,语言充满了激励性、引导性、向上性。特别是第三个,将很多需要了解的班级内容都呈现了出来,具体可感。

(2)班主任寄语——就是班主任对全体学生一学年或三学年的期盼、愿望等。这种寄语是与学生心与心的交流,是对学生的爱护,是学生成长的指向。这种寄语应包括最起码的规范与规则,更要包括今后一段时间的发展路径与目标。可以是一句话,也可以是一段话,但不宜过长,要好记好懂,有内涵。班主任必须认真准备，用心思考。如：

①每朵花都有自己的香气，每朵花都有自己的美丽。努力做好自己，散发出最美丽的香气。

②远大的理想在这时孕育，高尚的情操在这时萌生，生命的辉煌在这时奠基，良好的习惯在这时养成。光阴易逝，韶华有限，青春靓丽，正当立志奋发时！

③只有一个忠告给你——做自己的主人。拼搏无极限，相信机会是创造来的，不是等来的。

（3）班名——此班级名称非以序号为主的名称，而是一个形象的称号，体现班级的特色与追求，就如同自己的名字一样，富有一定的内涵，寄寓着一定的希望，体现着一定的思想，表达着一种特别的含义。班名、班级口号，每次活动时都要被喊出，因为它们是本班特色的体现，所以务必掷地有声，深刻响亮，催人奋进，震撼人心。如：

①传志班——传承理想、志向的班级。

②后鲁班——弘扬鲁班发明精神的班级。

③独秀班——一枝独秀、形成特色的班级。

④丝竹班——丝竹声声，伴我成长！

⑤超级子弹班——百炼成钢，任我飞扬。

（4）班级吉祥物——运动会都有吉祥物，班级也可以设计吉祥物。班级吉祥物是能给班级带来吉祥、好运的人、动物或某一个物件。吉祥物一定是一个物，或是一个物的变形，此物一定与班级的某种理念一致，具有某种深意。如：

①海燕——象征乐观、勇敢、无畏、自信、成功，寓意班级是一个充满乐观主义精神，积极勇猛，不怕失败，奔向成功和光明的班级。

②向日葵——向往光明之花，象征着健康、快乐、活力，寓意班级像向日葵那样永远朝着太阳，充满信心，朝着希望不断进发！

③麒麟——纯洁和美丽的象征；善良、淘气的生灵。它有美丽的角，一双眼睛滴溜溜地打转；它有像小牛一样粗壮的腿，在森林里自由自在地奔跑。它寓意班级也能像它一样活泼、可爱、善良，充满灵气、自由自在。

（5）班级目标——也称之为班级愿景。它是指班主任与学生共同确定班级总体目标，然后将之转化为小组目标和个人目标，使其与班级总体目标融为一体，形成目标体系，以此推进班级管理目标的实现。如：

①做人诚心，学习细心，友情真心，生活开心！

②公平、团结、和谐、上进。

③勤、孝、礼、善、诚。

（6）班级誓词——班级所有学生一道起誓的言词，是班级的许诺。这种誓词将所有学生团结在一起，共同为班级发展而努力，从而有利于增强班级的凝聚力，增加班级的正能量。如：

①我自豪，因为我是四（2）班的一员。我坚信，我会成功，因为我不言放弃。我们，为了自己的理想而拼搏。我们，为了父母的期望而努力。我们，不能辜负老师的辛勤。我们，不能辜负学校的嘱托。我自信，我要表现自信，展示出自信的样子，以微笑面对每一个人，以微笑面对每一天。

②为了我班和我的成功，我宣誓：忠实于班级利益，维护班级荣誉，加强班级团结，吃苦在前，享受在后。我们是想当将军的士兵，我们是想当状元的学生，我们用奋斗捍卫尊严，我们用汗水浇灌成功，顽强的意志可以征服世界上任何一座高峰，没有比人更高的山，没有比脚更长的路，我行！我行！我能行！

③为了父母恩重，为了师生情长，用顽强的拼搏打造理想，用无悔的汗水浇灌希望。一千天，卧薪尝胆，三十六个月，奋发图强，持之以恒的积累，石破天惊的畅想。举胸中豪情，倾热血满腔。与雷霆碰杯，同日月争光。我发誓——子弹上膛，一发中的；我发誓——弯弓搭箭，百步穿杨。苦战三年，名题金榜上。笑傲同学中，再圆青春梦。

（7）班风——班集体舆论，它是班集体生活与成员意愿的反映。班风是一种巨大的教育力量，对班集体每个成员都有约束、感染、同化、激励的作用，是形成与巩固班集体和教育集体的重要手段。一个班集体只有形成了正确的舆论导向才能向深层次发展。班风绝不是只写在墙上就能形成的，而是在日常的工作与特定的活动中形成的，所以，班主任可以通过讲清道理、树立榜样、严格要求、反复实践等来培养与树立良好的班风。如：

①我们永远是团队。

②尊重、信任、理解、团结。

③时时认真,事事认真。

(8)学风——学生在长期的学习过程中形成的一种相对稳定的学习风气与学习氛围,是学生总体学习质量和学习面貌的主要标志,是全体学生群体心理和行为在治学上的综合表现。学风既是一种学习氛围,同时又是一种群体行为,不但能使学生受到潜移默化的熏陶和感染,还能内化为一种向上的精神动力。学风的构成要素有学习目标、学习态度、学习纪律、学习方法、学习兴趣、学习效果。如:

①苦学、勤思、严谨、好问。

②学无止境,永不懈怠。

③敏而好学,不耻下问。

(9)班级口号——口号,现代多指供口头呼喊的、具有纲领性和鼓动性的简短句子。口号往往带有很强的倾向性,它的引导和鼓动作用十分明显。班级口号就是班级中每一个师生都耳熟能详、能够记得并充分理解的、促进每一个师生成长与发展的简短有力的句子,它是班级的名句。如:

①我为人人,人人为我。

②班级是我家,成长靠大家。

③事事尽心,处处文明,人人进步,个个快乐!

④肯定自我,创造自我。

(10)班级座右铭——"座右铭",本指古人写出来放在座位右边的格言,后泛指人们激励、警戒自己,并作为行动指南的格言。班级座右铭,就是激励、警戒整个班级所有同学行动的格言。如:

①做最好的自己。

②成才比成功更重要,成人比成绩更重要。勤思比接受更重要,会学比学会更重要。

③书山有路勤为径,学海无涯苦作舟。

(11)班歌——班级所有学生都能唱的体现班级形象和尊严及发展的歌曲。通过唱班歌,能够更好地树立班级灵魂,加强学生团结,实现共同成长。班歌的内容来自三方面：一是引用。如引用《水手》的词，用来激励我们遇到挫折必须挺住；引用《爱拼才会赢》，用来引导学生在成功的路上努力拼搏；引用《幸福在哪里》，让学生知道幸福不是享受，而是奋斗。二是修改。即用原来的歌谱，改用符合班级称号的歌词，歌词由师生共同创作，歌词中应包含着丰富的内容——班名、班级口号、班训、班级建设目标、班级的各项活动。三是请人谱写或班主任谱写。选择和创造班歌的过程，就是一个凝心聚力的过程。为了使班歌演绎得更具有感染力，班主任可以制作MTV伴奏带，将班级的各项活动照片融入其中，歌词则随着旋律出现在屏幕上。如果全校都有班歌，学校可以举行比赛。班歌体现了班级精神，又展示了班级学生积极向上的豪情，对学生的教育起着激励作用，对学生的影响也是巨大的。特别是六年初、高中下来，学生可能记得最清晰的就是班歌了。如：

①《真心英雄》《感恩的心》（引用）。

②《隐形的翅膀》（改用）——每一次用心迎接美丽的曙光，每一次在克服困难后得到成长，让我们带着希望扬帆起航，带我飞，飞过海洋。用心聆听着教室琅琅读书声，我看见懵懂的少年渐渐地变化，让我们带着希望扬帆远航，带我飞到达远方。我终于看到眼神焕发的光芒，求知的欲望，追逐着夕阳。我终于微笑向着太阳出发，蔚蓝大海等待我们起航。

③《快乐120》（创作）——相聚在天中，我们欢聚在一起，快乐120，幸福我你！铃声响叮当，我们精神多欢畅，这里生活真快乐，把幸福歌儿唱，嘿！叮叮当，叮叮当，铃儿响叮当，我们青春多快乐，我们歌声多嘹亮。叮叮当，叮叮当，铃儿响叮当，上课铃声响起来，我们快速进课堂。叮叮当，叮叮当，铃儿响叮当，120的我们啊，我们人小志气昂。叮叮当，叮叮当，铃儿响叮当，同学你好老师好，我们礼貌赢赞扬。叮叮当，叮叮当，铃儿响叮当，120的我们啊，我们人小志气昂。叮叮当，叮叮当，铃儿响叮当，同学你好老师好，我们礼貌赢赞扬，1—2—0嘿！

（12）班训——班训与校训意思差不多，只不过范围缩小，一个是班，一个是校。班训是一个班级所有师生共同遵守的班级基本行为准则与道德规范，它既是班主任治班理念、治班精神的反映，也是班级文化建设的重要内容，是一个班级教风、学风、班风的集中表现。如：

①真、正、争。

②让八（2）班因我而精彩！

③自信、自律、自尊、自强。

除了上面所讲的这些具有个性特色的班级文化，还有班旗——依据班名序号变化而设计的代表班级的旗帜；班级精神——用具有感染性和激励性的语言使班级全体师生具备某种精神（如用《七律·长征》，让师生具有红军的那种不怕艰难、勇往直前、乐观自信的精神）；"班花"——班级代言人，不一定是形象最美的学生，而是最能代表班级形象的人，可以综合一人，也可单项多人；班级价值观——班级学生共同追求的某种发展价值（如追求卓越，超越自我）；班服——具有班级特色的学生服装；班级全家福——班级中每一个学生提供一张最具特色的照片合成一张，或各自摆出富有个性的造型后拍成的一张张照片；等等。

4. 建设要求

（1）让大家想，让大家思，共同出主意，集思广益。

（2）让学生说，让学生议，让学生理解，让学生背诵。

（3）每人印制一份，张贴在自己桌子前方，时刻记着，时刻看着。

（4）张贴在班级醒目位置。

（5）家长通过校信通知晓，配合教育。

（6）科任老师知晓，配合教育。

（7）引导班级干部时常对照，引导学生时常对照。

此名称虽然是虚的，但行动却是实的，一定要将此列入对班级学生的考核。

三、班级制度文化建设

"不以规矩，不成方圆""国有国法，家有家规""四时运行不悖，则天地位焉，万物育焉"无不说明了加强制度、规则建设的重要性。班级管理同样如此，也必须有严格、有效、科学的规章制度。

班级规章制度是学生在学习、工作、生活中必须遵守的行为准则，它具有管理、控制和教育的作用。班主任通过制定规章制度，使班级各项工作有章可循，有条不紊，以避免盲目性和随意性；通过贯彻规章制度，培养学生良好的行为习惯以及形成优良的班风。

如果班主任不能及时地、系统地、有计划地对学生进行行为规范教育，让学生知道自己在课堂上、在阅览室里、在餐厅里、在宿舍里、在两操中、在家中、在社会上、在学习中、在与人交往中应该做什么、应该怎么做，那么以后的班主任工作就很难顺利地开展下去，就不能形成良好的班风与学风，学生就不能得到较好的发展。开展以贯彻班级规章制度为核心的常规管理，是班主任工作的重要内容之一。

1. 制定班级制度的意义

（1）使行为举止等有规可循。《论语·尧曰》篇说："不教而杀谓之虐"。通过班级制度的制定与实施，可以让本来具有"天性""无法无天"的学生能够有明确的行为规则，规范自己的行为，减少主观情绪的影响，避免动辄得咎。

（2）促进学生成长与发展。班级管理的终极目标之一就是要促进学生的学习，达到既定的教学目标，将学生培养成德、智、体、美均衡发展的健全的人，使学生养成良好的学习、生活、处世、为人的好习惯，为其以后走上社会奠定良好的基础。无疑，班级制度的执行与实施对学生的发展起到举足轻重的作用。

（3）形成强有力的班集体。所有的班主任无不希望自己所在的班级积极向上、富有朝气与理想、有极强的班级凝聚力和执行力，军令如山，一切行动听指挥，在各种比赛中，个个都能充分发挥，为班级增光添彩。要做到这些，建立起强有力的班级制度是一个前提。

2. 班级规章制度的组成

（1）由教育行政部门统一规定的有关班集体与学生管理的制度，如"学生守则""日常行为规范""体育锻炼标准"等。

（2）由学校根据教育目标、上级有关指示制定的学校常规制度，如考勤制度、奖惩制度、课堂常规、作业要求等。

（3）由班集体根据学校要求和班级实际情况讨论制定的班级规范，如班规、值日生制度、考勤制度等。

3. 班级制度制定的原则

（1）一致性。即班级制度必须与国家教育的大政方针一致，与学校规章制度一致，与班级文化建设一致；班主任与学生一致，教师与学生一致，学生干部与一般学生一致——也就是在班级制度的执行上，大家既是制定者，也是执行者，没有一个是特殊的阶层，制度必须针对每一个学生，必须为了每一个学生，不能有区别，不能有不同，制度面前人人平等。制度之下，没有特殊。

（2）民主性。即班规的制定必须人人参与，自下而上。也就是说，充分尊重学生，让学生参与制定班规，这样更能培养学生的主人翁意识。因为班规的执行，最终是学生自己去执行，当然教师必须引领。只有"从学生中来到学生中去"的制度才具有生命力，才有实效性。民主性的班级制度不是班主任一人说了算的，而是在其中起引领作用的班主任、科任老师和所有学生一起制定的，它针对的是所有人，不是少数人。

（3）引领性。即班级制度必须有领先性、超前性，一定要吸纳一些先进的东西，不能是陈词滥调，一定要反映当前和今后一个阶段可能出现的问题并能够杜绝。要能符合现行社会发展要求，要符合新课改的要求，要符合学生发展状况，不能束缚学生，不能压制学生，不能扼制学生，而应该是发展学生，促进学生，提升学生。

（4）竞争性。要让学生通过制度既改变自己，也能在与别人的竞赛中发展自己，找到自己的不足，发挥自己的特长，实现更好地成长。

4. 必须形成的几个制度

（1）班级公约。

班级公约是大家共同约定，共同遵守，全员参与，从而让每一个人共同为班级添砖加瓦的制度。班级公约需要学生来搭建，班主任来引领，也就是说，不能完全由学生来决定，而是班主任和学生共同制定。

班级公约既要有不迟到、不早退等基本规范，还必须有个人修养、处世交友原则、责任感恩等言行举止方面的培养目标，也就是要有发展方向。只有两者结合，才能做到既能保底，又不封顶，最终使班级公约既有约束力，又有指引性。

班级公约不可能面面俱到，更不能庞杂无章，应该重点在没有做到的地方做文章，大家已经做到的，可以少提。形式上要好记，短小精悍，简洁明了。班级公约要不断修改，不能一成不变。

（2）班级一日常规。

班级一日常规，是学生每天在学校里的行动指南，对于学生行为习惯的养成具有重要的作用。因此，班级一日常规要靠实，要细，要具体化，要可实施。它既要体现学校要求，也要体现班级要求，绝不能大而空。

（3）班级课内规则。

课内规则包括教师课内规则，学生课内规则。

（4）评优评先办法。

评优评先办法，我认为一定要坚持三条基本原则：一是各方面都优秀，且达到一定的标准；二是表现一直是稳定的；三是得到师生们的认可。

特别要注意，老师一定不能直接点名或暗示学生评选谁为优秀。评选学生不能规定名额比例。要把评选权公平地给学生自己、班级生活老师、班级学科教师。评价既要注重结果，更要注重过程。

5. 制度的制定程序

程序科学，制度才科学；程序正义，制度才正义。因此，制度的制定必须科学而正义。

（1）先让学生对原有制度进行讨论，把自己心中的班规写下来。

（2）小组讨论，把合理的制度保留下来，把不合理的制度淘汰掉，从而在小组内制定出一个规范来。

（3）由班长收集各小组制定的规范，由班干部进行第二轮交流，并把最后的结果，在班会上逐条读出来，让全体同学举手表决，最终形成完整的班级规章制度。

通过这三个层面来制定制度，在无形中形成一种班级舆论氛围，这有利于制度的执行，为班级的自主管理奠定很好的基础。

6. 制度执行的注意点

（1）制定只是第一步，执行才是最为重要的。班规的制定是一个方面，执行却是另一个方面。执行力是衡量一个班级是否高效的一个重要标志。为此，班主任需要精细入微地推进班规的执行，落实到具体的环节，落实到每一个人。要有分工，要有专人记录，要有统计，要有公布，要有奖惩，要有反馈，要有监督，要有整改，要有教育。

（2）制度是最底线，不是最高标准。

（3）允许学生犯错，让学生在犯错中成长。

（4）在实践中执行制度，在检查中检验制度，在评价中发展制度。

（5）班主任和科任老师不能只做制度的检查者，更要做制度的首要执行者，必须模范地执行，必须以身作则。

（6）执行制度必须做到规定性与灵活性相结合。要有区分度，加分与减分要有分数段。

（7）在具体执行班规时，还要做到刚柔相济，既要有强制性，又要有人性化，更要有个性化，一人一案，一人一法。

（8）必须持之以恒，千万不可前松后紧，朝令夕改，三天打鱼两天晒网。

四、班级组织文化建设

一个良好的班集体，应该有一个合理而有效的管理机构作为班集体的管理核心，也就是班委会、班干部，他们在班主任的指导下，领导班级集体独立开展班级的各项工作。一个班级是否有一支健全、具有良好素质和较强能力的班干部队伍，是衡量班集体水准的重要标准。建立一支素质高、能力强的班干部队伍，是开展班级工作，建设一个良好班集体的重要条件。

1. 对班干部理解的误区

（1）班干部是官。

很多班主任认为班干部是一个"官"，这在社会上很流行，于是为了培养学生，许多家长便"打洞钻眼"，想方设法地让自己的孩子去做"官"，班主任出于某种目的，也顺水推舟地让其做"官"，让其"管人"，让其在"管人"中发展自己。我以为这是一种极其错误的想法与做法。

我在前面已经讲过，从本质上讲，班主任都不是"官"，更何况是我们的班干部呢？我们不应该把班干部当作官，不能让社会上的一套进入纯净的班集体的建设与发展中，而应该让学生充分认识到班干部只是一种角色。班干部只是班级某一方面的负责人，是为大家服务的。学生是一种角色，班干部也是一种角色，他们都必须对自己的角色负责。推行班干部承包责任制，也就是要切实增强班干部的责任意识，这样一来，学生就会真正视班干部为自己的一个重要角色，促进自身的发展与进步。事实上，班干部只是班主任的小助手，科任老师的小帮手，这种助手和帮手，无非就是发挥学生的潜能，促进其发展。

（2）只有少数学生可以做班干部。

有人认为，班干部不是每一个人都能做的，有的人是做班干部的料，而有些人却不是如此，只会学习，只能被管理。果真是这样吗？

前面我已经讲过了人是有潜能的，特别是学生。学生的潜能确实不同，但从本质上来看，学生的潜能是多方面的，有的能够发挥，而有的未能得到发挥，究其原因是后天未能得到锻炼。教育不仅让学生获得知识，也让学生获得发展，特别是律己与待人方面的发展。所以，班主任不仅要让学生获得知识，也应该培养学生自我管理和管理他人的能力，要相信人人都是班干部，人人都能成为班干部，要为人人成为班干部提供平台。班主任对待学生必须一视同仁，不能因为学生家长是干部、是亲戚，有做干部的基础，就故意培养他们，而其他的学生却永远是一般学生。当班干部应该是所有学生的事，而绝不是极少数学生的事，只有让人人都参与班级管理，学生才会去热爱这个集体，才会为这个集体奉献自己的一切。而如果班级管理是少数人的事，大多数学生就会失去进取的希望——反正我不行，反正我得不到承认——有的甚至会破罐子破摔，最终学生得不到好的发展。

（3）"姜是老的辣"，班干部也是如此。

有不少班主任认为班干部应该从已有中选取，因为他们有经验，所以，在开学初，就从已有干部中选，这样轻车熟路，班干部不用培养。

我们以为，这是错误的。班主任这样做是懒惰的表现，因为起用新干部需要花时间来培养，而这不利于学生的整体发展，这是一种鼠目寸光的表现。

做班干部，绝对不能搞终身制，没有做干部经历，就注定不能做班干部？此文所谓"终身制"，一是指一次做了班干部，以后都是班干部；二是指做了某一班干部，始终是这一角色的班干部。这不利于学生的成长。我们应该打破"终身制"，应该让他们有多个经历，也就是说，要及时轮换班干部的角色。在轮换中，让学生体会各种角色的不易；在轮换中，班主任要及时进行引导与指导，使之快速适应。事实上，学生到了社会上，不是只有一种角色在等待他们，只有适应各种不同的角色，他们才能适应社会。

（4）做班干部是一种负担。

有不少班主任认为做班干部对学生成绩的提升是一种负担，特别是在"应试"与"考试"的大背景下，做班干部工作确实影响了学生，浪费了学生的时间，而成绩的好坏是与时间成正比的。这是一种错误的看法，如果天天学习，学生长期处于一种亢奋的状态中，最后搞得"精疲力尽""恹恹欲睡"，试问这样的学习效果好吗？如果能够让学生参与真正的管理，那实际上也是一种放松。再一点，班干部必须处于领先的地位，那就要处理好多个事务之间的关系，他们会逼着自己提高学习效率，最终实现"一举多得"，这岂不正是我们想要的？

班干部工作中最忌讳的是"挂羊头卖狗肉"，特别是六年级、初三、高三这些毕业班的班干部经常出现这种情况。这是一种不负责任的表现，班长只要喊喊"起立"即可，学科代表只是"捧捧本子"而已，学习委员只要学习好就行，其他委员更是有其名无其实。这些班干部名号只是作为对成绩好的学生的一种嘉奖、鼓励而已，只是作为他们进入上一级学校多出来的一个优势而已。班主任如果任由班干部这样做，就失去了设立班干部的初衷，是有悖学生发展的，是一种弄虚作假的表现。

2. 对班委会的作用要有充分的、正确的认识

（1）不能把班委会仅仅理解为教师的小助手，也不是帮助维护班级秩序的机器，也不是教师回报家长人情的办法，更不是对好学生的一种奖赏。否

则，班委会便成了一个为班级、为教师所用的工具，这样的认识太过浅薄了。我以为，班委会是班级学生中的一个群团组织，它不仅让学生掌握管理班级的本领，也让学生在管理他人的过程中，不断地丰富自己、认识自己、提升自己，促进自己综合素质的提高，它应该是促进学生成长的重要策略与途径。而成长是所有学生的事，所以不能只让少数学生得到锻炼和提高，而应该让所有学生参与，特别是一些所谓的"差"学生。他们在成长中有这样那样的短板，班主任更需要挖掘他们的潜质，树立他们的信心，更需要给机会，搭平台，促进步。班委会不仅抓学习，也抓纪律，抓思想，抓卫生，抓发展，抓提升。班委会所管的应该是一个小社会，尽管这与小社会还有一定的差距，但不管如何，这都可以促进其认识人，发展人，提升人。

对于班干部，我们不能将之看成社会上的公务员。我们的班干部，应该被看成是群团组织，被看成是学生成长组织、志愿组织。班干部是用来服务的，是用来成长的，是用来补充课堂教学成长不足的，是用来扬长补短的，是有责任的。所以，班干部要被重新定位。

（2）学生发展应该是双轨的：一是学习过程中的能力与素质的发展；二是管理过程中能力与素质的发展。每一个学生都应该得到管理能力与素质的发展，这是每一个学生的权利，也是学校和班级所应尽的义务，这绝不是少数学生的特权。有人担心，让"差生"管理，会让班级差起来。这要看班主任如何指导，如何评测，如何推进。有人认为，让"差生"管理是以恶治恶，这是更加错误的观点，这是制造"黑社会"的想法。事实上，"差生"在管人中也就懂得了哪些应该做，哪些不应该做，会从中悟出如何做人，如何行事。事实上，人就是在管人和自管中发展的。如果每一位学生都能自管了，都能被管了，都能管人了，那么哪一个学生得不到发展呢？

（3）凡岗位都应该有岗位职责，班干部同样应该如此，这种职责必须让大家都知晓，由大家共同制定、确认。这种制定与确认绝对不是少数人的事、个别人的事、老师的事，而是大家的事，因为每一个人都有可能成为这个岗位的负责人。有了岗位职责，还必须有相应的考核与评价，并及时地公示，这样一来，班干部就不敢马虎，就会不断地思考，从而更加尽职。考核时，成绩不能占主导，而应该看其为同学服务得如何，效果如何，在为别人服务之时，自己的发展如何。如果因为服务了他人，而让自己包括成绩在内的多个方面下降不少，那这样的班干部是应该被加强教育与指导的。

3. 各类班干部职责

（1）班长的职责。

①要对班级委员会负责。

②负责组建班干部队伍。对班级成员进行分工，明确职责。督促班干部做好本职工作，定期召开班委会，就班级工作中存在的问题进行讨论并提出解决方案，同时送交班主任和班委会。

③适时召开班会，充分发挥班干部的核心作用，研究制定和实施班级管理措施与方案，按时完成学校和年级下达的各项任务，不断增强班干部的主动服务意识和独立工作能力，切实保证班级的安定团结。

④组织和带领全体班干部管理班级各项事务，统筹安排，为全体同学提供优质的服务。班级日常事务主要包括：学习动态、纪律卫生、班容班貌、小组调位、班级财务以及课外活动等。

⑤加强纪律管理，建立严明的学习制度，努力营造良好的学习氛围，创造一个团结向上的先进班集体。

⑥负责组织全班同学按时出席学校和年段安排的大型活动并做好管理工作。

⑦收集和整理各班干部的意见、建议和方案，及时向班主任反馈班上同学的意见和要求，并将意见提交班级委员会和团支委讨论，以增强班级凝聚力。

⑧对班委会产生不信任时可以提出辞职或越级向班主任汇报，以获得班主任授予的"特别行政权"。具有临时处理突发事件的权力，但事后必须向班主任、班委会、团支部提交相关报告。

⑨每学期初应组织班干部制订班级工作计划，学期末写出总结报告，交班委会和团支部审议。

⑩享有评先和评优的优先权。

（2）副班长的职责。

①协助班长管理一些日常事务，负责考核班级出勤。

②负责收集和公布班级同学的获奖、处罚情况。

③负责收集和公布好人好事,并上报学校政教处备案。

④协助学习委员、科代表、小组长做好本职工作。

⑤小组调位后,整理好座位表并将其张贴于讲台桌上。

(3)学习委员的职责。

①兼任劳技、信息技术、艺术欣赏等科代表。

②每天负责收集科代表送交的作业登记表,对各科作业缺交情况以周为单位进行统计,并于第二周上交班主任。

③各科考试结束后向科任老师借抄一份成绩单,填在班级成绩手册上。

(4)劳动委员的职责。

①在晚自修之前安排好第二天的值日生。

②及时添置粉笔、粉笔擦及劳动工具。

③管理好班级财产,及时上报损坏情况。

④定期安排一个小组进行卫生大扫除,并做好检查和善后工作。

⑤社会实践活动中,必须协助班长和副班长做好点名与管理工作。

(5)生活委员的职责。

①根据具体情况和同学要求购置一些班级必需品。

②负责管理好班费,认真登记班费收支情况并予以公布。

③如遇班费不足,经班委讨论后可适当收缴班费。

(6)体育委员的职责。

①做好各种体育赛事的报名和准备工作。

②做好体育课与课间操的排队和点名工作。

③可根据同学的要求适当开展课外体育活动。

④督促同学们做好眼保健操。

(7)文娱委员的职责。

①组队参加学校的各种庆典活动,并能根据班级同学的具体情况适当地开展课外文化活动。

②协助宣传委员开展工作。

(8)课代表的职责。

①努力提高自身的学习成绩，并能真正起到表率作用。

②课前到小组长处收齐作业，并做好缺交登记。

③分发作业、考卷并能及时完成科任老师布置的任务。

（9）小组长的职责。

①每天负责分类收齐各科作业并认真清点，向缺交的同学追缴作业。

②将具体情况报给科代表备案。

（10）宣传委员的职责。

①组建宣传小组，定期出好黑板报，要能不断提高黑板报的质量。

②争取为班级赢得更多的荣誉。

（11）纪律委员的职责。

①负责班级日常性治安和班级正常教学秩序的维持工作。

②经常提醒同学注意离校时教室的门窗安全、到校的交通安全、上课注意听讲。

③同学发生争端，要及时疏导，严重恶性事件要报告老师。

（12）团支委的职责。

①服从校团委的领导。有关职责参照校团委的有关规定。

②参与班级的有关管理制度和方案的投票。行使相关的否决权。

4. 班干部的产生

班主任可以通过以下四个阶段来选举班干部。

第一阶段：任命制。因为一开学，学生彼此并不熟悉，只能由老师根据学习成绩和初步印象直接指定，但是要说明这种任命是暂时的，待彼此熟悉后再进行竞选。

第二阶段：竞选制。学生通过一个阶段的接触，彼此之间已经有了一定的了解，此时就可以发挥学生自主竞争的权利，通过报名—参选—投票—任命四个步骤来产生班干部。

第三阶段：双班委制。经过一段时间，为了充分发挥大家的作用，同时为了有效地竞争，班级可以通过投票选举产生两套班干部队伍，分别按照单双周来管理班级。一月一评比，每一套管理队伍的班长是总承包人，理论上班级产生的所有问题都由班长负责。

第四个阶段：班干部虚名制。人人都是班干部，人人参与，人人管理，形成四套班子。将班级学生分成四份，确定每一周的班主席，他们轮流做班干部，使每一个人都做班干部，人人为我，我为人人。这样，整个班级中的每一个成员都有为他人服务的机会，也有被服务的机会。让每一个学生都动起来，都发展起来，就不再是一句空话。但每组之间也必须有竞争，这样才能促进大家都积极向上。在班级中，一定要选好四个班长，然后由班长根据具体情况进行分工，使每一个学生既能发挥自身特长，也能学到自己未有的管理能力。让学生自己管理自己是尊重学生的体现。

五、上好班会课

班会课是学校教育中的一门课程，是德育教育的重要途径之一，在学校教育的课程中发挥着重要的作用。小学、初中、高中，一般每星期会有一节。

班会课是德育的戏台。一台戏会有不同的声腔，班会课也可以有不同的上法，因为"运用之妙，存乎一心"。只要我们勤于思考，班会课也会上得很精彩。

1. 班会课的意义

（1）有利于突出班主任身份，实现班主任价值。班会课是班级中班主任所特有的一种课型，是其教育的主要载体，是其身份的重要象征，是其班级灵魂的重要体现。因为你是班主任，所以必须上好班会课，同样地，只有上好班会课，你才是这个班级的真正意义上的班主任。

（2）有利于提高学生的认识能力，提高学生的思想认识、道德观念、审美观念等。显而易见，班会课，包括了课与班会两部分。既然是课，就要面向学生，就要充分准备，就要有序；既然是班会，就要以班会为主要内容，突出班会的意义与作用。所以，班会课就要让学生有所得，有所获。从教育意义上讲，主题班会主要是使学生明确、统一和强化对某问题的认识。而事实上，通过班会课，班主任可以使学生在思想上增强判断力，在道德上提高对善、恶的识别能力，在审美活动上提高对美丑的认识能力。

（3）有利于提高学生的自我教育能力。学生通过班会，在潜移默化中了解班会的意义与价值，自我要求、自我完善、自我进取的精神就会不断增强。同时，一堂完整的主题班会，从设计到实施都要学生参与，甚至学生可以在主题班会中"唱主角"。这可以让学生展示自己的潜能，发挥自己的创造能力、组织能力、活动能力，从而更能有针对性地促进自己的发展。

（4）有利于展示教师的魅力，使教师与学生关系更和谐、融洽，使教师能够更好地与学生沟通，更好地从事教育。这里的老师既包括班主任，也包括科任老师。班会课上，师生"济济一堂"，彼此影响，班会课成了师生彼此了解的一个重要平台。这样既促进了学生成长，也促进了班主任成长，实现了师生双向成长的目标。

（5）有利于班级建设。班会可以产生凝聚力，触及学生的灵魂，为他们的成长注入营养；可以促进学生团结向上，改变班级集体面貌，使师生关系更为融洽。显然，班会课不是文化课，它没有文化课的压力，没有对学生成绩的评价，因此无关乎学生的智力，所以，学生在班会课上更能理解把握教育内涵，从而更正自己的行为，促进班级发展。

2. 班会课的原则

（1）科学性原则。科学性是班会的生命。贯彻科学性原则就是围绕主题科学地安排班会的每一个环节，使之贴近学生，注意层次性，符合学生的年龄特征和认知规律。

（2）教育性原则。教育性是班会的灵魂。每一节班会都应有明确的教育目的。同时，贯彻这项原则，还要结合时政形势，适时地开展活动，使班会紧扣时代脉搏，增强教育效果。

（3）自主性原则。在一节班会中，班主任的作用主要表现在把握班会的方向和主题，提出设计构想以及创造一些必要条件。班主任还要发挥学生的主动性和创造性，启动和激活他们参加班会的兴趣和需要，使他们都以主人翁的身份参与班会活动。

（4）趣味性原则。要寓教育于趣味性活动中。学生的兴趣多样而强烈，同时仍以形象思维为主。因此，班会中要开展各种趣味性活动，这样才能符合和满足学生身心发展的要求。

（5）艺术性原则。艺术性是班会达到预期目的的桥梁。班会中，我们要在表现形式上讲究艺术，用丰富多彩的文艺形式去感染学生，寓教育于美的享受之中，寓理于情，以情感人，由情悟理，促进道德内化。同时，教师还要注意语言的教育艺术，要以言传情，去打动学生，与学生心灵相通，以达到最佳的教育效果。

3. 班会的三项基本内容

（1）落实常规，确保秩序，这是基本的任务。保稳定，保安全，保秩序，这是做班主任工作的最低要求，如果这都不能保证，班主任就失去了做班主任的价值和意义。

（2）发现问题，解决问题，这是发展的要求。作为班主任要通过班会，发现学生中、班级中存在的问题，并进行梳理。但找到只是第一步，解决才是关键，这就要通过班会，发挥大家的作用，集思广益，共同解决。

（3）发展认识，提升能力，这是深化发展的问题。它不是着眼于低层次，而是着眼于学生的可持续发展。学生正处于世界观、价值观形成的初级阶段，还很不稳定，可塑性很强，这就需要我们防患于未然，做好前期工作，从而让学生得到长足发展。

4. 主题班会课的五大主题

在班会内容选择方面，可围绕五大主题来选。

（1）思想品德教育主题。以"五爱"为基本内容，对学生进行革命理想教育、革命传统教育、爱国主义以及共产主义品德信念教育，培养"四有"新人。

（2）智力开发主题。根据学生身心发展特点，有针对性地开展智力能力训练活动，锻炼学生的注意力，增强学生的记忆力，提高学生的观察能力和思考能力，发展他们的想象力，培养他们的创新思维能力。

（3）心理健康教育主题。学生心理素质的培养是素质教育的奠基工程。心理素质教育，对于提高学生整体素质，促进个性和谐发展，锻炼意志品格，有着重要作用。心理健康教育将成为21世纪教育的热门话题。因此，班会必须引进心理教育内容。

（4）行为习惯养成主题。根据守则、规范以及礼仪常规要求，设计专题活动，以促进学生良好行为习惯的养成。

（5）综合多功能主题。指一节班会课既注重学生思想品德教育，又训练开发学生智力能力，这种班会课具有多种功能。

著名班主任专家丁如许认为，班会主题包括十个方面内容：爱国抱负，理想追求，责任意识，诚信品质，感恩情怀，哲理思维，创新能力，交往体验，阳光心理，健康体魄。这是从另一角度进行分类的，也有一定的道理。

5. 班会课的类型

从班会课的主题内容看，班会课的类型可以分为以下两种：

（1）主题班会课。即围绕一个主题进行的班会。

这里又包括学校主题班会和班级主题班会。学校主题班会即学校统一安排的班会课，如交通宣讲、礼仪宣讲。班级主题班会，即班主任自我安排的班会课，如理想教育主题班会课、诚信教育主题班会课。

（2）问题班会课。即围绕班级现实存在的问题而召开的班会。

此种主题班会，以查找问题、解决问题为要旨，从而使班级能向好的方面发展。此种主题班会，一般有四个程序：一是探找问题；二是分析问题；三是解决问题；四是提出希望，落实责任。这种班会及时性很强，很注重实效，这与三项基本内容的第二项内容是一致的。

6. 班会课的形式

从班会课的形式看，可以分为下面五类：

（1）演讲式——就一个主题进行班级演讲。此种形式主要是班主任唱独角戏，用讲座的形式进行。但这种讲座，内容要高度凝练，主题要明确，材料要丰满，形式要多样。在演讲中，要声情并茂，图文并茂，现实与理想同在。一定要激发学生热情，鼓舞其斗志。

（2）观后感式——观看节目后进行的班会。在课前班主任可以下载电视中好的栏目，如一年一次的"感动中国"颁奖典礼，《艺术人生》《面对面》《实话实说》等栏目，形成对口的德育材料，让学生观看。在观看中，观察学生的表情；在观看后，让学生思、写，然后进行交流。观后感式要求我们的老师必须精心选择栏目，选择时一定结合学生当前或以后的发展，但如果学生已经看过，就会失去新鲜感，达不到教育的效果。

（3）研讨式——将班级现象或学校现象或社会现象等相关材料分发下去，让每一个学生阅读，对案件进行思考，进行小组讨论，进而进行全班交流，并将所有讨论最终形成结论。

（4）自由式——放手让学生自己召开班会。主题可以师生共同确定，材料可以大家共同分工准备，老师在其中只做一个引路人与监督者。在学生准备的过程中，教师可以适当给一些建议，但以学生为主，把握住大的方向即可。在学生活动时，学生全面主持，老师全程参与，但最后要作总结讲话，重点讲自己的好的感受，差的不讲或少讲，让学生看到自己的成绩，为下一次活动再作努力。

（5）汇报式——在组织学生活动后，如参加世博会后，参加完学校运动会后，参加完读书节后，参加完考察后，参加完劳动体验后，让学生将活动心得向大家汇报，多层次、多角度地汇报自己的收获体会、经验与教训，等等。

7. 主题班会课的注意点

主题班会课是班会课的主体，是班主任有计划地进行的学生教育活动，开这种主题班会要注意以下几点：

（1）围绕主题精心准备，动用各种手段，切实做到充分。这种准备，不仅是班主任在准备，全体学生都应该在班主任的指导下进行准备。准备发言，准备会场，准备节目，准备多媒体，等等。

（2）班主任一人的力量是弱小的，但完全可以借助外力让学生感受到教育的力量，使教育的正能量得到充分发挥。要学会充分借力，特别是借助身边的资源，如学校领导、科任老师、家长、学生等。"众人划桨开大船"的道理大家是知道的，为什么不动用各种人、各种可用的资源呢？

（3）教育最要讲究与时俱进，如果班主任在教育时讲的都是一些陈词滥调，那学生就会生厌。所以，教育内容要新颖，班主任要运用新近发生的事情来佐证，从而更有说服力。

（4）一定要让所有学生参与，让每一个人都有事做，千万不可认为班会课是少数人的事，只有充分发挥大家的作用，班会课才能具有激励与启迪作用。千万不能变所有人的事情为一个人或少数几个人的事，特别需要注意的是班主任不能做总设计师、总代理。

（5）班会课只是教育的开始，只是思想认识的开始，但思想认识到位是基础，落实是关键。所以，班会课后要落实检查，与制度配套，要进行考核。

（6）班会课一定要有计划性、针对性，除非是突击性工作。计划性，如高一要进行行为规范教育，高二要进行学风建设，高三应开展理想、成才教育。我们这样具体安排：高一——扬帆起航，重点放在自我认识、自信心辅导和交往辅导；高二——超越自我，勇攀高峰，重点放在学习、情绪、考试辅导和家庭辅导；高三——拼搏奋进，成才成功，重点放在决策辅导、择业辅导和升学辅导。针对性，如针对开学初同学们还没有完全从暑假的休息中进入学习状态，我们设计"志存高远"的目标班会，配合年级的级会共同营造一种良好的开学学习氛围；针对部分男生因酷爱篮球而导致宿舍纪律不佳、学习态度自由散漫的现象，我们通过播放电影《铁血教练》，以"散漫"为主题，设计了"斯托克的启示"的班会；针对班上部分同学的情感波动，设计青春期教育的系列班会课——"叩问爱情"班会，让学生知道，爱情就是"执子之手，与子偕老"；还针对班级荣获第一的事实，设计"爱拼才会赢"班会。

（7）班会课千万不能上成文化课，不能移作他用，也不能上成思想政治课，学生教训课，班主任诉苦课，更不能索性让学生自习。一定要有目的，一定要精心准备，严密组织，充分发挥每一个学生的作用，班主任只是引导者，要切实让每一个学生在课堂上有收获，有启迪，有发现，思维得到真正的发展。

（8）班主任在班会后，一定要及时撰写班会课所得，一定要反思与总结。这样一方面是完善班会课方案，为下一次班会起引路作用；另一方面可以促进自己更好地成长与发展。

总之，班会课绝不是可有可无的，它比文化课的意义更大，更有价值。因为它是直面学生的，直面学生行为的，直面学生心灵深处的，直面学生发展的——它是思想灵魂的教育。班会应该成为促进学生成长的舞台。所以，班主任必须大量收集、整理、积累素材，捕捉班级学生的思想动态，有针对性、有计划地设计班会课，让班会课在学生成长中充分发挥其作用。

确实班会课是德育的最佳途径，我们每一个班主任都应充分发挥班会课在整个教育活动中的作用，不断提高班会课的质量，让自己的每一堂班会课都魅力四射，收到预期的效果。

六、开展好班级活动

班级活动，就是在班级里面组织的任何活动。班级活动是教育人的最好手段，也是了解人的最好手段。指导活动，是班主任工作的职责之一。

1. 开展班级活动的意义

开展丰富多彩的班级活动，能使学生受到道德品质教育，能开阔视野、增长才干，能培养志趣和特长，有利于学生身心健康。

（1）陶冶情操，培养品德。情感、意志和良好的品德是在学生积极参与活动中形成、巩固和发展的。学生在生动活泼的自主活动中获得亲身体验，有助于形成健康的思想感情、正确的道德观念、分辨是非的能力和民主、合作、竞争意识；有助于陶冶情操，磨炼意志；有助于在自我管理中养成认真、负责、诚实、勤奋、坚毅等良好的品质；有助于提升学生的信心，增强与困难作斗争的勇气。

（2）丰富知识，扩大视野。班级活动尤其是社区活动内容丰富，涉及的领域广泛。它以学生的兴趣为前提，通过各种可接受的方式传递新信息，让学生去接触新事物，获得直接经验，因此，班级活动必然会不断丰富学生的知识领域，扩大学生的视野。广阔的视野、丰富的知识、生动的直接经验又会为课内学习奠定坚实的基础。

（3）融洽关系，凝聚力量。师生共同参加的班级活动意义更大。在活动中，教师与学生各有分工，但又彼此渗透，彼此关照，彼此影响，教师在活动中展示个人魅力，学生在活动中勇于展示自我，这样师生关系就会进一步融洽，从而为未来发展奠定基础。在活动中，教师要说，要指导，学生要做，要实践，这些都是为了共同的目标——让班级有更好的发展。如此在活动中，就增强了班级凝聚力，促进了师生对班级的热爱。一次精心组织的班级活动，能使学生充分受益，终身难忘。这也是班主任被学生永远记住的一个重要的原因。学生记得清楚的常常不是文化课，而是自己参加的班级活动。

2. 班级活动的类型

（1）按内容性质分，有科技活动、文艺活动、体育活动、劳动活动、社会调查活动、社会公益活动、班会等。

（2）按组织形式分，有全班活动、群体活动、小组活动、个别活动等。

（3）按活动空间分，有校内的班级活动、校外的班级活动等。

（4）按活动来源分，有班级自行组织的活动、班级依照学校安排所进行的活动等。

（5）按活动时间分，有非在校的节假日活动、在校学习期间的活动等。

依据班级工作实际，介绍以下几种形式的具体活动。

（1）班务会——引导全班同学对班级实行民主管理的例行班会。

（2）主题班会——围绕一个教育主题而召开的班会。

（3）课外文娱活动——学生自编自导文娱节目的活动。

（4）课外兴趣小组活动——学生依据自己的兴趣、爱好而有选择地参加的课外兴趣活动，包括文艺兴趣小组活动、科技兴趣小组活动、体育兴趣小组活动等。

（5）社会公益活动——学生到社会上参加的帮助、宣传、实践等公益性活动，包括义务劳动、勤工俭学等活动。

（6）社会调查、参观、访问——学生根据一定的活动目的有意识、有组织地到社会上进行相关调查、参观、访问活动。

（7）纪念日、节日文艺晚会——在党的生日、国庆节、元旦等全民性重要节日，以及学校自己确定的各种校节如校庆、科技节、文艺节时等举办的活动。

（8）暑假夏令营活动——学生围绕着相关的主题，参加暑期夏令营，以修炼、成长、发展、提升自己。

除了一些常规活动外，我们还可以根据需要创造性地开展一些活动。

（1）"小小辩论赛"活动。根据学生成长的要求和班级的实际需要，选择一些合适的话题进行辩论，如"小学生上网利大于弊吗""小学生能玩网络游戏吗""小学生做家务可以要大人的劳务费吗"等等，让学生在调查准备中、在实际辩论中、在赛后反思中，激发情感与正义，直面现实生活。

（2）"少年模拟法庭"活动。为了加强学生的法制教育，增强法律意识，辨别是非，按照相应的主题，相关的原则，选择真实的案例，合理地分配审判员、公诉员、原告、被告、辩护人等角色，进行少年法庭的模拟，让学生在模拟现实中寻找真实的世界，从而受到心灵的冲击与震撼。

（3）"开放式小讲座"活动。为了让学生不断地走进生活，了解生活，根据不同年级学生的不同特点，选择一些有意义、有价值的话题，开展一些开放式小讲座，这些讲座应该从学生的实际出发，从生活出发，要有情境、有情趣、有情怀，让学生从讲座中获得感悟，从而连接过去、现在和将来。如学过《隔海相望》可开讲座《台湾的过去与现在》；学过《战争何时了》，可以开《我们离战争有多远？》的小讲座，从而增强学生的国防意识……当然，有条件的班级还可以让学生讲，这样效果就更好了。

（4）"小公民在成长"系列活动。①美德故事大家讲。每一位学生选择自己在学校、家庭、社会等方面最优秀的表现，写成小故事，讲给家人听，讲给组内同伴听。②优秀公民大家评。从学校生活、家庭表现、社会言行、自我认知、同学评价等四个方面对照量化表进行评价，最后由班委会按照规则综合打分。③公民风采来展示。班级各组评选出来的优秀小公民，用一段简洁的文字介绍自己最突出的公民表现，并附上相应的照片，然后制作成一块小小报展板，张贴在教室门前的走廊上，展示自己的小公民形象，以优秀带动优秀，以先进拉动先进，以典型推动典型。

3. 班级活动的基本原则

（1）方向性原则：必须符合国家的大政方针，人的发展需求，社会的根本要求。

（2）主题性原则：一次活动一般就一个主题，主题应集中而鲜明，不是众多主题的汇总，在活动中，必须坚持正主题原则。

（3）主体性原则：活动的对象主要是学生，应该让全体学生全程参与，而非老师的独角戏，更非教师的教训课；这里的学生不应是少数，而应该是全部，不能做到的、达到的同学固然受到一定的教育，能够做到的、达到的也应该积极参与。一方面是帮助、展示、表率，另一方面也是提升、发展、进步。

（4）针对性原则：这个针对性，就是指必须围绕学生所在学段、年级、班级的实际状况而进行班集体活动。如果整个班级都做得很好，就没有必要搞这样的活动；如果做得不到位，那就不能只搞一次这样的活动，而要搞两次，三次，甚至多次。

（5）整体性原则：在活动中，必须围绕主题考虑人、事、物，时间、空间、活动形式、过程，等等。从方案的设计到具体的执行，到活动之后的延续等都必须有一个整体性的考虑。只有考虑全面和周全，才能达到教育的功效。

（6）系统性原则：活动必须放在班主任工作的整个系统中来考虑。新接一个班级，如果是送班，那就是三年一个整体，我们就应该考虑学生三年的发展，从而制定一个相应的班集体活动规划；如果不是送班，而是一年一轮，那班主任就必须将一年作为一个活动系统，开展相应的班集体活动。系统性原则还要求我们必须有一根红线，有机地将各次活动串连成一个不可分割的整体，前后相承，彼此照应，实现点点成线，线线成面，面面成体，从而使教育的作用充分体现。

（7）创造性原则：一般而言，班集体活动只要按照一定的程序、样式做就行了。但由于现代学生求新、求异、求奇，如果总是一样的活动，没有新的花样，那么，很难吸引学生，学生的积极性就无从调动，学生不参与了，活动就没有价值与意义。为此，我们在举办班集体活动时，还必须想方设法地创造性地开展活动。所谓创造性，无非两点，一是内容的创造，二是形式的创造。特别是形式上的创造，必须开动脑筋，不能走老路、搞形式。

4. 班级活动的注意点

（1）活动只是手段，不是目的，目的是通过活动教育人，发现人，发展人，熏陶人。一定要杜绝以手段为目的，做表面文章，不求实效的活动。

（2）活动主旨一定要清晰，活动的目的和意义一定要隐于活动之中，做到德育无痕；活动要有计划性，大型的外出活动，一学期一般一次，多则无味。活动前准备一定要充分，物质方面的、宣传方面的、内涵方面的等，设想一定要周全。特别是安全性，一定要考虑细致，预设充分；千万不能因为怕出事，怕出安全事故，就取消活动，就随便活动，就推诿活动。

　　（3）要充分发挥各方作用，年级的、学校的、班级的、学生的、学生家长的，要得到他们的支持。搞活动最忌讳的是随大流，不动脑筋，没有创意，被动地执行与参与。这样的活动，不仅学生没有成就感，得不到锻炼，也浪费班级的时间，让大家生厌。所以，我们必须有一个新颖的方案，并且在实施中不断修正，努力让活动富有成效。

　　（4）活动一定要本着节俭的原则，花费要少，收获要大，这样的活动，才是最有意义的活动。

　　（5）活动后，要与班会课结合起来，让活动意义得到充分体现，让活动本身得到升华；活动后，班主任一定要及时反思，回顾活动过程中的得与失，提出改进措施，从而为后面的其他活动奠定基础。

　　（6）活动应该是所有学生的事，即使有的活动是个别学生的事，班主任也要将此事告知学生。班级活动是所有学生的活动，所以，全体参与是活动的一个重要的保证。在活动中，一定要发挥每一个学生的作用，面对没有事儿的学生，要给他找一些事儿，使之为班级服务，为大家服务。成功了，奖励人人有之；失败了，处罚人人也有之，这就是责任。

　　（7）我们不否认学生应该是班级活动的主人，活动应该是"学生的活动"，没有学生主动、积极的参与，任何活动都毫无意义，但是离开了班主任的悉心指导和引领，活动也就失去了方向，会成为学生的自娱自乐。这也就谈不上寓教育于活动了。班主任在班级活动中需要扮演四种角色——策划者、指导者、参与者、总结者。一次成功的班级活动，至少应该在以下四个方面有所体现——体现教育智慧、体现班级特色、体现创新意识、体现团队精神。

　　5.班级主题教育活动的组织

　　班级主题教育活动是班级活动的重中之重，为此，我们在实施班级主题教育活动时，一定要认真考虑每一个方案、每一个决策的可行性，带领学生一步一步走向优秀。

（1）宣传造势——只有宣传到位，准备工作就绪，学生认可了，工作才能实施。

（2）自下而上——进行民主讨论、民主表决，少数服从多数，大家讨论的肯定比班主任一人所想更容易执行。

（3）先行先试——通过某一组或某一类人先试，从而得到一些启迪与经验，让大家都认识到活动是有意义与价值的，从而让大家都乐意去做。

6. 决定班级活动成功开展的因素

（1）准确、合理的目标定位。组织开展班级活动离不开准确、合理的目标定位。好的目标定位可以催人奋进，让人看得见、摸得着。它是班级活动顺利进行的基础，它像黑暗中的灯塔，指引着班级活动前进的方向。

（2）科学、有效的实施步骤。有了目标，就要去执行，只有强有力地去执行才有可能达成目标。而执行就得讲究科学、有效的方法，否则将无济于事。

（3）凝聚、进取的团队精神。凝聚、进取的团队精神对于集体活动具有重大的作用，即所谓"人心齐，泰山移"。首先，要发扬民主；其次，要引入竞争机制；再次，要善于"借鸡下蛋"。

（4）及时、灵便的补救措施。俗话说："不怕一万，只怕万一。"世间万物总是处在一个不断变化的过程之中，班级的活动也如此。既然如此，班级活动难免会在实施的过程中出现一些意想不到的"插曲"。这就需要班主任及时、灵活地去补救，以保证班级活动的顺利开展和目标的达成。在活动中，班主任一定要做到监控到位，果断而不武断地处置问题。作为班主任一定要在平时不断地完善自我，充实自身。

班级活动是学校活动的重要组成部分，是学生成长的重要组成部分，是班主任成长的重要组成部分。对于很多老师来说这是一个"陈旧"而全新的课题，但只要充分认识到班级活动的意义，只要不断地实践与尝试，在尝试中不断地提升与发展，我相信，班级活动一定会深入学生的内心，一定会卓有成效，一定会让学生终身难忘，一定会使学生收获多多。

第五讲 | 技巧篇

——只为成功想办法，不为失败找理由

上一讲，我与大家共同探讨了班级文化建设，重点讲了加强班级文化建设的六种常规策略。但由于学生是多样的，问题是复杂的，因此在具体实施过程中，仅靠上面几种策略，确实难以收到预想的成效，这就要求我们在具体的工作中讲究育人的策略与技巧，从而收到事半功倍的成效。下面我将围绕育人的基本原则、育人的常用技巧、常见问题的处理策略等讲一讲具体的育人之策。

育人的基本原则

凡事都有原则，凡事要想做好，都必须讲原则，班级管理亦然。

原则，是指在对客观事物的本质及其发展规律进行反映的基础上形成的指导人们议论和行动的基本准则、规程。原则是人制定的，规律是客观存在的。两者有着本质的不同。但原则一旦形成，就对人们的议论与行动有规范和制约作用。故作为一定的行为准则的原则，我们就必须遵循它、服从它。

班主任工作的基本原则是班主任在开展工作时所必须遵循的基本准则和规程。通过对优秀班主任成功教育案例的研究，对国家制定的《班主任工作规程》的剖析以及结合自身班主任工作实践的总结，我以为，要切实做好班主任工作，必须切实遵循下面十大原则。

一、学生为大

教育为了谁？为了学生，为了每一个学生，"为每一个学生的终身发展奠基"。学生到学校中是干什么的？学生来到班级中是干什么的？是来成长的，获得身心的成长——"走进学校，成就未来""走进班级，奠定未来"。

所以，在班主任工作中，学生应该成为教育的主体，学生应该是教育的根本对象，这里的学生绝对不是少数，也不是多数，而是所有，是"一个都不能少"。在教育中，绝对不能搞所谓的"精英教育"，应该搞"大众教育"，应该把"精英教育"落实到每一个学生身上，做到"精英教育大众化，大众教育精英化"。

在教育过程中，不管这个学生多么难教、难管，我们都必须想方设法教育他，教育好他，做到"不放弃、不抛弃、不遗弃"。在教育过程中，班主任应该牢固树立"学生最大""学生第一""一切为了学生，为了一切学生，为了学生一切"的现代教育思想，在学生的发展上，在每一个学生的发展上，做足文章，做精文章，努力做到"不让一个掉队""人人都是金子"。

这样，作为教书育人的班主任才能无愧于班主任的称号，才能算是一个合格的班主任。

二、发展为根

学生到校来干什么的？是来发展的。发展应该是班主任工作的根本目标。

发展是一个大概念。在班主任工作中，我以为发展必须是全面的发展、充分的发展、愉快的发展、科学的发展。

全面的发展就是指学生不仅身体长大了，知识增加了，同时能力也增强了，情感态度与价值观等获得了提升。

充分的发展就是指学生的潜能得到发挥，兴趣得到培养，个性得到张扬，班级工作没有压抑他、束缚他，其自身自然的成长与学校外在的教育和谐统一。

愉快的发展是指学生在班级中心情舒畅，自由自在，他们主动自觉地投身到班级活动之中，感受到班级的温暖，老师的和蔼，同学的关怀，感受到作为班级之家中一分子的幸福感。

科学的发展是指班主任千万不能想当然地对学生进行教育，而应该以求实的精神，从班主任工作的内在客观规律出发，依从学生的成长规律，采用科学的方法与手段，有效地引领并促进学生的发展。

四大发展，实际就是要求班主任不能只看到眼前，看不到长远；不能只看到表面，看不到实质；不能只看到自身，看不到别人；不能只看到一面，看不到多面。四大发展要求班主任必须全面地看发展，深入地看发展，辩证地看发展，发展地看发展。

三、身正为范

不是所有人都能做班主任的。做好班主任有一重要的前提就是"身正为范"——自己就是学生的镜子，自己就是学生的表率。如果不能做到"身正为范"，如何让学生去模仿，去对照？如果犯了错的学生说："我的班主任就是这个样子，我是跟我的班主任学的。"这时，作为班主任的你总不会说："我是我，你是你。""我是教师，你是学生，你和我能比吗？""我是教师，还是你是教师？"如果这样讲，你所进行的教育还是教育吗？还是真教育吗？

"身正为范"这个班主任工作的原则，在前文中我已经强调了很多，在这里我只想说，作为班主任的你，必须充分地认识到教师自身修养的重要性——很多班级之所以"差"，不是学生不行，不是学生不好，而是班主任有问题。

为了不收学生的礼，你敢不敢对着学生说："请同学们回去告知家长，不得给班主任送任何东西，如果我收了，你们可以举报，我也自动离职，凡是给班主任送礼的学生都不是好学生。"如果你说了，如果你这样做了，那你就"正"了，你就能在学生中树立起高大的形象，为有效教育奠定坚实的基础。

四、疏导为首

现代教育认为，教师的主要工作就是引导，引导学生学习、成长，班主任工作亦如此。但由于班主任工作的特殊性，班主任与一般科任老师也有区别。班主任不仅需要教好功课，还需要不断地教育学生，更好地促进学生全面地成长与发展。而学生又是活生生的人，怎么可能都顺着班主任的想法成长和发展呢？事实上，如果真的"一切如预料一样"，那学生就不是学生，而是机器了。

面对特别、特殊、独特，面对不如意、问题、缺点，班主任必须坚持疏导为首的原则，从了解入手，从分析入手，从理会入手，用疏导的方法来解决问题，而不是上交、发怒、甩开、臆断、草率、打击。用疏导的方法，就是在处理问题的过程中，尊重学生，正视问题，像大禹治水一样，循序渐进，慢慢进行——教育本身就是慢的艺术，快只会适得其反。

用疏导的方法就是不能一味地采用堵的办法、禁的方法、阻的方法，堵、禁、阻强调的是不能，而不是为什么不能，怎样做才能。所以，在教育中，班主任必须讲清道理，弄清原委，突出根由，不仅要让学生知其然，更要让学生知其所以然。这就需要疏导，需要引流，需要深入地走进学生内心，用语言打动他，用行为感染他，用措施转化他。

五、常规为上

一些班主任总希望治理班级能有"灵丹妙药"。我以为，可能有，但不是根本之道。教育的根本之道是用好常规。如果真把常规之法用好了，用足了，用精了，常规之法就成了"非常规"之法了。真正有成就的班主任一定不是拥有什么"秘籍"，而是努力做好平常应该做的常规工作，在高效的常规工作之下，学生就能真正受到感染、得到熏陶、获得发展。

关于常规，我在第四讲讲得比较多，此处不再赘述，但我们不能忽视常规。

所以，抓好常规，才能真正地"超常规"。事实上，真正做好了"常规"，所有的技巧与策略才能不断地产生与出现，你才能发掘出很多的"超常规"的办法与策略，因为所有的技巧都是建立在常规基础之上的。

六、创新为翼

常规确实很重要，但有时用了常规之法，还是难以将题解开，此时就必须用新的策略与方法了。但创新只是辅助，只是在常规基础上的有益补充，因为创新是因时、因事、因人而异的，当然，用的时间长了、久了，用的范围广了，就成了常规。

创新为翼，包含着创新的认识、创新的思路、创新的行为。

创新的认识，就是对事件、对学生突破平常想法，从新的角度来理解、分析和认识。如学生迟到了，我们不是惯性认为这是学生懒惰所致，而是学生勤奋所致、助人所致。认识一变，处理的方式、方法也就变了。

创新的思路，就是对事件、对学生的处理采用一种新的思路。如处理学生上课睡觉问题，平时是停下课，叫醒他，进行教育，而现在却是给他披上衣服，下课后，带他看医生，再给他补课。思路一变，学生就会惊奇，就会感动，自然，也就会发生变化。

创新的行为，就是突破对事件、对学生的一般处理之法，用一种新的行为方式来处理。如与学生的沟通，一般都是通过谈话、问卷、座谈等方式进行，而现在却可以采用上网聊天的方式，彼此保密，无话不谈，还可采用看电影的方式。崭新的行为方式既给学生带来了新奇感，又拉近了师生之间的距离，从而使问题得到解决。

创新，是一个民族不竭的动力，同样也是班主任工作的不竭动力。只要我们以常规为主，不断创新，想出新主意、新策略、新办法，采用新方式、新思路、新行为，班主任工作之路就会越走越宽广，班主任就会越做越有味。

七、自育为先

教育学生是班主任的重要职责。但不能就此说，教育学生就是班主任的事情，与学生没有关系。如果教育没有改变学生的行动，没有深入到学生的内心，没有学生的参与，那么，教育就是游离于学生之外的，这样的教育是没有任何效果的。

事实上，几十个天真幼稚、活泼好动的学生聚集在班集体之中，如果单靠班主任一人来管是不行的。即使班主任终日劳碌，也管不住班级，管不好班级，其结果必然是事倍功半。所以，说到底，班级的管理，应该是学生在班主任的引领之下的自我管理，只有学生参与管理，学生才能真正长大与成熟。自育为先，就是要班主任首先把自育权、自管权交给学生，让他们做自己的主人。这种"自育"，包括班级学生个体的自育和学生群体的自育。

学生个体的自育，就是学生个人培育个人，教师相信每一个学生，放开时间，放开空间，让他们自己培育自己。如自习课，老师不在，学生自己管住自己,学生自己支配时间、支配内容,干自己的活儿,做自己的事情;如无人考场,让学生自己监考自己,让学生自己全身心地做题,没有老师在,没有任何人管束;如大扫除,让学生根据安排,自己完成自己的任务,如果完成好了,自己可以主动地帮助别人完成。这种个体的自育,实际上就是自我的教育实践,这种教育实践对学生有深远的意义和价值。

学生群体的自育,就是动员和组织全班同学,实行自治自理,让学生自己行动起来,建立各种班、队、组、会、团的组织,选举出学生干部,并由学生团体建立健全各项规章制度,开展各种各样的教育活动。这种自育,发挥了团体的力量,既锻炼了学生,也让自育深入了一步。当然,在工作中,老师也不是完全放手,而是像一根风筝线一样,时时牵着风筝,不断指导着学生干部的工作,不断引导着学生自育的方向,不断纠正着学生自育的问题,从根本处促进学生的真正成长。

八、集体为重

班级教育与家庭教育的一个重要区别就是一个是集体教育,一个是个体教育。所以,在班级教育中,我们必须充分发挥集体教育的作用,用集体的力量进行教育,让学生在集体教育中不断变化,不断成长,不断成熟。

集体教育,就不是对学生个体的教育,是对大家的教育,是所有学生都必须接受的教育。如《中学生行为规范》中规定的一系列的规范,不是一个让学生执行的,是所有学生都必须执行的。

集体教育,就是要相信集体中的每一个学生,依靠他们,同他们商量,走学生路线,从学生中来,到学生中去,把学生集体的发展作为主体,充分地发扬民主,调动所有学生的积极性与主动性,做到让全班学生在各项活动中都有职责、受教育。

集体教育,就是通过集体活动,对每一个学生进行有针对性的教育。如劳动教育,通过让所有学生参加劳动,让所有学生感受到劳动的艰辛与光荣,从而体会到父母的不易。又如竞争教育,就是让所有学生参与竞争,让学生在竞争中展示自我,发现自我。

集体教育的核心就是不放弃任何一个学生,就是用集体的力量达到教育的目的。这样，集体教育的作用才能得到充分发挥。集体教育切忌"假大空"，搞一些空洞无物的活动、形式，这种假借集体进行教育的形式是必须摒弃的。

九、区别为要

学生与学生之间是不同的，每一个学生都有各自的个性、特点、兴趣、爱好、优点、缺点，每一个学生都有着不同的家庭背景、成长过程、发展要求。为此，在班主任工作中，班主任一方面要实施集体教育，用共性的内容对学生进行教育，使之符合规范与要求；另一方面，也要实施区别教育，因材施教。

区别教育，就是要对不同类型的学生进行不同形式的教育。同样是初二学生，甲同学是一个在老师、家长面前听话的孩子，各个方面表现都很不错，德智体美劳样样领先，而乙同学却是"差"同学，成绩差，纪律差，品质差，试问，对两类学生如何教育？有人认为应该实施共同的集体教育，让两类都有共同的规范，共同的成长的环境。这种教育方式是不行的，这是在搞"一刀切"的教育，没有区分，没有类别，没有个性化。因此必须实施区别教育，即对两者提出不同的要求与目标，用不同的标尺来检验他们，发现他们不同的优点，引导他们不断进步。对甲同学，重点是"百尺竿头，更进一步"教育；对乙同学，重点是"养成与规范"教育。基础不同，自然教育的方式与目标也就有了不同，每个同学有着不同的发展路径，这就体现了教育的个性，这或许就是教育的魅力所在——一把钥匙开一把锁。

区别教育，就是针对学生的不同阶段而进行不同要求的教育。事物发展有一个由量变引起质变的过程。一定量的定向积累是引起事物质变的必要准备，学生的发展亦然。所以，在学生发展过程中，班主任必须清楚学生身心发展的各个阶段的特点，从而由易而难、由浅入深、步步推进、层层提高、扎扎实实地做好育人工作。绝对不能从初一到初三，从高一到高三实施"一刀切"的教育，没有变化，没有特色，没有针对性，小学、初中、高中教育内容一样，教育方式一样，教育目标一样，结果是"时代不同了，人人都一样"。

区别教育还表现为因时代的不同而采用不同的教育方式。如20世纪90年代，因为国家穷，人民穷，没有电脑，也没有互联网，而现在国家富了，人民富了，几乎家家都有了电脑，互联网也普及了，自然，对处在这样两个不同时代的人的教育方式是应该不一样的，现在短信教育、网聊教育、校信通教育、视频教育都可以拿来为班主任所用。所以，区别教育要求班主任也必须与时俱进，不断适应新的时代要求，采用新的教育方式，如果还停留在旧时代，运用老方法，那么，是不能得到学生的赞赏的，教育效果自然就会大打折扣。

十、坚持为本

班主任工作难，难在坚持。研究一下优秀班主任的成长史，哪一个没有经历过失败？哪一个不是从失败中爬起来的？哪一个不是从失败中吸取教训，在不断地反思中成长起来的？哪一个对待工作不是坚持不懈，持之以恒的？

坚持为本，就是要始终相信学生，相信学生能变，相信学生会变。"只要功夫深，铁杵磨成针"，反复抓，抓反复，相信学生是教育好学生的前提。不管怎样的学生，不管来自何方的学生，不管什么基础的学生，做班主任的只要始终抱相信的态度，用坚持的精神对待他们，一定会让学生有变化，有进步，有发展。

坚持为本，就是要不懈怠，不畏惧，不动摇，对班级和学生始终充满期待，对自己始终充满自信，正确面对教育中的失败，正确面对教育中失败的学生，正确面对教育中失败的策略。班主任要像爱迪生寻找灯丝一样，失败了再来，一而再，再而三地学习、寻找、探求解决学生问题的策略与方法，"咬定青山不放松，任尔东西南北风"，做到治班立场坚定，转化思想牢不可破。

育人的常用技巧

我一直不认为有什么教育技巧。如果不能很好地理解教育，认识班主任工作职责，走近学生，如果没有很好地进行班级常规教育，不能把班级常规做好，那任何的教育技巧都无助于教育工作，即使能够对教育工作有作用，那也是有限的，短暂的，毕竟最终支撑教育的不是教育技巧。

但如果真有所谓的教育技巧，那应该就是在教育规律和教育原则之下的教育策略，教育常规用足、用好、用熟、用精了，就有可行的教育策略，这些教育策略就变成了教育技巧。教育技巧来源于教育常规，它是建立在对教育和教育常规的正确理解之上的。

在现实中，我们发现有些年轻班主任接手新的班级后，急功近利，不是在教育认知和教育常规上做文章，而是在教育技巧上做文章，想"一步登天"，那是肯定不行的，是注定要失败的。

有些老师也经常问我，对于某个"差"班，对于某个"差"生，如何用教育技巧使之变化，使之服从管教，我总是淡淡一笑，问"你对教育、对班级、对学生有正确的认识吗？""你的班级常规工作做得如何？"，等等。他们反驳说，不是要我谈什么高深的教育，只是谈一些"教育技巧"——能够拿来就用、有教育效果的教育技巧。但我最终不能给他们什么"教育技巧"，不能给他们所需要的、所谓的"教育之法"。我以为，缺少了对教育的科学认知和对教育常规的有效施行，"教育技巧"就成了无源之水、无本之木。

但是，既然大家都需要"教育技巧"，我在这儿也不妨谈谈我的一些"教育技巧"，但我所要强调的是这些"教育技巧"最终能够成为教育技巧，要求班主任对教育有科学的认识和对教育常规的真正施行。否则，"教育技巧"并不能真正发展作用。

一、激将法

激将法，是指在士气不足，对手强大而让人不自信、害怕畏惧之时，班主任通过刺激性的语言让学生勇于面对、正确对待、积极作为的一种方法。这种激将法，利用了学生的自尊心和逆反心理，通过强有力的语言刺激，让学生产生不服输的思想情绪，最终将潜能激发出来，从而取得成功。

运用激将法，必须注意对象、环境、条件、场合。这不是什么情况之下都能运用的方法。如果对方根本无上进心，从未有过成功，你再刺激也没有用。而当学生偶然考差了，而且很差，一蹶不振了，你这时就可以用激将法，说其没志气，说其是"纸老虎"，说其不经打，等等。这时，这种激将法很有可能会激发其内在的战斗力，激发其上进心，振作其精神。

运用激将法，班主任必须有强有力的口才，如果是笨嘴拙舌，那就不能用激将法。因为一句话可以将人气死，一句可以将人救活。当你缺少口才时，你随机应变的本领就不强，而学生在你所谓的激将法之下，可能会错误地理解你的意思，以为他真的不行。此时，口才就显得特别重要，要能攻也能守，能放也能收，从而使激将法发挥作用。

　　运用激将法必须掌握分寸，适时推进。如班级在某一次广播操比赛中，得了倒数第一，学生一个个灰心丧气，你作为班主任，必须让同学们恢复士气，此时就可以运用激将法。如"通过这一次比赛，我真的发现我们班是最无用的"，以这句话挑动学生的神经，学生自然不承认自己的班是无用的。与学生争辩，学生自然会讲出此次比赛的失利。班主任接着讲："结果是最好的验证，结果差，反映了班级最差。"学生就会反驳："偶然性的失误不能代表必然，我们班也曾有过辉煌。"班主任继续刺激："只是憧憬未来，没有看到现实，那是一种妄想。"学生终于被激发起来："下一次比赛看。"班主任顺水推舟："敢不敢承诺，签订责任状？"学生一定说："能，行。"如此，学生自尊心被激发出来了，积极性被调动起来了，不管结果怎样，这样就已经成功了。

二、积分法

　　积分法，就是制定详细的量化考核细则，通过积分以检测学生各个方面言行是否符合规范，从而促进学生成长的方法。

　　这种方法的难点之一就是一定要建立一整套对学生行为进行科学量化的考核细则；难点之二要有相应的负责考核人；难点之三就是及时进行考核；难点之四就是考核后如何对学生进行处置。

　　为此，我们采用制定制度与灵活处置相结合的方法对学生施行积分法。所有的班级均需要依据班情由班主任和班干部共同制定班级《百分赛考核条件》，可以以时间为序对学生一日活动进行考核，如对起床、早餐、早读、上课、课间操、午餐、午休、活动课、自习课、放学、晚餐、晚自习、休息等等进行考核；也可以从类别上进行考核，如对出勤、三餐、两操、课堂、休息、课后等等进行考核。其中规定了哪些情况加分，哪些情况扣分，如迟到扣1分，旷课一节扣10分，听写单词满分加10分，每低5分扣1分，上课积极回答问题加3分，答对了加2分，答错了扣1分。遇到特殊情况，由小组长和班委会研究决定。每天全班一张八开考核纸，所有人姓名在上，有分值，有总值，有名次，有进退，一目了然，清清楚楚。

每天晚自修后，班委会和小组长进行统计，不仅统计个人，还统计各组，掀起各组之间的竞争；第二天早上，将每天考核表张贴在班级醒目处进行公示，让大家都知晓各自情况，让各组同学都知道各自情况，具体的明细在班委处，可以查询。这就是所谓的"天天有考核"。

每一周的班会课前，班委会和小组长对个人和小组得分情况进行统计，得出一周个体和小组平均分，在班会课上公布，作为"周周插红旗"的依据。对95分以下者搞清楚原因，决定是否插红旗，如果所得分是100分，则插"双面红旗"；小组亦然。

一个月将四次得分和插红旗的情况结合起来，每次都插红旗者，每次都在95分以上者，则学校发送"喜报"给家长，这就是"月月送喜报"。如果有一次未能够"插红旗"，学生写下承诺和保证，并且在有担保人的情况下，"送喜报"给家长。

这种积分法并含了竞争因素，让学生始终处于竞争之中，时时刻刻对自己的言行负责，比较有利于学生的成长与发展。但这种方法难在持之以恒，难在开始还认真，之后就马虎，所以，班主任一定要时时抓，时时盯，时时促，促进学生养成习惯，如此，才能使积分法的作用得到真正发挥。

三、网"沟"法

网"沟"法，就是指在现代科学条件下，班主任利用网络与学生进行沟通，从而了解、认识学生，进而对学生进行教育的方法。

这种方法的重要特点就是师生不是面对面，而是借助网络这个媒介进行沟通。不见面，什么话都可以说，无所不谈；不见面，就无所顾忌，就可以说出自己的真心话。特别是学生，他们纯洁、天真，在有委屈的情况下，在自己遭到打击的情况下，更容易展露自己的内心世界，更容易暴露自己的真实想法，班主任就可以通过"蛛丝马迹"进行分析，进行剖解，进行教育。

网"沟"法的方式很多，可以通过QQ聊天；可以利用校园网开通"班级在线"，和家长、学生共同搭建教育平台；可以开通博客，建立网上相册，上传班级活动图片、人物图片；等等。

利用现代网络对学生进行教育，必须知晓现代网络知识与技能。事实上，利用网络进行工作是班主任工作的必然要求。如果你想做好班主任工作，网络对于你来说很重要。如果你还没有这个意识，一定要树立这个意识，并且化意识为行动，早一步，就能领先一步，就能成功得快一点。

利用现代网络对学生进行教育，必须克服各种困难，及时上网，及时上传相关信息，特别是与学生或与学生家长的约定，不能言而无信，必须不怕烦。"一言既出，驷马难追"，你必须信守承诺，必须持之以恒，努力把上网工作变成自己工作的一部分，在工作中提升自己，发展自己。

利用网络对学生进行教育，还要不断地学习、借鉴他人好的经验和方法。当今社会发展日新月异，网络更是如此。许多老师在网络教育方面有新的经验，班主任必须勤于学习，勤于思考，勤于钻研，用最适合学生的方式对学生进行有针对性的教育，特别是潜移默化的教育，如通过传输某个电影，讲某个故事，让学生沉思，让学生反省，从而达到教育的目的。

四、用"名"法

用"名"法，就是通过运用含"名"（出名、著名）的东西对学生进行教育的方法。这种方法特点就是所用教育载体比较有名。有名的东西，人都很信服，也很向往，用得好确实能收到事半功倍的效果。

用"名"人：教室里挂名人之像，说名人故事，谈名人业绩，学名人行动，让名人的形象永远留存在学生心中。在这里，我要强调的是，很多学校也挂了名人图片，但却没有好好用起来——没有让学生瞻仰，没有让学生沉思，学生对此"熟视无睹"，甚至连哪些名人，都无从知晓。这是一种教育资源的浪费，这种挂名人像的做法纯属做形式，做表面文章。用名人，一定要选好名人，选对名人。有人说名人是不是一定要是科学家、政治家、教育家、军事家？我说否。名人也可以是歌唱家，也可以是表演家，为什么姚明就不能成为学生的偶像？有人说，是不是一定要是知名人物？也不一定，身边的那些感人的人物不行吗？像我们学校的蔡林森同志，就可以成为大家学习的表率。小人物呢？也能啊，像班级中进步大的同学，一直处于领先位置的同学，也都可以呀，只要有可学习的方面，那他就可以成为"名"人。我们就可以用好这些"名"人，来促进我们的教育。

用名言：通过说、记、议名言，让学生理解名言真谛，把握名言内涵，从而使名言成为其前进的动力。班主任可以每天为学生提供一句名言，写在黑板的醒目处，让学生记熟，谈谈感想。长此以往，一是利于学生积累，二是对学生起到"洗脑"的作用。名言，也不一定就是名家之言，只要有道理，只要别具一格，只要富有意义，都能成为名言。班主任自己也可以有"名"言，这样更富有亲切感；科任老师也可以有"名"言，只要对学生发展能起到教育作用。同样，班主任可以发动学生写"名言"，让自己的"名言"伴自己成长。在教育中，我们可以与语文老师一道让学生写作文《名言伴我行》，可以让大家用"名言"作为自己的座右铭。

用自"名"：每一个学生都有自己的名字，而这个名字不是自己取的，而是家长取的，其中大部分寄托着家长的希望，每一个字都包含着一定的意思。即使是随机起的一个名字，但如果去深究，特别是班主任赋予其新的内涵后，那个名字也就有了别样的味道。所以，在教育中，我们不妨让学生回家跟父母探寻"我的名字背后的故事"，让孩子理解家长的用心，走进家长的内心，用行动向家长回报。

对于用"名"法，当然还可以用"名"曲、"名"事、"名"物等进行教育，只要用得恰到好处，一定会对班级管理产生助推作用。

五、双"优"法

双"优"法，就是在教育中突出教育的对象，特别是那些所谓的"差"生，因为他们的"差"常常会导致班级问题不断，所以，在工作中必须切实做到"优待'差生'、'差生'优先"，从而使其感到班级的温暖，实现班级稳步前进的目标。"优待'差生'，'差生'优先"是双"优"法的主旋律，它是"补差""转差"的良药与钥匙。

"优待'差生'"就是在"差"生的转化问题上不能用简单粗暴的方式，不能态度冷漠，不能语带讽刺，不能情绪急躁，不能歧视偏见，而应该把他们看成是"正在成长中的人""正在发展中的人"。要宁爱勿恨、宁严勿苛、宁教勿训、宁拉勿推、宁正勿斜、宁和勿凶，在教育中给予他们更多的相信，更多的帮助，更多的理解，从而使他们不断地改掉自身缺点，走向正确与成功。

"'差生'优先"是指在同等情况下，即尖子生与'差生'身处一处时，要优先考虑"差生"的各个方面。

（1）课外"优先"——学困生学习上"欠债"多，他们的知识难以衔接，班主任要在课外组织老师对他们就有关知识进行补习，为他们接受新知识扫清障碍，从而减少他们学习上的困难。

（2）课堂"优先"——在课堂让他们优先提问，优先板演，优先被批改，优先接受辅导，使他们及时发现问题，及时纠正，达到"堂堂清"，避免把问题积累起来，力争新课不"欠账"。

（3）辅导"优先"——课后对"差生"出现的问题，及时进行辅导，"趁热打铁"，使之加深理解。

（4）帮扶"优先"——让"差生"自选"师傅"，班主任要做好"师傅"的工作，让他能够主动而积极地担负起"师傅"的职责，对"差生"进行帮扶，督促徒弟完成当天作业，从而发挥"小老师"的作用。

（5）家访"优先"——及时与家长联系，了解学生在家的情况，得到家长的全面支持和理解，从而实现家校共同教育。

（6）活动"优先"——"差生"之所以差，常是因为自信心不足，自我展示不够。通过举行活动，不是全部让"尖子生"冒尖，而是优先让"差生"来展示，使其在展示中接受鼓励、表扬，觉得自己不差，自己还行，从而建立自信，树立信心，获得发展。

（7）表扬"优先"——班主任故意用放大镜发现"差生"的优点，给予放大，让其认识到自己是有优点的，而且优点还很"大"，进而相信自己，不断改正缺点，促进发展。

六、赏识法

赏识法，就是班主任在教育教学过程中，使用"好学生推定"原理，即相信所有学生都是好的，用赏识的眼光看待每一个学生，从而让学生真的觉得"我是一个好学生"，使他们在不知不觉中改掉缺点与问题的教育方法。

赏识法要求，在教育过程中，不管发生了什么事情，无论事情有多么严重，班主任都应该坚持这样一个信念：每一个孩子都是好学生，只不过是不小心犯了错误，正是这个时候，他们需要教师的教育智慧，需要教师的耐心和关爱。只要树立了这样的信念，再棘手的问题，解决起来也会得心应手。

赏识学生、相信学生，这是教育的前提，不管他过去是怎样的，不管过去人们对他的评价如何。男孩子，都应该是男子汉，男子汉就应该有男子汉的气概，就应该有责任感、使命感。女孩子，则都应该是淑女，都应该是文静而善良的，都是通情达理的。赏识法让教师对学生充满期待、厚望。

确实，没有人愿意被看作坏孩子，没有人希望被看成没有教养、没有前景的孩子，即使是罪犯也不希望自己的孩子是罪犯。人人都很希望得到周围人的称赞、鼓励，学生更是如此。赏识在教育教学中应该被广泛运用。

在运用赏识法时，我们可以用"放大优点法"来赏识学生，即发现、寻找学生存在的优点，无穷放大，让学生通过比较，获得自信。

在运用赏识法时，我们可以让学生自己写自己的优点，至少十个，即使学生没有，或者只是一丁点儿，也写出来，这样就能使学生不断地放大优点，改正缺点。

在运用赏识法时，我们可以让同学写同学的优点，比谁发现得多，让学生知道自己竟然还有这么多优点，使学生进一步了解自己，从而不断地向更高层次迈进。

我们还可以在班级举行"我是好学生"签名承诺活动，并将之张贴在班级醒目处，通过这个活动让学生明白什么样的学生是好学生，怎样做才是好学生，让学生在签名中得到洗礼，从而不断地靠近好学生的标准，最终成为好学生。

七、协作法

协作法，就是在教育过程中，班主任发挥多种力量的作用，对学生进行教育，最终达到"众人划桨开大船"的目标。

协作法的关键在于教育的施动者不是班主任一人，而是多人、众人，包括家长、同学、科任老师、学校领导等与学生相关的人。

家校联手教育是协作法的重头戏。班主任是教育学生的责任主体，但家长也是一支不可或缺的重要力量，因为单靠班主任一人是很难做通、做好学生工作的，好的班主任必然是家长的朋友。但也不能因此就把教育的责任推给家长，我们应该把家长看成是我们的帮手、助手，请家长配合和支持我们的工作。

发挥学生的作用，让学生团体对学生个体产生作用是协作法的重要方面。前面我讲的"兵包兵"就是发挥学生个体作用，让学生产生教育影响与作用。在教育中，我们还可以通过班委会、民主生活会、座谈会、沙龙等形式，让众多的学生参加，各抒己见，畅所欲言，在对话和碰撞中达到教育自我和教育大家的目的。

科任老师也是协作法的使用对象。教育教学必须讲究一致性，只有全班老师"心往一处想，劲儿往一处使"，班级这个大船才能开得又稳又快。所以，班主任一定要走近科任老师，不断地征询其意见，通过班级实况，让其主动地参与到班级管理之中，为班级发展出谋划策，提出意见与建议。特别是在集体活动之中，邀请科任老师参加，并让其表演、讲话，给足面子，自然科任老师也就视班如家，就不会当局外人了。

八、警示法

警示法，就是在教育过程中，通过及时通告某些事件，让学生受到警醒、震撼、激励，从而达到教育目的的方法。

警示法所讲的事件非常重要，这个事件非一般性事件，而应该是包含着教育因子的事件，其教育因子必须与班级现状或学生发展有必然关联，即事件还必须具有针对性、发展性。

事实上，我们每天都处于事件之中——学校的，社会的，国家的，国际的。学生的主要任务是学习，他们没有更多的精力去关注这些事，但作为班主任应该及时告知他们一些身边的大事、要事，特别是一些具有教育意义的事件，以对学生起到警示作用。比如胡锦涛提出的"八荣八耻"、上海举行的世博会、神舟十号宇宙飞船与天宫一号空间站对接、习近平提出的"群众路线教育实践"等等，这些事件内容丰富，教育性强，班主任要有敏锐的眼光，及时发现并用好。

为了发挥事件的作用,班主任最好与语文老师联手,如果班主任本身就是语文老师,那可以就某个事件让学生写感想,说体会。这样做表面是语文,实质是教育;表面是事件,实质是挖掘。对此还可以搞专栏,特别是教育意义甚大的事件。

警示法要求班主任要学会关注,做一个事件的有心人,不仅关注本班,还要关注本校、社会,要每天看新闻,了解时事,把握动态。因为教育本身就有时代性,离开了时代的教育是空洞的教育,紧扣时代的教育才有源和本,才是真教育。

警示法中的事件,可以是正面的,也可以是反面的,可以是影响巨大的,也可以是影响一般的,只要富有教育价值,我们都可以拿来为我所用。过去有一个班主任,不是将中央电视台《东方时空》栏目搬到班级里了吗?最终取得了很好的教育效果。

他山之石,可以攻玉。只要我们善于观察、思考、借鉴,这些事件就真的能够成为很好的教育资源,能够为我们的教育所用。

九、换位法

换位法,是指教育的双方要换位思考,从彼此的角度考虑情况,有时甚至是暂时换位作为,进而理解对方,明白对方的用意。"己所不欲,勿施于人",通过换位使教育收到事半功倍的效果。

换位法常用于班主任与学生之间。班主任换位思考"假如我是学生,会怎么想,又会怎么做",学生换位思考"假如我是班主任,会怎样想,如何做",让师生都能从对方的角度体会对方的想法、做法,从而理解彼此,特别是学生能够理解班主任所采用的策略与方法,认同班主任的做法,从而拉近师生之间的距离。

换位法还用于学生与学生之间,特别是彼此有关联的学生之间。学生之间常有矛盾,干部与干部之间、干部与一般成员之间、一般成员与一般成员之间、师傅与徒弟之间、尖子生与"差生"之间、尖子生与尖子生之间、"差生"与"差生"之间、男生与女生之间,等等,因为各种原因,他们会发生碰撞,会有争执。这时最好采用换位法处理。让双方都冷静下来，想想假如自己是对方，会怎么做。可以写下来，彼此交换感触，了解对方，彼此就走近了。

换位法还用于父母与子女之间。很多父母不理解子女，很多子女对父母亲也充满敌意。如何使父母与子女关系和谐？换位法不失为一种好的解决方法。"假如我是父母，会怎么想，会怎么做？"让学生从父母的角度来思考，从成年人的角度来剖析父母的想法与做法。"假如我是孩子，会怎么想，会怎么做？"让父母也换位想一想子女的心理所需和生活方式。然后面对面地、心平气和地交流，再加上班主任的引导，子女就能找出自身问题，请父母原谅，父母也能找出问题，请子女理解。如此，父母与子女关系就协调了，就和谐了。

十、综合法

综合法，就是将众多的单一的教育方法综合成一种方法。事实上，任何一种教育都不是单一的教育，都是综合教育的结果。只不过在综合法的运用中，班主任须根据需要选择一种或两种方法为主，其他方法为辅，从而使教育更加富有成效。

常见问题的处理策略（一）

一、面对"网瘾"

网络具有全方位、超时空、互动性和隐蔽性的特点。上网可以激活学生的思想，让他们找到爱好和心理上的满足，但也会带来负面影响。比如学生沉溺网上游戏，不能自拔，对学习、生活缺乏兴趣等。

虽然有问题，但班主任也不应过于忧虑，甚至采取强制反对的态度，而应该以理解、宽容的心态，允许他们有自由发展的空间，有理、有利、有节地引导他们正确上网，这样才能帮助他们。以下是帮助学生正确上网的几点建议。

（1）促使学生树立正确的上网观念。班主任不能因网络的消极影响而让学生"与网隔绝"，而应该与学校一道共同积极开信息技术课程，引导学生正确使用电脑和网络。通过防火墙过滤、防毒软件等方法，来遏制网上泛滥的垃圾信息。

（2）积极创建网络环境，引导学生积极参加一些有益身心的活动，如打字比赛、小报制作、电子贺卡制作、网页制作、局域网内聊天，等等，为学生营造健康的网络环境。

（3）帮助学生区分现实世界和虚拟空间，引导学生把网络当成一种工具，用它增长知识、开阔视野。

（4）有针对性地对学生进行人生观、价值观及网络方面的教育，让学生懂得在网上如何选择信息、整理信息、利用信息，让网络在学生成长过程中发挥积极作用。

（5）班主任开通个人博客，用聊天工具与学生进行沟通，了解学生的心声，和学生交朋友、谈心，进行学习指导，提供有益信息。

（6）开展好现实活动，让学生从网络虚拟社区转移到现实社会中，或让网络成为一个学习的好地方。如经常开展各种文体活动，或利用暑假举办网上读书活动，让学生正确利用网络。

（7）与学校心理辅导老师一道，对有网络依赖情绪或迷恋网络的学生进行意志力的培养教育，使他们在生活中获得成功的体验。借助校园心理辅导网站，引导学生将自己的不良心理与同伴一起讨论、解惑，引导学生走出对虚拟网络的迷恋。

（8）与家庭一道共同关注有网瘾者，帮助他们走出困惑，走出迷惘。

二、面对"报复"

在班主任工作中，有时自己工作的疏忽、不细致，或一厢情愿、自以为是，导致某些学生想不开，想偏了，不理解，于是他们就采取一些"非常行为"来报复老师——如放车气、划车胎、搞恶作剧等，特别是对班主任。对此，你会怎么处理？处理好了，教师释然，学生轻松；处理不好，导致反复，甚至结仇。下面是我的几个处理方法。

1. 回顾反思

对于报复之事，必须思前忖后，弄清原因，有理有据地推测。

2. 现身说法

召开学生会,直接说出自己遭学生"报复"的事,然后,说出自己的内心话:在上学时,自己也曾经被教师批评过,当时认为老师没有必要小题大做,当着那么多人的面受到批评,太没有面子,因此恨死那个老师了。但是现在最爱的老师却是这个曾经批评自己的老师,因为正是那一次狠狠的批评,才让自己努力不止,奋斗不息,最终走上教师这个岗位。

3. 真诚倾听

讲完自己,再请同学说说自己是否有对老师不理解乃至报复的事情,这样使同学明白,不是老师不对,而是自己不能理解,是自己幼稚,是自己缺乏正确的是非观。

4. 举例剖析

用身边的真实的事例说明报复的危害——小则害人、害己;大则害家庭、社会、国家。同时对学生进行教育,让同学们明白人与人之间相处,不可能没有摩擦、矛盾,重要的是沟通、对话,尤其是别人善意的批评,更要用一颗坦诚、感激的心去接受。

5. 静静等待

通过上面四个环节的教育,实施报复的学生应该有了心灵上的震撼,有了良知,有了承认错误的欲望,此时,教师所要做的工作就是静静等待,给这个学生反省的时间,反思的机会。等待就是一种很好的教育。

6. 加深教育

通过等待,通过课堂暗示,通过对学生的全面教育,让报复者最终出现在自己面前。此时班主任应该巩固教育成果,加深并拓宽教育内涵。一是肯定,二是原谅,三是希望,四是保密。

以上教育过程要突出班主任的宽容与大度,给学生留有余地,给自己留有威信。让学生有反思的机会，千万不能因是对自己的报复而对此格外重视，乃至更加刻薄。应该从学生的角度来考虑问题，不能让学生看到教师为了自己的面子与利益而死抓不放。只有这样，才能让学生感受到教师的一切作为是为了学生，为了学生的有益成长，为了学生未来的发展。这样既解决了事情，又加深了师生的感情，更让学生从一人之事中得到教育，提升认识，获得发展。

三、面对失窃

假如你的班级里发生了丢东西的现象，作为班主任，处理方法的好坏将直接关系到班级的发展，特别是关系到偷东西的当事人的发展。但在实际工作中，许多班主任通常采取立即搜查的方法，在全班一个桌子一个桌子地翻，一个书包一个书包地查，一个学生一个学生地搜。如果搜不出来，则要求举报，发动大家讨论，可能是谁，证明是谁。

这两种方法，均不可行。一是不合法。你凭什么搜查？搜查是特定人员的权力，中国在建设法制社会，班主任岂能践踏法律？你这样做不仅影响学生的现在，更影响学生的未来，学生将来也会置法律于不顾，随便闯入，随便搜查。班主任这种随意搜查的行为对学生有百弊而无一利。再就是举报，试问举报是什么行为？是针对谁的行为？同学之间本是纯真的，最后大家都受到牵连，你不放心我，我不放心你，人人都是嫌疑犯，人人都自卫，人人都自保，请问这与"白色恐怖"有什么不同？班主任这样能将班级带好吗？学生在这样的班级里，有安全感吗？更何况，学生犯错是正常的事，你这样又是搜查，又是举报，搞得满城风雨，对偷东西的当事人是什么影响？你还让不让他待在班级？你还让不让他改错？你还让不让他发展？谁能保证一生不犯错呢？所以，我们不能干违法的事，也不能干不利于学生成长的事。那怎么办？只有一条——攻心，通过班主任的教育艺术处理这件事。

1. 思想动员

召开全班同学会，开诚布公地讲事情，让每一个人知晓，但言语表达必须以保护所有学生的想法为准则，避免过激。说话必须委婉，多角度解释拿东西的原因：临时借的，开玩笑的，好奇心驱使的……总之一句话，突出这是一个

"误会"，要表达老师相信每一个人的觉悟，也相信大家都会为这个班级争光而不丢脸，更相信当事人是不小心的，"拿"东西绝不是他真心想这么做。

2. 行动暗示

如果拿东西的学生在"思想动员"后似乎没有采取行动，那么，作为老师就应该采取"行动"——可以将学生分成三组，进行逐组谈话。谈话时，用商量的口气，向学生征询意见，请同学们出主意，同时作出承诺：守口如瓶。谈话内容大致如下：老师对你们很信任，你们对班级也有感情，你们帮助老师分析分析，如何找到手机，对此事怎么看，有什么好办法？在交流中，推心置腹，同时观察每一个学生的言谈举止，从中就能发现怀疑对象。如果在交流中，"拿"东西的学生主动承认了，那更好，一要肯定；二要做好保密工作，让这件事悄悄地结束；三是做好善后工作，与"拿"东西的同学进行深入谈话，使其认识到这种行为不能有下一次，使其思想上能够真正成长。如果学生没有主动承认，则进行第三步。

3. 换位说理

在"行动暗示"后，如果没有学生承认，则进行全班讲话，传达通过了解掌握的情况，通过了解调查到的信息。让大家明白，此事非同儿戏，并征求同学们的意见。同学们自然会出主意——报警，查出偷窃者；严惩，上报学校，开除学籍；等等。在此基础上，老师再晓之以理，动之以情，对全班同学重点讲四个方面内容：一是班主任爱每一个学生，是不会随便"揪出"那个"拿"东西的学生的，如果"揪出来"了，那这个学生以后如何面对老师和同学们？二是谅解"拿"东西的学生。年轻人犯错误，上帝都会原谅的。相信每一个人都有为难之时，给这个同学机会。三是人格担保，永远不会说出"拿"东西的人的名字，请"拿"东西的同学将东西自己想方设法送到班级。四是说出决心。如果仍然不能送还东西，则报告学校、报警，到时候就再也没有改正的机会了。最后，让全班同学齐声说：给老师机会，给同学机会，改过还是好学生。

经过了这三个步骤后，学生应该会送还东西的。有人说，如果没有怎么办？是耐心、细心、有爱心地进行处理。

总之，对于偷东西事件，班主任要本着保护学生的意愿，千万不能大张旗鼓，更不能冲动，而应该理解、关爱学生，用换位的方式说服学生，用点拨性的语言让对方反思，讲究谈话技巧，注意观察细节，适时指出后果的严重性，引导学生认识、自省、改正。

四、对于破坏型小团体

各个班级都有小团体，但小团体状况各异。有的是积极的，有的则是消极的；有的是被动的，有的则是主动的；有的是波动的，有的则是稳定的。其中，让班主任最头疼和最难处理的是破坏型的小团体。

破坏型小团体三五成群，常常无视校规校纪，常常有严重的打架斗殴、偷盗、敲诈勒索等恶劣行为，他们是班级、学校的害群之马。如果对于这样一个小团体处理不当，不仅会害了这些学生，也会害了班级其他学生，乃至会伤及班主任自身。

1. 预防为主，形成"优"风

如果班级出现了破坏性的小团体，很大一部分原因是班主任一开始并没有切实加强学生的思想政治工作，没有做到"预防为主"，没有形成正确的班风，没有形成强有力的正气。同时，可能是班主任在平时工作中，并没有关注这些学生，或者忽视了这些学生的存在，或者歧视过这些学生，言行中或多或少地表现出对他们的不满，而不是一视同仁地对待。这些学生由于长期受到压抑，于是走到了一起，抱团取暖，一起"维护自尊"，一起"干出成绩"来。所以，杜绝破坏性小团体的根本之道在于班主任老师正确的工作策略与思想，在于平时的工作重点与方法，在于真的做到将爱洒向每一个学生，关注每一个学生，一视同仁地对待每一个学生，从而使班级具有全体学生都能积极向上的班风。

2. 了解情况，正确剖析

由于自己工作失误或不到位确实促成了破坏性小团体之后，也别害怕。防是第一步，若未防住，下面就是"救"了。"救"的第一步就是了解情况，对小团体进行正确的分析，不能冲动，不能蛮横，不能急躁。分析该团体由哪些学生组成，什么原因使他们走到一起（可能是"同病相怜"，可能是"彼此互补"，可能是"彼此相同"），曾经做过哪些事，谁是头，谁是从，谁顽固，谁可救，其过去如何，其家庭背景如何，为什么干这事儿，为什么这几个人去干，为什么这个时间段去干。只有掌握了第一手的资料，分析到位了，真正做到"知己知彼"了，教育才能做到"百战不殆"。

3. 发现优点，鼓励为主

任何学生都有优点，任何学生都想获得进步与被表扬，破坏性小团体中的各个成员也是如此。这也是破坏"破坏性小团体"最为有效的策略。因此，班主任要善于发现和肯定这些学生的优点，哪怕是一丁点儿大的优点，甚至不惜用"放大镜"去找他们的优点，对其良好的言行及时表扬鼓励。当然，该批评的还是要进行有力的批评，只不过应该注意批评的方式：不讽刺挖苦，不伤其自尊，要留有余地，给其改过自省的机会，即要学会宽容这些学生，要宽大处理这些学生。放就是为了收。

4. 加强教育，满足需求

这些学生之所以能够走到一起，其中一个重要原因是对"哥儿们义气"和"姐儿们义气"认识不足，他们为朋友进行着所谓的"两肋插刀"，唯恐被说不讲"义气"；他们自觉服从"组织"，唯恐被说没有"集体意识"。所以，他们处理事情时很幼稚，很天真。有时，并不是他们不知此事不对，而是因为讲"义气"，他们不知道"义气"帮了倒忙，误人害己。所以，一定要通过各种教育活动，让学生明白什么是真正的同学友谊，义气不等于友谊，讲所谓的"义气"不能不讲学校纪律。同时在班级树立正气，用积极的小团体来引导与教育"破坏性小团体"（当然不能说出来），形成互帮对子。学生加入破坏性小团体，在某种程度上，是因为长期受到"不公正"待遇——没有满足应有的心理需要，他们的优点没有得到老师的正视。所以，要多走近他们，为他们提供更多的机会，以发挥他们各自的爱好特长，显示他们的能力和价值。这也是在分散他们的注意力，引导他们将注意力集中到有益的事情上。

5. 抓住"核心",各个击破

任何一个小团体都有一个核心人物,没有核心人物,这些学生是不能走到一起的,是不可能有集体行动的。古人说:"擒贼先擒王。"当然,学生不是贼。我们不妨仿照此法去改变"破坏性小团体"——在关心的前提下,走近他们,向他们示好,在制定班级有关规章制度时,可多征求他们的意见,必要时可任命其担任特殊的班干部(注意必须是实职,不能是虚职),可以通过他们来了解相关人员的思想情况。这一方面是对他们的信任,另一方面是让他们在教育他人的同时,来教育自己。当然,在"偏袒"他们时,对他们应该更严格,严格规范他们的日常行为,使其扬长避短,不断进步。

通过上面几个办法,应该能够让小团体发生根本性的改变。但凡事有其个性与特点,因此,我们在工作时,很可能因为某些方面的工作未到位,致使功亏一篑。但也别害怕,我们必须像诸葛亮七擒孟获一样,反复抓,抓反复,不断总结、吸取经验,用持之以恒的精神做小团体的转化工作。

五、面对偶发事件

一般来说,偶发事件是指在教育活动过程中突然出现的非正常事件,它难以预料,出现机会较少,但班主任必须迅速作出反应,处理问题。偶发事件是特殊矛盾的反映,也是对班主任能力的特殊考验,它可以全面测试班主任的思想修养、情感意志、思维品质、组织能力,等等。

有一些班主任对教育活动中发生的偶发事件表现出极端的冲动——或者是大发雷霆,滥施处罚;或者茫然失措,一筹莫展;甚至撒手不管,将矛盾交给学校领导;还有的耍小孩子脾气,又哭又闹;等等。如果这样处理偶发事件,必然严重损害自己的形象,削弱个人的威信,更极大地削弱班集体的凝聚力,给班级造成极大的损失。

还有些班主任畏惧教育活动,担心万一出现偶发事件怎么办?于是,就产生了"多一事不如少一事"的思想。但我以为,这种想法无疑是错误的,我们不能因为会出现偶发事件,就不组织班级活动。怕、躲、推是不能做好班级工作的,班级工作从某种程度上说,就是与活动打交道的,离开了活动,班级将没有生机，缺少内涵。所以，我们还是要进行班级活动。但我们在活动前、中、后，必须充分预设，高度谨慎，严密规划，积极防范，如此，才能将偶发事件的发生几率降到最低。

那么，怎样处理教育活动中的偶发事件才较为妥当呢？

1. 沉着冷静，作出决断

当偶发事件发生时，一定要注意控制感情，沉着冷静，作出决断。绝对不能心烦意乱，沉不住气。《三国演义》中空城计那节，诸葛亮怎么也没有想到司马懿会来空城，怎么办？沉着冷静，运用智慧，最终化解了危机。对待班级偶发事件，应同样如此。当班级突然出现偶发事件时，班主任千万不可冲动、发怒，而应立即冷静下来，克制住自己的感情，特别是面对平时表现不好的学生发生的事件，你的冲动，很可能使事情走向更糟。更何况，现在还不能确定事情的真实情况，自然是不能头脑发热，意气断事。首要的是平息事情，耐着性子，调查情况；其次迅速分析事情原委，审时度势，果断地拿出基本的处理意见。

2. 掌握分寸，不露痕迹

分寸感是班主任教育机智的重要组成部分，处理事情一定要留有余地，万一是自己弄错了，怎么办？万一处理重了，怎么办？所以，不能一味地进，而要做到处理时，宁可轻，也不能重；宁可慢，也不能快；宁可信，也不能不信。此时，你一定要把握方向，以学生为主，控制事态。大的方向就是学生的生命，学生的心灵，不能激化矛盾，不能火上浇油。这样，你的处理才能变得进退自如，而不是进退两难。因此，班主任在处理偶发事件时，一定要掌握好处事的分寸，否则，稍有偏颇，就可能把成功变为失败，把学生推向反面。当然，这种分寸感是靠自己平时的工作经验的积累逐渐培养出来的。

3. 以我为主，依靠大家

在处理中，一定要牢固树立班主任是班级的灵魂的思想。既然我是班级的主心骨，我是活动的策划者、知情者、参与者，必须把我放在主要位置上，靠我想出办法。因此，在这个时候，班主任绝对不能推责任，不能找借口。但一个人的智慧是有限的，这时，你就应该发挥大家的智慧，依靠集体的力量——学生群体的智慧，班级科任老师、学校领导、家长等的力量来解决，必要时，还要动用律师来解决。

4. 即兴发挥，机敏幽默

偶发事件的特点就是偶发，即事情带有偶然性、突发性、不可预测性，也就是今天所提的随机生成性。故此，我们只能依靠自己，做到处变不惊，沉着应对，机敏处事。但一味如此，还不行，一是一、二是二，太过严肃，不能给事态降温，最后可能出现硬碰硬，最终让事情硬着陆，出现不应该出现的诸多问题。所以，在处事时，还要学会运用幽默的策略，不仅是为了调节情绪，缓解冲突，更主要的是，幽默本身就是一种教育良器。班主任在幽默的语言中，阐述自己的主张和观点，给学生以善意的批评和上进的力量，学生比较容易自觉地接受。

5. 总结经验，完善方案

一个班级一学期不发生那么一两件偶发事件几乎是不可能的，既然如此，班主任在处理事件的过程中，必须不断总结、吸取其中的教训，不断增强处事能力与水平，防患于未然。这里讲的总结与吸取教训，不仅指向自己身上、自己班级发生的偶发事件，也指向他人、他班发生的偶发事件。他们都是镜子，如果我们提防了，学习了，一定会使偶发事件少发、不发。

上面讲的偶发事件是不良的偶发事件，绝非所有的偶发事件都是不良的事件，有的反而是正确的事件。譬如说正在上课时，某家长送锦旗给学校、班级，因为某学生做了好事。此时，作为班主任完全可以放下授课，在班级大力宣扬这种精神，使这种精神得到弘扬，让大家都能够受益。但是，两种偶发事件的处理方式绝对是不一样的，因为一个是正确的，体现的是正能量，一个是错误的，体现的是负能量。

六、面对"早恋"

中学生正处于身体和心理迅速成熟的时期,学生已经过了两小无猜的年龄,相互之间有好感是很正常的现象,这就是所谓的感情。如果一个学生到中学阶段还没有对异性有一种或吸引或追求或想象的感情或者想法,那说明这个学生的情商很低。故此,男女生之间只要能把握好交往的分寸,控制好自己的情感,就不会影响学业,不会给他人和自己造成不良的影响。作为老师,对"早恋"的学生不应过分紧张,小题大做,而应该给予他们更多的关爱与帮助,正确引导他们看待自己的感情。该如何做,以下是我的几点建议。

一是在日常教育中,有意渗透爱情教育。爱情应让学生早知道,这对学生有益无害,这样才能防患于未然。如果故作神秘,那学生就会想方设法地去探索、实践,到头来,很可能适得其反。所以,平时渗透、讲清道理就很有必要。通过渗透,让学生明白,爱情是美好的、神圣的,如果随便、轻易地涉入爱河,是对爱情的不负责任,是对爱情的亵渎,只有在适当的时候与一个适合的人相爱,才会获得幸福的爱情。渗透之法即班主任可以结合文艺作品中的一些经典爱情故事、现实事例、自己的所见所闻讲"爱情"给学生听,使他们明白什么是真正伟大的爱情,什么行为则把爱情视为儿戏。

二是与家长沟通,让家长配合做好爱情教育。教育是要讲契机的,讲早了,没有经历,白讲;讲迟了,事情已经发生。所以,班主任要提醒家长抓住时机对学生进行爱情教育,让学生明白爱情是什么,什么样的爱情是伟大的,如何树立正确的爱情观。如在看电视时,家长结合派对节目、《社会与法》等相关节目适时对学生进行教育;散步时看到白发苍苍仍然互相搀扶的老夫妻时,对其进行忠贞爱情教育;公共场所,看到青年男女不正常接触时,把他们当作反面教材对其进行爱情教育。当然,家长的渗透教育必须是在家长充分地了解孩子的基础之上的,它是根据孩子身心成熟情况进行的教育。家长也可以主动地与孩子进行交流,满足孩子对这方面的期望与要求。

三是开展全班性的爱情教育,教育学生正确看待和处理男女同学之间的交往。通过主题班会"关于爱情"等课程,教育学生不要和同学开这方面的玩笑,不要捕风捉影,瞎起哄,甚至造谣。这样的行为,是一种不道德的行为,是一种偷窥行为。倡导男女同学正常文明交往，共同参与活动，在学习中互相帮助。教育学生不要脱离群体躲在角落里交往，应大方磊落。特别强调，在交往中，要有性别意识，尤其是初、高中生，更不要有过分的身体接触，如勾肩搭背、拉拉扯扯等。

四是当学生真的出现所谓的"早恋"现象时，班主任则应该冷静分析，他们的交往是表还是里，是深还是浅，是主动的还是被动的，是男在先还是女在先，到了什么程度，等等，必须详尽地了解。这时候，班主任应与学生进行冷静的交流，了解学生对此问题的认识和看法，从而有效引导学生正确把握自己的情感，控制自己的行为。

在交流中，教师一定要心平气和，推心置腹，不能"火大"，不能声张，要保守秘密。通过提问来让学生逐渐理解，终了因一时感情冲动而建立起的爱恋，始终保持同学间的关系。具体提问如下：

中学生的任务、目标是什么？

什么年龄是恋爱的最佳年龄？为什么？

恋爱需要以什么为基础？

同学们是如何看待这个问题的？他们的看法有什么积极因素吗？

父母亲是如何看待这个问题的？他们的看法有什么积极因素吗？

失足青少年的失足原因都有哪些？

如果你们班有学生谈恋爱，你们将如何看？又将如何处理？

假如你们是父母，你们的子女谈恋爱，你们会怎么想？又将如何处理？

学生的主要任务是什么？最大的责任是什么？

通过提问，让学生懂得"负责任"，以学习为主的责任，对自己未来前途负责的责任，对父母尊重孝顺的责任，为对方人生幸福着想的责任。考虑到责任，那就应该不只是想着自己的感受，不能冲动，做事要三思而后行。

五是与家长一道协同教育，使教育合力最大化。如果到了很严重的地步，或者说到了教师确实无法保密的地步，那班主任必须将此事告知家长，让家长抓住时机对孩子进行教育。在教育时，一定要提醒家长此时要冷静，多让孩子说话，多倾听孩子的心声，多了解孩子对此问题的认识，然后再明确表明自己的态度和对孩子在此方面的期望。

对于"早恋",我们所做的工作一是正确理解,不能误解;二是截源,对学生进行正确的爱情观的渗透教育,把工作做在前面,努力避免出现问题;三是引流,对于真正出现早恋问题的学生,必须冷静分析,有效引导,正确处理。在处理中,坚决不能想当然,必须尊重学生,尊重学生身心发展的规律,不能有过激行为,不能简单粗暴,必须以不伤害学生心理为基本原则。

七、面对自习课纪律差

自习课,本是让学生自主的课,是让学生自己培养自己的课,是让学生自己补救自己不足学科知识的课,是查漏补缺、巩固复习的课。但有些学生因年龄小,控制力差,最终在自习课上放任自流,无拘无束,自由自在,造成纪律差的局面。

而如果自习课的纪律一直差下去,学生形成了放任的习惯,最终可能导致在有老师的课堂上也变得放任。那么,如何让自习课堂变得井然有序?

1. 帮助学生明确自习课的性质与目的

爱玩是学生的天性。在很多学生看来,自习课不是正课,是变相地让学生玩的课。他们认为,正课是有老师在场的课,是需要老师讲的课。于,"玩"就成为了自习课的主要事情,"纪律差"就成了课堂必然出现的现象。由此可见,学生自习课纪律差不是学生天生如此,而是其对自习的性质和目的不明白所致。所以,让学生明白自习课的性质与目的是第一位的,因为"认识决定行动"。怎么让学生明白呢?召开班会。通过班会课进行民主交流,让学生明白:自习自习,自主学习,自习课也是课,是自己学习的课,是比有老师在的课更反映学生品质与修养的课。既然是课,那么,哪有不认真上的道理?哪有可以荒废的道理?哪有可以随便的道理?

2. 培养学生自习课自觉学习的良好习惯

习惯的养成是需要长期坚持的,这种坚持是他教和自教两方面共同作用的结果。老师教属于他教类。教师必须相信每一个学生都是可塑之才。有的学生"胡作非为",不是他本身"差",而是不知道该干什么。他们或者作业完成就完事了，或者认为作业可以带回家去，回到家时间多的是，何必在学校里做？当学生在课堂上无事可干的时候，自然就会不安分起来。所以，班主任此时一定要用时间来让学生养成上自习课的良好习惯。先由班主任看班，布置内容，安排时间；再由班干部看班，布置内容；再是不设班干部，自我安排内容，班主任不断"巡班"；最后，班主任也不"巡班"了，而是一上自习课，由各个同学自我计划，做自己的事情，形成一种自习的意识。

3. 制定班级自习课规则，严管"出头鸟"

俗话说："没有规矩，不成方圆。"任何好的秩序都有纪律的维护。这种纪律，不应该总是由老师促成，而应主要靠学生自觉养成。学生自觉性的最好表现应该是在老师不在的情况下，特别是班主任不在的情况下反映出来的。为了使纪律得到最好的执行，必须制定班级自习课规则，明确如果学生自习课上不守纪律了，如何处置，如何扣分，如何与其评语挂钩，如何写检查，如何罚写体会文章，如何为学生、为班级做事。这样一来，自习课违反纪律的现象就能做到有法可依了，学生就可以进行自我对照，自我修正，就有自习课的规矩了。如果真有那么几个学生不守纪律，那必须严打"出头鸟"：让他们写反思材料，让他们通过反思进行自我教育，如果再犯就让他们把反思的材料带回家，让家长签字后再交到班主任处保存或者是贴到后面黑板上，时时提醒他们。如果这样还不行，就把他们叫到办公室去自习。办公室里有老师在，有时有很多老师，甚至还有其他班级的老师，不管多调皮的学生，在那样的环境里自习一定会坐如针毡。

4. 加强承包，开展竞赛，促进所有学生共同进步

前面我们已经讲了，洋思中学教育学生有一个很重要的策略，就是"兵包兵"。"兵包兵"是加强自习课纪律最为有效的办法之一。所谓"兵包兵"，就是让学生承包学生，让纪律好的学生承包纪律差的学生，让班干部承包有问题的学生，建立考核机制，实行承包连坐考核，做到"一荣俱荣，一损俱损"；在承包的基础上，开展竞赛，比哪一个承包小组纪律好，比哪些承包对象纪律进步大，发展快，并在班会课时给予表扬，在插红旗时多插一面红旗，即插双

面红旗，对表现好的组发放流动循环红旗。用这些方式来激励和促进学生进步与提升。

总之，对自习课的管理不能简单粗暴，而应该动之以情，晓之以理，持之以恒，并用严格的纪律制度为之保驾护航，如此，自习课纪律才能真正好起来。

八、面对作弊

作弊现象，是一种非常普遍的现象。为了个人的利益，会作弊；有时，为了所谓的脸面，也不得不作弊；还有时，在整个大的环境下，大家都在作弊，就我一人不作弊，似乎太亏了，"罪不罚众"，于是也加入到作弊的大部队。

作弊现象，应该是人人喊打的。作弊不仅不利于学生的成长，对学生未来的发展也有无穷的害处，更对整个社会风气有影响。长此以往，贻害的是整个民族，整个国家，作为教书育人的班主任必须清醒地认识到这一点，否则，陶行知先生所言"千教万教教人求真，千学万学学做真人"的目标如何实现？那么，如何使学生做到诚信，而不作弊呢？

1. 班主任必须认识到作弊可耻，坚决杜绝

确实，现在作弊现象很多，通过作弊确实能"获益"。但不管怎么样，作为正直的班主任，作为有抱负的班主任，作为教书育人的班主任，是绝对不能认可、默许、赞同、怂恿、掩护学生作弊的，哪怕这关系到你的晋升也不行。因为"作弊"是一件来不得的事，是一件怎么说都不能做的事，这是为人的底线，这是道德的底线，这是教育的底线。只有班主任认识到作弊可耻，诚信光荣，才有资格进行诚信教育，才有可能进行诚信教育，才能真正去进行"反作弊"教育。如果班主任本身认为作弊是应该的，是对学生的好，是对自己的好，那作弊现象如何能够根除呢？

2. 培养学生正确的是非观，防患于未然

"凡事预则立，不预则废"，教育亦然，诚信教育、"反作弊"教育更是如此。很多学生之所以作弊，是有时是因为是非不清——帮人，体现了"哥儿们""姐

儿们"义气；被人帮，理所当然，谁让他是我的"哥儿们""姐儿们"；前期班风不良，大家已经形成了"习惯"，没有办法改了；教师要求过高，根本无法达到，怎么办，作弊为上……所以，班主任要把自己对作弊的认识讲给学生听，让学生辨别，让学生讨论，让学生沉思，帮助他们改变"哥儿们义气""姐儿们情谊"的错误观念，树立正确的是非观，勇于同作弊行为作斗争，从而在班级形成正气，杜绝作弊之源。

3. 加强诚信教育，从"心"开始

诚信教育不仅是一个班级的事，也是全校的事。学校自然要开展全校性的诚信教育，开展各种诚信教育活动，让学生在活动中感知诚信的可贵，让学生真正认识到"生命不可能从谎言中开出灿烂的鲜花"（海涅），这样才能真正杜绝考试作弊。所以，在平时的每一次考试中，班主任都要开展诚信承诺活动，尽管作出承诺是一种形式，但对于学生来说，却是一次庄严的宣誓。但光有承诺还不行，还必须进行诚信实践，即每次考试，不管是大考，还是小考，都必须一人一桌，都必须严肃认真，都必须制定具体的考试细则，都必须拿出具体的惩戒措施，对违反者一定要教育，同时让其他人看到作弊的代价，对作弊望而却步，从而扼杀作弊的想法。

4. 加强意志训练，培养诚信品质

不少学生在作弊之后都有这样的感受：当时是一念之差。是的，答案就在面前，好处就在眼前，不看不抄不作弊多可惜呀！我们以为，这是一种托词，是自己意志力不坚强所致。学生作弊很多时候不是因为是非不分，而是因为基础不扎实，欲投机取巧，认为别人看不见则万事大吉，则"心旷神怡"了。这说明平时学生对自己的意志训练不够，班级在这方面抓得不紧。所以，作为班主任应该多开展活动来加强对学生的意志品质的训练。特别是每一堂课，要让学生真学，真暴露问题，真提问，真做题。尤其是在大考中，老师要有意无意地离开考场，让学生在没有老师的监督下考试，形成"无人监考"的局面，不断地训练，不断地放手，不断地培养，学生的自觉考试、诚信考试的品质定能培养出来。

5.减轻学生压力，实事求是地要求与评价学生

学生成长得更快、更好是每一个班主任的希望，但这种希望是建立在学生个体实际基础之上的。所以，我们对学生的要求不能太高，必须实事求是。如果要求太高了，学生的心理压力就会增大，这不仅影响着学生的健康发展，还影响着学生的品质发展。为了消除这种压力对学生健康发展的影响，班主任一定要从实际出发，走到学生中去，认识学生，理解学生，同时，还要说服家长改变对考分的不正确认识，改变以分数评定学生的做法。一定要让学生和家长都明白，分不是学生的命根，品质好、会学习才是未来发展的根本。

九、面对不讲究卫生

卫生是班级的外衣，一看就知道这个班级是一个怎样的班级。如果墙壁无任何污损，门窗无任何划痕，地面无任何纸屑，桌凳排放整齐，每时每刻别人进班总有一种神清气爽的感觉，那么，毫无疑问，这个班级一定是一个积极向上的班级——卫生如此，其他方面也不会差到哪里去。反之，卫生一塌糊涂，这个班级肯定不是一个乱班，就是一个差班——最简单的卫生都没有搞好，还能搞什么？

那么，如果遇到不讲究卫生的班级，你该怎么办？

1.以身作则，切实做好本人的卫生工作

卫生从班主任做起，这是做班主任工作的前提。自己不正，何以正人？当班级出现"脏乱差"现象时，班主任，首先不应找责任人，而应该默默地给学生做表率——看见地上有纸屑，当着学生的面，弯下腰，主动地捡起，送到纸篓中；看见墙壁上有划痕，找来磨砂，将划痕擦掉；看见讲桌不整齐，一件一件地放归原处，整理有序。这样做，一是表明自己的态度，二是给学生树立一个榜样与示范。你默默的行为，一定会给学生以影响，他们一定会以班主任为表率，做好自身的卫生工作。

2. 广泛讨论，制定切实可行的卫生考核条例

班主任必须有好的卫生习惯，同时要给学生指导与示范，但仅此不够。只有学生主动自觉了，卫生教育才能达到目的。班主任在示范后，一定要及时召开班会，对不讲究卫生的现象进行讨论：如果不讲究卫生会有什么坏处？如果讲究了卫生有什么好处？讲究卫生会不会影响学习时间？讲究卫生会不会影响学业成绩？学习成绩好的，是不是都是不讲卫生的学生？怎样做好卫生工作？问题的讨论可以让学生认识到讲究卫生的重要性。在此基础上，一定要制订出切合班级实际的卫生考核条例，做到条例面前一律平等。对于成绩好却不讲究卫生的学生，要实行一票否决，这对学生而言很重要，因为你怎么考核，他就会怎么做。

3. 培养称职的卫生干部

有了考核条例，还必须有检查。检查质量的好坏自然会影响到卫生质量的好坏。虽然可以由班主任进行全面的检查，但我们最终是培养学生的自主与自觉，而不是靠班主任的"管压"来做好班级的卫生。所以班主任要发现并培养一批热爱劳动、有精力、有能力，也非常愿意为集体服务的同学做劳动委员或卫生委员，让他们把班级卫生工作当成自己的事情来做，而且要让他们对本班卫生进行承包，确保在其工作期间内，卫生一流。但需要强调的是，如果发现值日生有疏漏，卫生干部不能代扫了之，而应该记录，考核，上报，处理。否则，卫生干部就变成救火的了，这不仅不能培养学生的卫生习惯，相反，会让部分投机者变本加厉，逃避劳动。

4. 广泛"封官"

"官"在现实社会中很需要，这既是一种职责，也是一种荣誉。学生中也是如此，有一个"官帽"戴在了学生头上，那与一般的学生就不相同了——我是"官"，我一定要有"官"的样子，不能混同于一般的学生。通过"封官"，能够极大地调动学生的积极性，使他们变被动为主动，变他事为己事，做值日也就有了荣誉感。如：窗户长——负责每天擦窗户（如多了，则南区窗户长；

如再多，则南区一号窗户长）；走廊长——每天拖走廊；黑板长——每天擦黑板；门长——每天擦门；讲台长——每天整理讲台……只要需要，你可能给出若干个"官名"，有时一人可以有多个"官名"，有多个职责，职责多了，学生自然愿意，因为这说明他的价值越大——当然这需要老师在班级营造一种氛围。

抓卫生工作，有时很简单，有时又很复杂。但如果只靠班主任一人单枪匹马地干，是绝对不能做好班级卫生工作的，只靠几个学生也是做不好的。"大家的班级大家抓"，只有发挥每一个学生的主观能动性，只有让每一个学生认识到卫生的重要性——关系到自身、班级，是一个班级是否积极向上的重要指向标，才能变被动和被迫为主动与自动。所以，当卫生状况不佳时，班主任一定要引导大家想办法解决问题，让大家个个参与，个个负责，个个用心。

各位班主任，前面我用九个小节具体讲了如何处理学生身上发生的一系列的问题，其实在学生身上发生的问题远远不止这些，这九个问题可谓是"九牛之一毛"。因为学生是活生生的人，是变化的人，是有无穷潜力的人，所以他们身上必然还有其他很多很多的问题。下面我再简要地介绍一些问题的处理策略，希望大家能从中得到一点启示。

常见问题的处理策略（二）

一、关于排座位

排座位是最平常不过的了，但是你是否考虑过如何排才具有教育的价值和意义？其实排座位也有学问，也是需要讲究技巧的。

朱永通老师《润泽的座位》一文值得我们班主任读一读。他在文中提到，如果全班是单数，如何排？让谁坐单桌既不会给学生造成隐性的伤害，也不会让家长不满？大部分班主任都是把排座位当作一种惩罚的手段，即表现不佳者，坐在最前面一排。但我们为什么不能将之作为对一周来表现好的学生的奖励呢？这是一个独一无二的座位呀！把它放到最前面，在讲桌旁边，可以培养学生的独立性，可以让所有的老师与学生随时看到，也可以让家长感到很有意味。不但孩子们愿意去坐这个座位，而且家长们也纷纷鼓励孩子们好好表现，争取机会坐上这个座位。行为一变，整个结果就发生了变化，消极的处境就变成了积极的育人行为了。

老师们，一个班主任关注了这个"特殊座位"的孩子，就意味着他对这个孩子倾注了教育，从中我们可以读出这个老师的教育品质。

二、关于"流生"

"流生"现象在全国比较普遍，各级政府也比较重视，通常采取"层层包、层层保"的方法进行，最后一层就到了班级，得班主任"包与保"。这对于很多班主任而言是一个非常难做的工作。对此该怎么办？

对"流生"，班主任不是救济者，而应对其真正了解，与其真诚地交流，把孩子当成自己的孩子，走进学生的心灵，让他们有家的感觉，让学生家长感受到孩子在这样的班级有发展，孩子在这样的班级有奔头。假如学生看不到希望，或者感受不到幸福，即使成绩好，即使家庭状况好，他们也会离开班级的。这就要求班主任将工作做在前面，做好相关的准备工作，譬如给予学生及时的关爱，让学生有表现的机会，经常对学生问寒问暖，让其有朋友，给予赏识与表扬，等等。

事实上，只有极少数学生因为家庭经济困难而真正辍学，我们必须把握主流，把握关键，防范在先，补救及时，帮助到位，才能最终杜绝"流生"现象。

三、关于学生的家庭作业未完成

不完成作业现象在各个班级都有出现。对于此种现象如何处理呢？应该说各有各的妙招。我通常首先采取的办法是了解，不了解自然不能教育。

如果确实是因为某原因未能完成（身体不行、家长有事等，但必须通过确认，而不是光听其言），则先教育——学习是任务，即使身体有点不舒服（是有点，非严重），即使家中有事，如果你想到这是责任，这是任务，你就必须完成。其次是必须在两天内完成，时间自找——只有完成，才能说明你在补救，才能说明你与其他同学一样，也就是说，有原因和理由了，还是必须做的。

如果是长期未完成者，则进行全班教育，来一个作业布置迂回法——假装布置双倍作业，征求其意见，他自然嫌多，老师见机行事，顺从他，并且让其在全班同学面前承诺、保证，让其他老师担保、见证，最终在高压面前他能完成作业。作业完成后，乘胜追击，在班上表扬、展示，通报其父母，给予适当物质奖励（譬如由老师签字的本子）。这样，学生就能逐步地改掉不做作业的毛病。

如果是尖子生，即平时所谓的好学生，我们就要考虑，布置作业的时候，是不是考虑到所有学生完成作业的能力？只是整齐划一地要求孩子做多少，这对于基础不同、能力不同的学生来说是不公平的。科学的方法应该是分层次布置作业，对基础不同的学生按照不同的要求布置作业，甚至允许一部分学生不完成作业，特别是尖子生、已经完成任务的同学，这叫作"因材施教"。

四、关于迟到者

迟到对学生来说是常有的事。但我发现，有的班级迟到现象很少，几乎没有，而有的班级则较多。对于迟到现象，必须分门别类处理。

对于个别偶然迟到的学生，则弄清情况，让其写下保证后，即可放行。对于个别总是迟到者，却要另当别论了。我们绝对不能让他站在门外，不让他进教室，还美其名曰："后果自己承担。"你要知道，长此以往，学生就会迟到得更严重，乃至逃学——站在门外是一件丢面子的事。我们可以从学生实际情况入手，弄清楚究竟是什么原因造成学生迟到的，如果确实是因为懒惰、怕苦造成的，则需要想出办法来管理。

第一步就是签订君子协定。让学生明白迟到的影响——不仅影响自己，也影响全班，还影响家庭。让学生主动签订协定，保证什么时间到校，特殊情况，可以放宽五分钟，给其一个舒缓的空间。第二步就是家长监督。家长必须承担起让孩子准时起床的责任，班主任一定要把这样的责任告知家长并切实落实到位。第三步就是加强家访。班主任在签订君子协定后，用一个星期的时间去孩子家中叫醒孩子，用自己的行动感动家长，感动学生，这就是所谓的"视生如子"，孩子在班主任这样一来一去中，自然就能够"习惯成自然"了。第四步就是巩固。班主任兑现承诺，在班上表扬，让全班知道该生是一个有志气、有毅力的学生，并在百分赛中给予加分，让学生享受成功。第五步就是趁热打铁，继续签订君子协定。如果学生说不必了，已经改了，则以"信之"的态度对待。

五、关于蛮横的家长

一般而言，家长都是能够理解学校工作，能够主动与班主任配合做好学校、班级工作的。但在工作中，总有例外，假如遇到蛮横的家长怎么办？

第一步，晓之以理，动之以情。拿一张椅子，端上一杯茶，把家长视为座上客，心平气和地了解情况。第二步，讲清情况。对于确实是自己工作失误造成的问题，必须虔诚地向家长道歉，同时把相关情况如实告知，求得家长的谅解。如果不是自己造成的，则努力解释，力求排解。第三步，如果家长不听解释，反而撒泼，那就汇报给学校，求得学校支持。汇报时，必须实事求是，以让学校采取正确措施进行处理，千万不能有任何的隐瞒。第四步，找出关系，搭建平台。学校处理不了，你可以动用各种关系，做好学生家长工作，力求让家长下得来台。第五步，说服学生，让学生成为你的帮手。一般而言，学生还是有正义感的，如果确实是家长不对，他也会站在班主任的一边，除非真是班主任有问题。家长见到孩子不帮自己，反而帮老师，也不会坚持自己的观点的。第六步，寻求法律帮助，报警处置。对于那些真的不可理喻的家长，你已经尽最大的力量了，仍然无法摆脱其纠缠，那只能是求助于法律了，让法律来处理，报警是最重要的方式。

六、关于师生关系紧张

师生关系本应该是和谐的，可是由于这样那样的原因，师生关系对立、紧张，如同敌我一般，怎么办？

我们以为出现这种关系多半是由班主任引起的，因为班主任处于主导的位置，特别是班级大部分同学与班主任产生对立时，那更是班主任的问题。所以，"解铃还需系铃人"，班主任应该主动地、有意识地改善这种关系。

要分析自我性格，主动、热情地和学生交往，把自己置于学生之中，经常和学生交流思想，参加学生的文体活动，积极和学生参加课外活动；要关心学生、尊重学生，相信每一个学生，不仅关心学生的学习，也关心学生的生活，要做到一视同仁，保护每一个学生的自尊心，改变自己不当的教育方式；处处、时时、事事做到为人师表，不断增强自身魅力，特别是言语要文明，不讲粗话、脏话，不伤害学生的自尊，要言而有信，不留怪发，不着奇装异服；要提高自己讲课的水平，认真备课，用自己的学识和教学方法来赢得学生的尊重。

七、关于留守学生

随着城市化进程的加快，农村出现了一批留守学生。这些留守学生因为父母不在身边，一直跟随祖父母生活，性格和生活上难免会出现一些问题。对于这样的学生，作为班主任，一定要高度重视。因为他们在家中得到的爱相对较少，如果再在学校、班级受到伤害，而作为班主任的你又没能很好地关注其发展，那这些学生就很可能变成"害群之马"——当然，他们本身并不坏。

首先要从情感上引导其积极向上，用师爱来弥补其父爱和母爱的缺失，同时让他们体会到父母外出打工的艰辛，感受长辈对自己的关爱和关心。其次要有计划地开展班级活动，鼓励留守学生积极参与，主动交往，培养其合群、乐观的性格，特别召开与留守有关的主题班会，让大家体验劳动艰辛，给外出打工的父母写封信，开通家长热线。再次就是要为每一个留守学生建立档案，这样做可以确保自己心中有数，下届班主任心中有数，方便学校做好相关工作。最后要不断地完善寄宿工作，让学生在高素质的生活老师的指导下视校为家，享受到家的温暖。

八、关于学生死活不开口

在班主任工作中，有的学生性格内向，有的学生自知犯了错误怕被严肃处理，就出现了"死活也不开口"的情况。对此，很多人束手无策。怎样才能让这样的学生开口说话？我的切身体会就是用语言刺激，让他跳起来反抗，你见机行事，顺势而为，最终达到目的。

有一次，一个学生被科任老师叫去，被问为什么不做作业。可那个学生就是不说话，于是，科任老师就让他站在一边，自省。结果到下课，该生仍然只字未说。我见状，便对学生说："你说，昨天晚上你跟哪一个学生谈恋爱了？"学生一惊，立即反驳，"没有，谁说的？"——在学生看来，谈恋爱是一件不光彩的事，我当然知道学生没有谈恋爱，说我这句话是为声东击西，让学生开口而已，学生一开口，就有了交流与了解的可能性，这样工作就可以开展了。

九、关于学生不自信

自信是成功的基石。没有自信，学生难得成功。但就是有些学生缺少自信，对此，我们应该怎么办？

相信学生是自信的开始。班主任必须对学生充满信任，只有相信，才能让学生树立自信，这是第一步。创设自信的基础氛围。在平时工作中，用微笑面对学生，用表扬对待学生，用成功期待学生，让学生没有心理压力，从而他们能够自信地学习、生活，这是第二步。让学生体验到成功。成功是自信的助推剂，老师要想方设法地让学生体验到学习的成功、做事的成功。在课堂上老师要因材施教，对学生提出不同的要求，让每一个学生都享受到成功，这是第三步。

现代行为科学认为，一个人在没有受到激励的情况下，他的能力仅能发挥20%～30%；如果受到正确而充分的激励，能力就有可能发挥80%～90%。在平时工作中，班主任要通过语言和眼神，对学生进行积极的暗示，让学生感受到自己还是优秀的，要知道，老师的态度往往决定着学生的态度。

十、对于学困生的教育

学困生往往不仅学习成绩差，思想品德也差。做好学困生工作确实是一项艰巨、细致、复杂的工作。

开展教育学困生工作，了解是第一步。了解这种现象是家庭引起的，还是其自身引起的，抑或特殊事件引起的，只有了解之后，才能对症下药，进行教育。

从进校第一天抓起，不放弃任何一个学困生；不翻旧帐，用新眼光看待学生，发现学生的"闪光点"，给予放大、肯定；课堂上重点关注，做到"'差生'优先，优待'差生'"；采用"兵包兵"策略，让好学生做老师、做师傅；推行"三清运动"，通过"日日清""周周清""月月清"，让学生对基础知识有更好的掌握；用相对进步来表彰学生。相对进步，一是指进步名次，二是指进步分数。每一个月进行一次评选，对进步者予以表彰，让学生得到表扬，获得表彰。

这一讲，我重点向大家讲述了我对教育原则、教育策略、教育技巧的理解，并且结合具体的案例提出了自己的一些处理策略。事实上，在教育教学之中，问题数不胜数，用一种固定的策略是不可能全部解决的，更何况，每一个问题的背后都有很多复杂的原因，每一个学生又是活生生具有个性思想的人。所以，必须找到问题的根由，才能最终解决问题。上面我所提出的这些方法仅供参考，当与不当，请各位甄别、取舍。

第六讲 | 成长篇

——追求为穷尽，发展无止境

前面五讲重点谈了思想与策略，为班主任高效治班奠定了良好的基础，指明了方向。但"世上无救世主，救自己的最终是自己"，班主任也是如此。

想要成为优秀的班主任，在我看来并不难，难的是思想不解放，难的是没有信念、信心，难的是没有一种教育的情怀、认识的高度，难的是缺少真正的追求精神和奋斗不息的意志。事实上，全国有着众多的优秀班主任，这是一支庞大的班主任队伍，他们不是从平凡走向优秀，从优秀走向卓越的吗？我以为，这可不是说出来的、学出来的、听出来的，而是做出来的，是实干出来的，是不断地实践出来的，是一步一个脚印走出来的。

优秀班主任是这样成长的

一、肯定自我，充满自信

在研究中，我们发现，很多的班主任是"马克思主义的电筒——只照别人，不照自己"，跟我们的学生讲起道理来一套一套的，特别是对学生讲"自信"问题时更是如此。最后，学生一个个自信了，但是老师自己呢？却没有丝毫自信，看不到前途，看不到光明，看不到希望，总认为上天不眷顾自己，自己努力也是徒劳。眼睛看到的都是黑暗，于是用黑暗的心态看待工作，看待自己，看待学校。请问，用截然相反的态度对学生和对自己，一个班主任怎么可能成功呢？

1. 专家的起点在自信

什么是专家？专家就是在某一领域里有实践、有研究、有创新、有建树的人。只要立场正确，不懈追求，勇于创新，我们每一个人都能成为专家。这就是对自己的自信。

什么样的人能成为专家？专家难道是天注定的吗？否，没有谁天生就是专家，没有哪一个人生下来就是一个优秀的班主任，包括任小艾、李镇西、魏书生他们。他们的成功首先都是建立在自己的自信基础之上的，缺少了自信，谁都不可能成功。他们的成功是坚信自己一定能够正确面对失败，战胜挫折，克服困难。

有人说我条件不够，做一个正常的班主任都不容易，还想成为专家型班主任，那简直是"癞蛤蟆想吃天鹅肉"。我说，这是你不自信造成的。为了成长，为了成功，为了优秀，你只有从自信开始。你始终要坚信，起点低不可怕，水平低不可怕，重重困难不可怕，屡屡挫折不可怕，只要坚持追求，就一定会攀登上班主任专业成长的峰巅，就一定会开创出教育生命的辉煌。况且，做班主任是有周期的，一届不行，还有二届、三届。当我们再次做班主任之时，一切重新开始，一切从头开始，一切从学开始，一切从改变自己开始。"今天，我的老茧化为尘埃。我在人群中昂首阔步，不会有人认出我来，因为我不再是过去的我，我已拥有新的生命。"（《世界上最伟大的推销员》）重做班主任时，一定会迎来崭新的世界。你们不妨分析分析魏书生老师，他的起点如何？

2. 自信的内涵及其意义

每个人都是有惰性的。但有的人能够克服惰性，勤奋努力；有的人却服从惰性，整天无所事事。对惰性态度的不同，导致两种截然不同的结局。人与人之间为什么差距这么大？因为人的认识不一样，因为人的努力不一样，因为人的自信心不一样。

自信是什么？就是不放弃，不抛弃，不遗弃自己的信念；就是不服输，不认命，不怨天尤人；就是敢于抗争，勇于向上，积极作为；是对自己的一种赏识，对自己的一种肯定，对自己作为学生表率的一种豪情。

自信有什么意义？自信既是对自己的负责——人应该就是有志向的；也是对学生的负责——你要学生自信，自己岂能不自信？更是对教育事业的负责——教育事业需要的是一帮具有自信心的人。

3. 自信无时不在

作为班主任，必须做到无时无刻不对自己充满自信，自信应该成为班主任的基本素质。可以这么讲，如果一个班主任没有自信心是没有资格做班主任的。因为没有自信的班主任到头来，只能是误人子弟。我们需要的是充满自信的接班人。

（1）在成功时自信。成功了，自信心就会进一步增强，自然就会有新的成功。但成功了也不能骄傲，一骄傲就会失败，一失败就没了信心。所以，成功了，应该树立更大的自信，让自己的心胸更加宽广，眼界更加开阔，认识更加深刻，趁热打铁，乘胜追击，争取更大的胜利。

（2）在失败时自信。谁都不希望看到失败，但失败是人生的常态，哪有人一生都是成功的？人生不如意十有八九。我身边有很多关于优秀班主任成长的案例，他们的成功大多是建立在失败的基础之上的。但我们必须正确认识失败，失败乃成功之母。失败了，就有了案例，有了教育的资源，就能激发自己的斗志。最终你从失败中爬起，从失败中吸取教训，从失败中获得经验，这就让失败造就自己的成功，于是你成为从失败中爬起来的班主任。

（3）在平常工作中自信。平常工作可能无聊、无味，但你如果始终充满自信，那你就会充满期待，你就会把平常工作当作大事来处理，那平常工作就有意义和价值，你的班主任工作就富有了色彩。俗话说，把简单的事做好就是不简单，把平凡的事做好就是不平凡。在平常、简单的班主任工作中孕育着不简单、不平凡，做好了，做实了，做精了，不就是优秀吗？不就是在一步一步地走向成功吗？平凡与简单中常常孕育着伟大与崇高。

各位班主任，请树立强有力的自信心吧，让自己对自己说："我行！我能！我可以！我一定会！"千万不能只是将这样的自信理论当作教育学生的口号，而不能身体力行，倘若如此，不但学生看不起你，你自己也会看不起自己的。

二、树立理想，有序推进

自信心是走向成功的前提和基石。现实中，有些班主任也有自信心，却没有成功，没有成绩，是什么原因？他们缺少目标，缺少志向，没有把自己的成长作为自己的教育责任，没有忧患意识；一切得过且过，随遇而安，不思进取。请问这样的人怎么能够成功？

1. 每一个班主任都应该树立成为优秀班主任的理想

"不想当将军的士兵不是一个好士兵"，这句广为流传的话有失偏颇，因为军队更需要大量的优秀士兵冲锋陷阵，奋勇杀敌，指挥者几个就行。但将这句话套用来说班主任，却是非常正确的："不想当优秀班主任的教师不是一个好班主任。"因为优秀的班主任、卓越的班主任越多越好，如果所有的班主任都能成为优秀班主任、卓越班主任当然更好，这样学生也能得到更好的发展，学校也能得到更好的发展。

陆文夫《脚步声》中讲："很难听得见自己的脚步声了，只听得耳边呼呼风响，眼前车轮滚滚，你不知道是在何处，忘记了是从哪里来，又到哪里去。"请永远记住你第一天走进教室面对学生时说的话，那就是你对学生的要求，你让学生建立的梦想；这实际上也是你向学生传达你的梦想——我能够把我们的班级带成一个优秀的班级。这样一来，你才能不断地从"像"一个班主任，到"是"一个班主任。"十年树木，百年树人"，在"树"别人的同时，我们也在"树"着自己——让自己长大，让自己的理想得到实现与升华。

有人总觉得做班主任很苦、很累。我说，班主任工作是用来享受的。享受什么？享受自己拥有教育梦，享受自己为实现教育目标而不懈追寻、探索、奉献、付出、思考，这自然包括了工作的苦与累、痛与悲。即使最终不能成为名家，你自己是幸福的，你的学生也是幸福的，因为你拥有过、经历过、奋斗过，你的学生跟你一起生活过，你的学生受到你的影响不断追求过。

2. 理想的实现离我们并不远

有些班主任总认为，理想是可望而不可即的，努力了几年，最终一无所获,最后就打了退堂鼓,不干了,或应付着干,没有了以往的干劲,失去了从前的信心,再也打不起精神,一蹶不振。失败和成功本身就是一对孪生兄弟,相互伴随的。事实上,失败也不一定就是坏事,失败中总是孕育着希望和成功,在前面,我已经讲过这个道理,我想大家作为成年人,作为教育人,更应该明白这个道理。

更何况,什么是成功?往小处说,成功就是一种自我认可。如果你真的努力了,有成绩了,你就是成功的。只不过你的成功没有得到学校、同事的认可,这只能说明他们没有真正理解与发现。对你来说,这样的成功正是下次成功的基础。

还有人在看到其他人变得优秀时,认为这是某人运气好,其实这是一种误解。"谋事在人,成事在天。"成事是我们的目标,但成事的前提是"谋事",而"谋事"却在于人,在于你做了多少,付出了多少。

所以,我以为,班主任千万不要去怨天尤人。很多人为什么没有成就,没有成果,不能获得成长?就是因为他们成天在办公室里闲着无事发牢骚,这种牢骚只会让时间白白流淌,精力白白消耗,没有意义,没有价值,人生还有很多事要做啊!

为实现理想,我们必须小步走,起低点,我们就要慢慢走,一锹岂能挖出一口井来?一口岂能吃出一个大胖子来?成长本身就是慢慢走的过程,积少成多,聚沙成塔,最终小树苗才能长成参天大树啊!

三、有序实现成长理想

鲁迅先生曾说:"太伟大的变动,我们会无力表现的,不过这也无须悲观,我们即使不能表现他的全盘,我们可以表现它的一角,巨大的建筑,总是一木一石叠起来的,我们何妨做这一木一石呢?"

伟大如鲁迅,尚能做一木一石的工作,我们自然不能这山望着那山高,要安心于三尺讲台,从身边做起,从眼前做起,一步一个脚印地做,夯实基础,再有序地向前推进。这样,班主任离自己的教育理想不就接近了吗?

我们可以从四个层面,即班主任教育理想的四个境界,一步一步走向成功,实现理想。

1. 做一个好人

这是实现班主任教育理想的第一步。不管做什么工作，从事什么职业，都必须从"人"做起，人做好了，做到位了，才能为以后的进步与发展奠定基础。如果做人不行，必然在大家面前失去形象，没威信。而事实上，做人是不需要什么能力和基础的，只要认识到位，只要加强修养，只要不断修正，就能够做好人。因此，我们所有班主任必须对照《公民道德规范》，看一看自己还有哪些方面做得不够，哪些地方需要加强，哪些地方层次较低，哪些地方理解欠缺，等等。这是自测，也是自省，更是自新。

做好人，实际上就是要树立好自身的形象。此点前面已经讲过，这里我要强调"为人要正"的问题，即外观要正、思想要正、语言要正、行为要正、待人要正、喜好要正。这些都只是基本要求，普通人都要做到，更何况是教书育人的班主任呢？更何况是具有教育抱负与理想的班主任呢？如果这些基本要求都做不到，那实现教育理想只能是痴人说梦。

2. 做一个好老师

做好人，是一个普遍要求。但作为老师，又有教育中的特殊要求，《中小学教师职业规范》从六个方面规定了教师的行为规范，这是区别于一般人员的"行规"。如"关爱学生"，强调了必须尊重关爱所有学生，做到一个都不能少，必须公平公正地对待学生，不能歧视、讽刺、挖苦、体罚或变相体罚，要切实保护学生的安全；又如"教书育人"，强调了教师必须具有创新精神，不能加重学生负担，以学生为本，多元评价学生，不能以分数为评价学生的唯一标准；再如"为人师表"，强调必须自觉地抵制有偿家教，不得利用职务之便谋取私利。这些都是教育、教师的特殊性所决定的，这是做一个好老师的前提。

做一个好教师，不仅要做到《中小学教师职业规范》的要求，还必须做到把自己所教的功课教好，这是自己业务水平的一种展示。好的班主任无不是好的学科教师，好的学科教师是成为好的班主任的基础。所以，要想实现班主任的发展目标，就必须在教好功课上下功夫。事实上，班主任不可能每时每刻地对学生进行所谓的教育，或者搞所谓的活动，学生与班主任的接触更多的是在学科教学中，即班主任是一人双岗——既是教学人员，又是特殊的教育人员。如果你教得好，学生就会佩服你，你说的话就容易被接受，这就是常说的"亲其师，信其道"。而如果你成了学科教学的骨干，你的名声在外，学生就自然而然地对你心生敬意，你的教育工作一定会事半功倍，这也就奠定了做好班主任的基础。

3. 做一个好班主任

如果具备了上面两点，那你做一个好的班主任就有了基本的条件。人做好了，功课也教好了，下面就在于你是不是精心于做一个好的班主任了。当然，做一个好的班主任还有很多的条件，如要对班主任、学生、家长、科任老师等有更多的科学认识与理解，这在前面的第一讲里面我已经作了详细的解说。对于科任老师而言，理解不透，影响似乎还不大，因为科任老师与学生，特别是家长打交道少。而班主任就不同了，你必须时时打交道，如果认识偏了，理解错了，就会运用错误的方法，致使不该发生的事情发生，那后果就严重了。所以，做一个好的班主任，还要科学认识教育中的各类人。

认识和处理人的关系是班主任工作的一个重要方面。为了成为一个好的班主任自然要做好班级之事，而班级之事是琐碎的、繁杂的、单调的。班主任必须进行统筹，分出主次，辨出轻重，注意缓急，析出大小，制定目标，设计方案，发动学生，讲究方法，及时总结、归纳、提升。而这一切工作的好与坏，直接影响着你做班主任的进度和效度，深度和广度。为此，要做好班主任就必须深入到班级中，研究、学习、实践班主任的各项具体工作。不仅重结果，更要重教育的过程；不仅重分数，还要重素质；不仅重学校，还要重家庭和社会；不仅重自身，还要重科任老师；不仅重课堂，还要重课外。一项一项地来，一项一项地摸索，一项一项地积累经验，一项一项地获得成功，那长此以往，距离好班主任的目标也就不远了。

4. 做一个成功的班主任

追求无极限，发展无止境。一个人有了发展动力后，他就有无穷无尽的发展潜力。班主任同样如此。你成了好的班主任后，就应该为新的发展而不懈地努力。这里讲的好班主任,是指在本校得到学生称赞、老师认可、领导肯定、家长认同的班主任,这样的班主任在各个学校里应该都有很多。也有些班主任沾沾自喜,认为自己确实不错,于是卖资格、耍派头,而在班主任业务和能力上,却不肯继续努力,于是停滞不前。"学习如逆水行舟,不进则退",班主任工作也是如此。我们很多的班主任为什么只能止于学校这一个层面的优秀,而不能走得更远、飞得更高?就是因为他们眼光不远,视野不宽,"知足常乐""小富即安",不能做到"富而求进""富而思进"。

所以,作为一个有上进心的班主任,绝对不能止于学校层面,而应该"百尺竿头,更进一步",树立鸿鹄之志。有了这样的追求,你就能化被动为主动,化消极为积极,化小步走为大步走。当然,一个本来已经很好的班主任每前进一步都是很难的,因为每往前一步,就必须有更多的积累,有更多的突破,有更多的牺牲,有更多的付出,而事实上,要取得更大的成绩绝不是一朝一夕之事,更不是随便想、随便做就能成了。所有的优秀班主任,都是从优秀到卓越,从小成功到大成功,从小地域到大地域,经过跌打滚爬,经过多次磨炼才脱胎换骨的。

有人说"我做不到,我就不追求了"。我说,这是井底之蛙的行为。人的伟大就在于一直有目标,一直有方向,一直有指向,就在于不断地努力,不断地进取,不断地发展。要不断地变不可能为可能,变小进步为大进步,变小优势为大优势。更何况,在追求的过程中,虽然辛苦,但你不是在享受奋斗的过程吗?不是有新收获吗?有了这两点,你的追求就已经很值了。

四、舍得投入,甘居寂寞

我喜欢读成功班主任的著作,我喜欢研究成功班主任的成功之道。我发现所有成功的班主任都有一个共同的特点,那就是耐得住寂寞,守得住清贫,挡得住诱惑。也就是说,班主任绝不是享乐型的班主任,绝不是朝三暮四的班主任,绝不是以班主任为谋生手段的班主任。他们专一,他们心无旁骛,他们执著追求,他们耐得住寂寞。

事实上,没有这种寂寞,没有这种默默无闻,没有这种自我牺牲,怎么可能成功?毛泽东所讲"为有牺牲多壮志,敢教日月换新天",不就是这个意思吗？王国维先生在《人间词话》中论及成功的三种境界时说："古今之成大事业、大学问者，必经过三种之境界：'昨夜西风凋碧树。独上高楼，望尽天涯路。'此第一境也。'衣带渐宽终不悔，为伊消得人憔悴。'此第二境也。'众里寻他千百度，蓦然回首，那人却在灯火阑珊处。'此第三境也。"王国维关于成功的三种境界说的其中一个重要内在因素就是要耐得住寂寞，即由"独上高楼"的那种孤寂心情，到"望尽天涯路"的惆怅情怀，乃至达到"衣带宽""人憔悴"窘迫地步。当然，这种寂寞是指苦思冥想，脚踏实地，执著追求，克制自我，勤奋刻苦，经受煎熬，具有百折不挠的坚韧意志，具有"路曼曼其修远兮，吾将上下而求索"的探求精神，对教育、对班主任工作持有"宗教般虔诚"的情怀。只有如此，才能炼成钢铁，才能达到"那人却在灯火阑珊处"的境地，才能到达胜利的彼岸，才能实现自己的班主任理想，才能让自己得到深层次的专业发展。而要做到耐得住寂寞，就必须舍得投入，或者说，舍得投入是耐得住寂寞的一个重要标志。

1. 投入时间

时间是获得成功的保证，时间是实现理想的阶梯。没有了时间的支撑，什么目标、理想，都是纸上谈兵，最终只是美好的肥皂泡。

我们知道，世界上有很多的不平等，但在拥有有时间上每个人都是平等的。全国那么多的班主任，不都是一年三百六十五天吗？但这三百六十五是怎么过的，每个人却是大大不同。有的视时间为草芥，随意地扔了；有的总认为时间很多，"明日复明日，明日何其多"；有的时间界限分明，在学校里做学校的事，在家里做家里的事，而要让他在家里为学校的事花半分钟都不可能；有的让他外出学习，他头摇得像拨浪鼓，不行不行，我哪有时间？如此各种，不一而足。

而有的班主任，却总是嫌时间不够，总是嫌时间过得太快，在单位时间内总有做不完的事。那么，怎么让时间多起来？他们便在学校里努力地用好每一分钟，不让每一分钟虚度；他们又把学校的工作移到家里，用家里的时间补学校里的工作；双休日，本是休息之时，他们仍是一如既往地工作，没有晚起，也没有早睡；节假日，他们正好利用这段闲暇时间大干一场；晚上睡得最迟的是他们，早上起身最早的是他们，有时中午也没有午休；他们吃饭比一般人快，他们不与他人侃大山，他们很少有娱乐，他们几乎不会打麻将……如此惜时者，也不一而足。

试问，两种方式对待时间的班主任最终是怎样的结果？前者最终可能是优哉游哉，两手空空，后悔不已。而后者由于投入了时间，所以阅读了很多的著作，思考了很多的问题，撰写了很多的文章，研究了很多的现象，最终在班主任工作方面收益很多，班级秩序井然，学生发展优良，自己被评为先进，论文不断发表，论著不断产生，声誉不断增强，影响不断扩大。要想取得成功，要想取得大的成功，没有时间的投入是不可能实现的，这是一个不破的真理。

有人说，时间从哪里来？我们这么忙，我们哪有时间呢？

时间是挤出来的。现在的年轻班主任总有许多娱乐活动，下班比上班还忙。或约三五知己出去玩，或在网上遨游四方，这些时间不都可以适当地挤出来用于发展吗？

真正的优秀班主任没有一个不是忙里偷闲发展自己的，发展自己不是通过外力强加的，而是有强烈的内在动机。一旦你有了发展的强烈欲望，就会自然而然地放弃与发展无关的事情，便会心无旁骛、想方设法地寻找时间，不断学习，不断思考，不断地充实自己，进而养成珍惜时间、投入时间的习惯。

苏霍姆林斯基在《教师的时间从哪里来》中写道："每天不间断地读书，跟书籍结下终生的友谊。潺潺小溪，每日不断，注入思想的大河。读书不是为了应付明天的课，而是出自内心的需要和对知识的渴求。如果你想有更多的空闲时间，不至于把备课变成单调乏味的死抠教科书，那你就要读学术著作。"

当发展成为需求，成为一种生活态度时，知识的丰富与内心的充盈似乎就水到渠成。

当然，发展、追求与学校整体的要求、环境、氛围有关，但这毕竟是外在的，如果自己内心想求学习，求上进，求发展，谁也阻挡不了。

当求发展成为自己的内在需求时，你就会强迫自己每天必须做一些事，譬如每天至少读多少页书，多长时间的书，不管外界有什么情况。训练成习惯，习惯也就成了自然，你的阅读也就会如同吃饭与睡觉一样是自然而然的事了。

说实在的，人与人之间的差别不是智力的差别，而在于投入时间的多少，投入时间的状况正是一个人意志力与恒心的表现。没有一个有成就者不具有坚强的意志力与持之以恒的精神，也就是说，他们绝对是投入时间、利用时间的高手。

2. 投入金钱

在追梦的过程中，你除了投入时间外，还必须投入金钱。

有人也许会认为，还要花钱？那太不值得了。我的工资就这么几个钱，我是来赚钱的不是来花钱的，叫我再拿钱出来，怎么可能？

我说错了，花钱不花钱关键在于是不是有意义，是不是必要，是不是值得。如果能够帮助学生获得进步，如果能使自己进步，如果能帮助班级获得发展，那就应该去做。该花的必须花，该舍的必须舍，不舍不得，小舍小得，大舍大得。你的成长发展之梦是大还是小呢？自然是大，如果成长发展了，那你就是大得了，那时，你就有了名，有了利，有了更大的发展空间。既然是大得，那你就必须大舍，只有大舍才能大得啊！

这种舍得金钱，不是随便的舍得，而是有目的的舍，有选择的舍。

学生状况各异，有富有的，有贫穷的，你是班主任，你要富有同情心，你不想你的学生掉队、辍学，那你完全可以在你力所能及的可能的情况下给予他们必要的帮助。同时，你完全可以发挥班级学生的作用，发挥学校的作用，从而减轻压力。教育本身就是奉献，就是付出，你的点滴付出能换得学生的成长，这不就是"给人玫瑰，手留余香"吗？

成长发展必须不断学习，不断读书。请问，在发展的过程中，你读过几本书？这些书哪里来的？你买过几本书？你是不是为了珍惜几个钱而从不购买一本书呢？如果是这样，那你肯定是发展不了，因为"巧妇难为无米之炊"，没有书读，没有书籍伴随，那就只有沦为一般教师了。

为了成长，有时需要外出学习，这就需要花交通费，花听课费，花餐费，有时学校还不给报销，那只能自己自掏腰包了。有人说，我才不去呢！这种没有回报的事情我才不去做呢！但你要知道，正因为你自己花了钱，外出求学才有价值。"书非借不能读也"，同样，"成长非花钱不能实现也"。

由特级班主任主编的《班主任专业成长的途径》一书中有 40 个案例，这

40个案例涉及40个优秀班主任,其中有一半以上的班主任都谈到投入资金的重要性。正因为有了资金的有效投入,特别是用之帮助学生、购买书籍、外出求学,这些班主任才得到精神的食粮,实现思想的升华。而事实上,其他未提及资金投入的这些班主任又有哪一个不是在资金问题上毫不吝惜的呢!

五、坚持不懈

成功之路是不可能一帆风顺的,总会有许多困难、问题、挫折、失败,这是事物发展的一种常态。此时,如果没有执著、毅力、恒心,班主任是不能取得最终的成功的;此时,如果没有抗打击力,也是不能成功的。

一个成功者与一个非成功者的区别就在于能不能坚持,成功是属于坚持者的。

古人讲:"天将降大任于斯人也,必先苦其心志,劳其筋骨,饿其体肤,空乏其身,行拂乱其所为。"只有经历这种磨炼的人,才能"动心忍性,增益其所不能"。事实上,在班主任工作中,"人算不如天算",你已经准备好了解决问题的方案,中间却杀出个程咬金来的情况太多了,这致使你处于进退维谷的境地。怎么办?我以为,只有沿着认准的正确的路继续走下去,走到底,一切最终都可以解决。而这需要你有韧劲,要有"咬定青山不放松,任尔东西南北风"的品质,要有不达目的不罢休的意志。

这种坚持,是不半途而废,是迎难而上;这种坚持,是与自己惰性的斗争,是与自己畏惧的斗争。这种坚持不仅是时间的坚持,还是理想信念的坚持,还是自己认定的正确管理思想、管理策略的坚持……

内部自我成长是成就优秀班主任的关键

各位班主任,通过前面的讲解,我们知道了成长的四关键:一是信心,它是走向成功的基石;二是理想,它是走向成功的航标;三是投入,它是走向成功的条件;四是坚持,它是走向成功的保障。但仅此四点,还不足以使自己成长、发展,还必须讲究成长的方式。

成长的方式很多,但总的来说,就两点:外部推促成长和内部自我成长。

所谓外部推促成长，就是通过外部的力量推进班主任的成长。如省市县级主管部门组织的对班主任的各种培训、指导，各个学校自己根据需要所进行的多种班主任的校本培训——如班主任经验介绍、专家讲座、班主任工作沙龙、班级工作观摩，等等。

所谓内部自我成长，就是班主任的成长不是通过外部的力量推促的，而是班主任基于自我成长觉醒与需要而采取的适合自己不断发展、不断进步的成长方式。

外部推促成长是一个人成长的外因，而内部自我成长是一个人成长的内因。外因是一个重要条件，它在很多时候，有着内因不可替代的作用。很多人的发展，都是从外部推促开始的。因为人都是有惰性的，人要发展，必然要吃苦，必然要经历艰辛，如果没有一种外部的力量，很可能就放弃了，很可能就失去了机会，外部的力量迫使着人必须努力，必须继续向上。人都是被逼出来的，讲的就是这个道理。所以，我们应该感谢外部的施压，主动适应来自外部的各种要求，切实做好来自外部推动的各项工作。

为此，为了促进教师专业化发展，各级教育主管部门、学校可谓用尽心思，采取各种外部策略，"逼""压""诱""引""促"教师发展、提升，努力为教师成长提供发展的平台，让教师扩大眼界，见识名校、大家，冲荡固有的陈旧的思想。

但在深赞外部推促成长举措的同时，又不觉深思起来，我们走出去学习的班主任少吗？请进来引领的班主任专家少吗？派出去学习的班主任少吗？校本研训班主任工作的次数不多吗？但真正成为班主任大师、名家的又有几个呢？原因何在？原因当然很多，但其中一点，我认为却是最最重要的，那就是我们的培训还是局限于外围，还是外在成长的"逼动""被动"，而不是内在自觉的"主动""自动"，即没有形成一种内部自我成长的意识，还是处于"要我成长"的起始阶段，没有到达"我要成长"的需要阶段。

我们都知道，打破鸡蛋有两种方式，一是从外部，二是从内部。对此，李嘉诚作了最生动的描述和阐释："鸡蛋从外打破是食物，从内打破是生命。人生亦如此，从外打破是压力，从内打破是成长，如果你等待别人从外打破你，那么你注定成为别人的食物，如果靠自己从内打破，那么你会发现自己的成长相当于一次重生。"这是一个隐喻，它告诉我们，班主任的专业发展应该靠自己从内部打破，这样，才必然会去寻找内部的力量。任何人都有自己打破自己的内部力量，从内部打破，是自主发展的动力，也是自主发展的方式。

俗话说得好："师傅领进门，修行在个人。"外部提供的只是一种条件，一个平台，只是说明了一种可能性，外部培训是"师傅"。一个人成功的关键不是外部提供的，而是个人的主动与自觉。只有发自内心，并为之不懈努力，加之外部提供的助推，才能成就大事，才能到达理想的彼岸。否则，平台再好、再高、再多，也不可能。事实上，任何真正的成功人士的成长不都是如此吗？

故此，我认为，只有基于自我发展需要基础之上的自我研修，才是教师专业化发展的真正的核心通道。如果仅有外界的助推，那是锦上添花、雪中送炭，可能会缩短成长的周期；如果没有，那就靠自己的潜心用功、不懈追求，不照样能成功吗？优秀班主任所取得的成绩哪一个不是自我努力的结果呢？他们所在学校的班主任少吗？平台一样，结果却不一样，因为他们自我培养目标不一样啊。

所以，促进一个班主任发展的最根本的不是外因，而是内因，是内部的自我成长。只有把自我成长当作自己的需求，才能产生无穷的力量，挖掘出自身的一切潜力，尽一切努力去实现目标。

也许有人说，我承认优秀是自我努力的结果，但是与他们的机遇也有密不可分的关系，如果没有机遇，一切也是枉费。确实，机遇很重要，但"机遇是给有准备的人"的。如果他准备不充分，没有充分的材料，再好的机会也会失之交臂。更何况，机遇面前人人平等，机遇来了，他抓住了，而其他人却忽略了，还是自我努力不够。

因此，在这里，我重点不讲外部推促成长，只讲内部自我成长及内部自我成长的三大方式。这三大方式彼此联系，上下贯通，共同影响班主任的成长。

一、学习

学习是班主任专业化成长的基础，这点前面已经提及，在这儿详细来讲。

一个不学习的班主任如何跟进新时代？一个不学习的班主任如何适应新学生？一个不学习的班主任如何成就自己？唯有学习、学习、再学习，才能引进活水，才能发展自己，才能成就学生，才能跟上时代步伐。

学习不仅学方法，学策略，学经验，学做法，还要学内涵，学思想，学品位，教育是要有品位的。什么样的教育是有品位的？前瞻性的、富有价值的是有品位的。我们必须学，我们必须悟，只有这样，我们的教育、我们所从事的工作才能有明确的方向。

走出去、请进来、校本研训，这些外部的培训是学习，我们要切实用好；买书看书、上网查找、请教讨论也是一种学习，是一种从自身出发的学习；走向生活、走进社会，用眼去看、用耳去听、用脑去思，也同样是学习。

1. 加强读书

苏霍姆林斯基在《给教师的一百条建议》中说："教师要想从繁重的工作中解脱出来就是读书，每天不间断地读书，跟书籍结下终身的友谊。"

狄金森在诗中写道："跳着舞过黯淡的日子，使她飞翔的是一本书。"

确实，腹有诗书气自华。读书让班主任增长专业智慧，使班主任管理充满智慧，也使班主任拥有丰富的感情；读书能够唤醒班主任的生命活力，激发其教育热情；书籍的潜移默化，名家的耳濡目染，不仅丰富班主任对工作的认知，消减其对教育的困惑与迷惘，同时也提升班主任对教育教学的眼界和思想境界，心灵的变革也会在无形中进行；读书能让班主任成为明白人，而明白人才能教人明白。

教育活动就是一个不完美的人带着一群不完美的人追求完美的过程。而这个过程一定离不开读书。读书是打造自己精神家园的活动，也是不断完善自己、超越自己、解放自己的路径。如果一个班主任想要飞得高远，就要借助一双隐形的翅膀——多读书，与书中一个个高尚的灵魂对话，与书中一个个智慧的心灵共振，与书中一个个鲜活的观点共鸣。善借他山之石以攻顽玉，善吸古今书香以充实自己。如果一个班主任心中装有100个故事，100句格言，便能够逢境育人，逢情开导。而如果没有广泛阅读，脑袋空空，工作起来必不能左右逢源，得心应手。

读书不是为了明天的课，而是出自内心的需要和对知识的渴求。

读书不应该被所谓的专业束缚，可以广博一点，哪怕没那么精深。博览有助于保持自己对生命、对生活的敏锐感觉。

读书要深、要广，不能读了几本书，便觉得自己了不起了；阅读了，还要能记住书中的经典话语，在日常生活中用到，在教育行为中体现，不能只看不记，只吸不吐，只吐不用。

2. 请教大师

犹太经典《塔木德》说，和狼生活在一起，你只能学会嗥叫，和那些优秀的人接触，你就会受到良好的影响。你与之交往的人就是你的未来！

优秀的人，就是我们所说的大师了。

这种大师，当然首先指像孔子、朱熹、陶行知这样的大师，他们虽然离我们久远，但他们的思想在，他们的著作在，我们完全可以通过假想的方式，穿越时空，拿着问题，向他们请教，从书中寻求答案，从思想中寻求答案，从研究中寻求答案，这种请教与对话，多么富有诗意和实效啊！

这种大师，还指在全国有一定知名度的班主任，他们都在班级管理中身怀绝技、各具特色，他们就是大师，我们就应该拜他们为师，向他们学习。上级组织请他们来作讲座，或者学校派你前往听讲座，你应该以积极的心态前往，这可是千载难逢的好机会，岂能失去？你应该近距离地聆听教诲，面对面地请教！如果不能做到近距离，通过书信往来进行联系，学习他们的著作，用心了解他们的内心想法，向他们汇报学习成果，向他们请教问题，得到他们的指点，这样你就能进步。如果你能够通过电话咨询、QQ聊天、邮件传递，不也是一件幸运的事吗？在这里，我所要强调的是，在与他们的交流中，一定要克服自卑心理，千万不要认为他们高不可攀。事实上，他们这些大师因有崇高的师德，对教育一往情深，对年轻人充满期待，以帮助年轻人为乐。所以，他们不怕被打扰，都乐意帮助年轻人，都希望看到年轻人成长、成功，大家不妨试试看。

这种大师，还指你身边的优秀班主任。他们虽然不伟大，不出名，但他们是学校的骨干和中坚，他们和你一样，每天都是在忙着班主任工作，你每天与他们接触，他们的事迹是看得见和摸得着的，他们是最值得你学习的"大师"。但中国人常常是"熟视无睹"，看多了，看惯了，于是就觉得"无他，不过尔尔",而且可能还存在一种"外来的和尚好念经"的排内思想。其实根本不是这么回事。我们必须抱着虔诚和谦虚之心,走近他们,走进他们,观察、询问、请教,他们是如何表扬和批评的,他们是如何沟通的,他们是如何组织活动的,他们是如何快节奏地完成任务的,他们是如何与学生相处的,他们的班会课是如何上的,等等。向他们学习,自然不是全盘搬来,而是"择其善者而从之,其不善者而改之",自己认为可学的则学之,自己认为还不太科学的则弃之。这样,你才能不断提升层次,并最终超越他们。

3. 同伴相扶

一个人的成长是寂寞的、孤独的,也是容易遭受摧残的。一个班主任的发展还需要志同道合者的互动激励,也就是说,班主任不应该一个人单打独斗,因为"独学而无友,则孤陋而寡闻"。如果几个班主任能经常在一起互相研讨与切磋,指出彼此的缺点,在曲终人散后窃窃私语,在山穷水尽的时候对你进行指点,这样的同伴相助,无疑会对班主任专业发展起到推促作用。

这种同伴相扶,可以是几个班主任一起的帮扶,共同的探讨;可以是班级科任老师之间的交流,共同的商量;也可以是同一个备课组教师之间的切磋,共同的思考;还可以是跨学科老师之间的穿插,共同的应对。

同伴相助,因彼此基础差不多,面对情况差不多,思想情感差不多,行为方式差不多,便会有更多的共同语言,更容易走进彼此,这样就能更好地学习对方的优点、特长,最终收到"他山之石,可以攻玉"的效果。

4. 向一切学习

班主任除了恪守"读万卷书,行万里路"的旧训,还须向一切学习。

(1) 向学生学习。

学生也应该成为我们的学习对象。别看学生小,其实并不"小"。他们有很多的地方值得我们学习,现代社会丰富多彩、日新月异,这些学生知识面很宽,他们读了很多班主任从来没有看过的书,听了很多班主任没有听过的事,见识过班主任未见识过的事情,学了班主任根本就不会的技能,他们思维活跃,接受能力、自主意识都很强。

孔子云"三人行，必有我师焉。"三人之中，自然包含学生。学习他们的纯洁，学习他们的创新，学习他们的勤奋，学习他们的向上，学习他们的虚心，学习他们的诚信……可以说，学习的面很广。即使是本学科知识，你也要向他们学习，向他们请教，请他们帮忙。让他们成为你的得力助手的同时，他们也能成为你的"老师"。尽管你是学科教学的权威，但你确实还有很多不明之处。所以，我们做班主任的，要以学习他们为荣，不能以学习他们为耻，切实做到"不耻下问"。

（2）向网络学习。

这是一个网络高度发展的时代，社会信息丰富、更新及时，网络是最新信息的集中地，让人充满了新鲜感。假如班主任教师不上网，不看电视，不看新闻，又不看报，那么，他就不知现实社会是怎样的，所讲的一切就是老古董。而现代网络充斥着每一个角落，学生无时无刻不在与网络打交道。所以，教书育人的你，必须向网络学习，了解新闻，了解大的形势，了解发展方向，做到每天上网半小时，不仅让自己有见识，不落后，更让教育有资源，始终拥有源头活水，使我们的教育具有鲜明的时代性，更易于学生接受。如此，既能用以往的经历充实自己，又能以全新的变化丰富自己，教育学生。

（3）向自然学习。

在我们生存的地球上，各种动、植物都以"最适者"的形态生存其间，形成多彩多姿的大自然。大自然真是伟大，万物相生相克，永无止境。大自然存在着诸多的现象与法则，大自然就是一部管理的原著，大自然中很多的现象都值得班主任研究与学习。我们通过观察大自然的各种现象，可以将相关理论或法则有机地运用到班主任的管理之中。

譬如，丛林法则。这虽然体现了弱肉强食的规则，但我们完全可以用它来对学生进行教育。即为了生存，为了发展，为了立足，必须练就真本领，必须适应竞争，必须积极参与竞争，这样才能立于不败之地。再如，和谐法则。大自然中的万物和谐相处于一体，各有各的生存方式，你帮我，我帮你，互不干扰，互不侵犯，我们作为一个班集体的一员也应如此。人与人之间要做到和谐，彼此和睦相处，彼此不用心计，达到共生共赢。

（4）向企业学习。

成功的企业都是管理有特色的企业，其管理必然科学、系统、与时俱进。其成功的经验完全可以拿来用于我们的班级管理，做到班级管理企业化。当然，班级是班级，企业是企业，两者本质不同，班级中没有显见的产品。学生是班级的主体，又是发展的对象，但企业有显见的产品，工人是生产产品的主体；老师不是老板，他是引领学生成长的主导者，而企业法人是老板，一切大事、要事由他说了算。虽然如此，它们也有很多的相似之处。如企业有七大职能，计划、决策、组织、人事、领导、激励、控制，与班级管理中的很多地方相似，我们可以考察企业管理模式，了解这些职能之间是如何协调与处理的，如何改进、适应的，以更好地促进班级发展。再如，在企业中，常常要用"鲇鱼理论"来搞活企业，使企业中各类人都能积极向上，尽责尽力地做好本职工作，班主任能否也用"鲇鱼理论"来促进班级不断向上发展呢？

班主任要学习的内容很多，班主任应该做杂家，什么都学，什么都能。因为你面对的是正在成长的学生，你成长的时代与他们成长的时代不同，你教的不是单一的学科，你必须能处理学生中的一切问题，你必须能回答学生提出的一切问题——当然是不可能的，但你毕竟是老师、班主任，所以，你必须学，必须多学，学多，好学，学好。

那么，我们常常积累哪些内容呢？

积累教育思想（各种名家的教育思想）、积累德育故事（小故事中包含大道理）、积累教育案例（案例书籍、报刊、自己记录）、积累活动素材（自创的、他人的、学校的、学到的）、积累管理方法（后进生教育方法集、调皮学生应对策略、早恋学生解决方法、班干部培养、班主任兵法），等等，我们不仅要积累、储备教育方面的素材，也应该积累、储备其他方面的素材，如企业管理等方面的素材。

各位班主任，牛顿说过："如果说我比别人看得更远些，那是因为我站在了巨人的肩膀上。"让我们主动、积极地向书本学习，向他人学习，向一切学习吧。这样才能让我们变得充实，才能让我们看得更远，认识得更深，理解得更透。

二、实践

实践是班主任专业化成长的关键。我们通过学习，知晓并积累了很多关于班主任的理论知识，这些理论是不是就能被运用呢？怎样运用呢？实事求是地讲，学时易，用时难，如果不经过反复实践，又怎么能够熟练掌握？如果仍是随性管理，那还要学习干什么？

"实践出真知"，只有通过实践，我们才能知晓理论是否正确，是否符合我们的实际，才能正确地运用理论。"纸上得来终觉浅，绝知此事要躬行。""眼过百遍，不如手过一遍。"只有躬身班级管理，只有亲自去作为，纸上的才能真正变成我们自己的。要想成为一个专家型的班主任，只有以自己的实践来说话。即使你理论再深厚，知识再丰富，如果你脱离了一线，没有任何的班主任工作的实践，没有活生生的教育案例，没有亲身的体会，就没有说服力。

优秀班主任，哪一位不是实践出来的，不是干出来的，不是做出来的？他们有很多很多的故事，他们有很多很多的案例，他们有很多很多的酸甜苦辣，他们有很多很多的心得体会，他们讲的一切人们愿听、喜听，因为他们说的就是大家常常遇到的。

实践对于班主任的成长太重要了，要想成就自己，必须主动地加入到班主任工作的实践大河中去，认识自己，展示自己，发现自己，暴露自己，改变自己，提升自己，修正自己，补充自己，充实自己。就像花儿离不开阳光，鱼儿离不开水一样，离开了实践，班主任的成长就成了无源之水，无本之木。

1. 有效开展"三个走进"活动

"三个走进"，即走进班级、走进学生、走进问题。

（1）走进班级，就是时刻关注班级动态，时刻想着班级发展，时刻为班级发展出谋划策，就是以班级为班主任活动的主体，把班级作为班主任发展基地、研究基地、实践基地，就是不仅身子进班，灵魂也进班，全身心地扑到班级管理工作之中，融入班级发展之中。

（2）走进学生，就是把班级的学生作为研究对象，时刻关注每一类学生，"从群众中来，到群众中去"，切实开展群众实践活动。不管是尖子生，还是

"差生",不管是学生干部,还是一般学生,不管是寄宿生,还是走读生,不管是全优生,还是"问题生",我们不仅关注他们的现在,还关注他们的发展,不仅关注他们的学习,还关注他们的身体、心理、能力、习惯,不仅关注他们的个体,还关注他们的群体以及他们的家庭对他们的影响。

(3)走进问题,就是"眼观六路,耳听八方"地去发现班级存在的共性问题,学生存在的个性问题;就是想方设法地弄清楚问题背后的对象、实质、关键;就是想出切实措施解决问题,防患于未然;就是在发现、分析、解决问题的过程中,不断地培养自己的治班能力。以问题为抓手,把问题看清、弄透、解决。

"三个走进",要求班主任不辞辛苦,真正以班为家,以生为子,以问题为抓手,以理论为指导,苦干、实干、巧干,持之以恒地开展班级工作。这样,学生才能得到真正的成长,班级才能得到真正的提高,自己才能得到真正的发展。

2. 有序实施三个"实践策略"

(1)常规管理实践策略。作为班主任,首先要把班级管理的基本常规、基本要求、基本方法用于班级管理之中,一步一个脚印地去做、去落实,在做中发现问题,并不断纠正、完善管理。常规管理实践策略,是班主任工作的第一步,这一步是基础工程。只有把常规管理做好了,做实了,班级发展的基础才能打牢,进一步发展才有可能。

(2)学习成果实践策略。作为学习者的班主任要有机地将所学优秀班主任的先进经验用到自己的班级管理之中,把自己班级、学生作为对象,在运用中领悟、理解、深化,从而最终将别人的经验变成自我的教育策略与方法。我们完全可以借用优秀教师的管理之法,看一看是不是管用。出了问题,要分析是我们错了,还是他们有问题,这样就可以不断丰富我们的管理经验。

(3)创新管理实践策略。就是自己在常规管理实践和学习成果实践的基础之上独辟蹊径,根据自己对教育、对学生、对班级、对班主任的理解,提出自己的教育思想、教育策略、教育主张、教育模式,并在班级中不断实践、修正,最终形成自己独特的班级管理风格。这一策略是班级实践策略中的最高境界，也是很多大家、大师之所以成为大家、大师的根本原因。"形成我自己""做出我自己""我就是我"，这是实践策略的重要特征。优秀班主任都有自己的教育思想、策略、模式，都形成了自己的教育风格，都对学生起到很好的教育作用。这就是教育的"百花齐放""百家争鸣"。

3. 切实把握管理实践注意点

（1）要用心准备，精心设计。打仗就怕打无准备之仗，班级管理实践亦然。"凡事预则立，不预则废"就强调了这一道理。有的要有规划，有的要有前期准备，有的要请相关人员，有的需要论证，有的需要特殊安排，等等，这些都要周密考虑，准备到位。

（2）要积极实施，有效调整。常言道："计划不如变化。"再完善的规划、设计，当真正实施时，总会出现这样那样的问题，它不可能顺着你设计好的思路有序进行，即使进行了，也会有小插曲，但这是很正常的事。我们所要做的就是镇定、沉着，思想高速运转，及时调整策略，有效控制局面。

（3）要及时总结，灵活运用。有了管理实践，不管是成功的，还是失败的，都要进行总结，及时记录下过程、结果、心得体会，并进行分析，提出进一步的改进意见。同时思考实践策略中的理论根由，这样，实践就不是简单的实践了，而是思想的升华，理论的提高。

三、反思

反思是班主任专业化成长的根本。

我有一个体会，班主任工作与生活有一个重要特征，那就是"重复"。重复使班主任积累了许多经验，让班主任成熟，让班主任有可能成为优秀班主任。经验是可贵的，但经验同样是可怕的。

有一则寓言讲，野兔在冬天下雪的日子里外出觅食，它非找到自己曾经走路留下的脚印不可，那样踩上去才会有安全感。猎人在野兔的脚印下安上陷阱，表面恢复成脚印的原样。野兔又出来了，踏着自己的脚印向前走，它不知道前面的脚印已被改造过了，已经不是原来的脚印了。最终它掉进了陷阱，被猎人捉住了。

野兔之所以失败，是因为过于相信经验。这个故事告诉我们，经验不与时俱进，会导致失败，不可能导向卓越。经验是一名班主任带班的财富，但仅仅靠经验来带班，是无法实现自身超越的。只有将经验上升为科学，将经验上升为规律，将经验上升为理论，将经验上升为智慧，治班才能是高效的，这样的治班才是具有发展前途的。所以，班主任应当对班级、班级管理和学生永远有新鲜感、好奇心。新鲜感、好奇心带来创新的欲望，带来创造感。事实上，"年年岁岁花相似，岁岁年年人不同"，每一届学生都是不同的，即便是你送的这一届学生，今年和去年也是不同的。群体不同，个体当然也不同，自然，管理之法也就不同了。

反思是应对重复最有力的武器。苏格拉底说："未经反思的生活是不值得过的生活。"

心理学家波斯纳也指出："如果一个老师仅仅满足于获得的经验而不对经验进行深入思考，那么，即使有20年的教学经验，也只是一年工作的20次重复，除非……善于从经验反思中吸取教益，否则就不可能有什么改进，永远只能停留在一名新手型教师的水准。"出现上面所讲的"重复"的现象，出现"经验不灵"的现象，就是因为班主任缺少反思，没有进行深层次的比较、分析，没有在反思中总结、吸取、提升、发展。

那么，反思什么呢？反思学习，反思实践，反思过去，反思现在，反思失败，反思成功，反思自己，反思他人，反思班主任工作中的一切问题；一个案例是一个点，在点上反思，积点成线，在线上反思，连线成面，在面上反思。

反思什么？反思一系列问题：我是一个什么样的班主任？我的育人思想是什么？教育理念是什么？教育风格是什么？教育理想是什么？怎样才能达成目标？我的班级学生状况如何？我的班级活动进行得如何？班级文化有什么特色？……

确实，没有反思，就不明真相，没有反思，就没有成长。只有通过反思，班主任工作才更富有理性，更富有内涵，更富有价值；只有不断地、有意识地、自觉地反思自己的教育教学行为，班主任才能在反思中成长，在反思中积累做班主任的智慧，在反思中升华自己，其班级管理能力才能得到全面而有效的提高，才能一步步地接近自己的追求与理想。

要做好反思工作，我以为必须在五个字上下功夫。

1. 悟

悟，是反思的起点，悟就是班主任要像禅师一样做到静思默想，对自己的学习与实践进行"开悟""省悟""觉悟"。在成功的时候，要悟，有哪些因素促进了成功，关键点在哪里，从而不断总结成功的经验；在失败的情况下，更要积极反思、分析，做到不怨恨其他人，不怨恨周围的环境。失败时应该积极地寻找失败的原因，回忆每一个细节，包括说的每一句话，冷静反思，理性反思，不再凭激情与冲动办事。

悟，不在于多长时间，不在于悟多少，也不在于悟多深，只在于你在思考，你在围绕着班级管理这个主题去悟，有收益即可。在读书过程中，要学会悟，悟出事件背后的道理，悟出成功背后的原理，悟出方法的科学性，悟出自己教育的得与失。教育永远没有止境，只有不断反思，不断开悟，才能与时俱进；只有触类旁通、举一反三、灵活运用，才有可能与别人的经验比照，规避别人的教训，缩短经验积累的时间，借鉴别人的成功，驾轻就熟地为我所用，才能有自己的正确见地，使教育教学上一个新的档次。

2. 研

研，就是研究，就是在学习、实践、开悟的基础上，对班级管理进行有目的的研究，最终使反思深化，使管理升格，使学生、班级、自己的发展更加科学、系统、高效。

科研兴校，科研兴教。研究让班主任工作得到提升，班主任不再是盲目地乱打瞎撞。课题研究是培养科研型班主任的最有效的途径。很多班主任苦于没有德育课题研究素材，实际上，课题研究的课题很容易找到，它从班主任的实际工作中来，从班主任实际工作中的问题来。这问题来自课堂，来自学生，来自实践，来自管理。

班主任的课题一般有三种：

一是国家、省、市、县级课题。按照规定，每五年都要开展一次课题申报工作，每一年当中各个层次课题也分别进行申报。对于县级课题，只要大家对照课题研究的要求，找出新的教育管理中的问题来，既贴近现实，面对实际问题，又具有视野的开阔性，见解的独创性，还符合规范与要求，就应该能够申报；大市、省、国家级课题需要反复推敲，用心打磨，既要有先进的理论又要有特别的创新之处，这样才有可能申报成功。我们申报课题也不要想一夜成名，要循序渐进，从小做起，逐渐往上研究，不断积累经验，最终是能够做成大课题的。

二是校类课题。以学校为主进行研究的课题，这类课题的审批者是学校，只要解决的是现实中的问题，德育处和校长室都会同意你去研究的，这样的课题属于基础类课题，学校会大力支持。

三是微型课题。以自己在班主任管理工作中的小问题为研究的课题，这类课题不需要申报，有时只需向学校填报一下课题名称，然后自己就可开展研究，这类课题就像为了写一篇论文而进行的有意识的研究。

上面所讲的三类课题研究是现在比较常见的研究方式。其实，研究无处不在，研究在学习中、实践中和反思中。我们不仅要研究我们自己，我们自己所在的班，也应该研究古今中外的教育家们。研究的目的也很广泛，有的为了自己而研究，有的为了学生而研究，有的为了研究而研究。

3. 写

写，就是及时将相关思想、收获记下来。

朱永新教授讲过："每天坚持写千字文的教育随笔，不出三年，必有大成。"

苏格拉底说："未经省察的人生没有价值。"而撰写就是反思自我，省察人生的最好方式。

"好记性不如烂笔头"，教师通过撰写来整理自己的思想，就是在提升自己的认识，发现自己的不足，同时也为写大篇幅的文章提供最真实的材料，最有力的依据；撰写，不仅能促进自己的专业发展，也是一次很好的排毒，它将自己的忧愁烦恼宣泄于写作之中，它是一次心灵的美容。

撰写，可以是教后记，可以是教学日志，也可以是教育教学随笔。其形式不限，数量不限，内容不限，只要有时间，就去反思，就去撰写，这样你就能得到锻炼，获得发展。很多优秀班主任都是在不断地撰写中成长起来的，李迪老师一年中出版四本书，就是因为他在平时反思与积累时不忘撰写。万玮有两本班主任专著，《班主任兵法》就是在不断地思考与解决实际问题中撰写出的；《班主任兵法2》是万玮与学生一道在背书过程中积累出来的策略与方法，其本名应为"背书之道"，它也是在教育教学的实践中形成的。

及时记下自己的灵感，因为灵感转瞬即逝。这些感想可以写在随身带的纸上，写在自己的教案上，写在自己的教本上，也可以写在手机上。这一点，我深有体会，我的手机记事簿中记满了即时所想，我的教本上也写满了观察所思，这对我写作大有裨益。

在这里，我特别强调要注重教育案例的撰写。它是班主任走向成熟与睿智的捷径。在教育生活中只要你善于发现，每天都有鲜活生动的事例发生，你的育人方式也许机智，也许平庸，也许用情，也许用理，但均可调整。在写中你重现情景，在写中你苦思良策，在写中你提升自我，这是教育的第一手最真实的材料。报刊的编辑对这样的教育案例特别钟情，因为这样的教育案例才最具有研究价值、推广意义。

4. 用

用，就是"学以致用"，在实践中不断地运用自己悟之所得，研之所得，写之所得。通过运用，来证悟，深化研，拓展写。用，与前面所讲的"实践"内容并不一样，此处的"用"，是实践后反思的"用"，是一种深层次的"用"。

5. 创

创，就是自我创造。有了实践与思考，我们还应该形成自己的思想与做法，创造出适合自己的方法，寻找出更适合教育学生、发展学生的策略与途径。

创造、创新、创意，是我们每一个班主任追求的，这种追求是建立在科学认识和有效实践基础之上的，是自己个性化管理的体现，是自己独特性的表现，是形成自我管理风格必不可少的路径。

一个人的内部自我成长强调了自我，这是一种内心的追求，是一种自信与肯定，是对自己的价值与意义的自觉追求。在追逐梦想的过程中，必然有诸多的"苦楚"，但"不经历风雨，又岂能见彩虹？"班主任在逐梦的路上，应该把教书的呐喊当作欢歌，把育人的耕耘当作舞会，把科研的探索当作旅游，把奋斗的甘苦当作咖啡。

作为班主任，教书育人是必须的，但不是目的，目的是教好书与育好人。要达到两"好"这样的境界，就必须自我学习、自我实践、自我反思。"学而不思则罔，思而不学则殆"说明学与思必须一体化，必须一致化，必须一心化。但仅此又似乎不行，我以为，还要谨记"教而不研则罔，研而不教则殆"，意即作为班主任不仅要学，要思，要教，更要在"研"字上做文章，做到"教研并重，教研相长"。否则，光学习，便是书橱；光教学，便是教书匠；光研究，便是空想家。所以，我们必须做到学思结合，教研结合。只有这样，班主任才能提高，其教学的意义才能得到真正的体现，才能实现事半功倍。

学习是枯燥的，实践是艰巨的，反思是痛苦的。但只要坚定信念，持之以恒地自我研修，追逐梦想，通过反复"学习＋实践＋反思＋研究"，个人素质一定会得到提升，班主任专业化发展必然会实现。

有人也许会说，我也"学习—实践—反思"，可为什么却成不了名师呢？产生差异的原因自然很多，其中对待这条规律的态度是重要原因：一是还没有真正形成习惯，学习、实践、反思偶尔为之，缺少坚持性，浅尝辄止，当然不会有好的效果；二是不能形成系统，失之偏颇，造成断裂，未形成链条，重学习少实践，重实践少反思，重反思少学习；三是学习浅近，没有能够跳出学科看学科，跳出经验看经验，跳出实践看实践。一句话，没有形成"规律自觉"——自觉认知，自觉实践，自觉发展。

有的人已经很不错了，以为自己已经达到了优秀的标准，于是就停滞不前，这是错误的。追求无穷尽，发展无止境。我们做什么都不能只止于优秀，优秀是卓越的敌人，不能把优秀变为继续发展的包袱，如果满足于现状，不深化自己，不学习别人，止于优秀，必然退步。

做有心人，做吃苦人，做有计划的人，做有追求的人，做一个坚持的人，做一个不断思考、不断实践、不断总结的人，做一个不断学习的人，你终归会获得满天彩霞，满天星星，满天光芒。

后　记

　　想写关于班主任工作的书籍由来已久，一是我从工作始就做班主任，且很出色，不仅是校、镇、市优秀，而且家长纷纷要求把孩子转到我的班级，着实让我享受到了做班主任的乐趣；二是我看到有不少班主任，特别是现在的年轻班主任对班级工作似乎是殚精竭虑，结果却是收效甚微，甚至有家长闹到学校，纷纷要求转班，班级工作对他们而言似乎很难。他们需要有一本对班主任工作起到指导作用的书籍。

　　事实上，自从当上副校长之后，我就不再做班主任了，因为总不能什么好事都让你一人独占啊。虽然做班主任很累、很苦、很痛，我却无时无刻不在做着班主任——一直与年轻的班主任合班。这样做最大的好处就是能够"越权帮助"他们，表面上他们是班主任，而实质上我才是"幕后主使"，我可以用我的思想、行为指导这些年轻的班主任工作，最终使我所任教的班级在不知不觉中发展、壮大起来。当然，这些年轻的班主任也在不断地成长与发展。所以，年轻的班主任一个个都希望和我合班，一是可以学到班主任管理策略，二是省掉了班主任工作中的诸多麻烦，而且最终收益多多——与我合班的年轻班主任学年末均无一例外地被学校评为优秀班主任，有的还被评为市级优秀班主任。现在与我合班的年轻女教师丁慧老师不无感慨地说："我一定要写一篇好的科任老师成就好的班级的文章。"这确实是她有感而发，我作为科任老师一直明里暗里地做着班主任的工作。

　　更直接促使我写班主任工作一书的却是我的老友、老弟——华东师范大学出版社朱永通先生。与他交往四年，尽管只见过一次，却是无话不谈，尤其是有关教育教学的问题。在他的倾情相约下，我于2010年完成首部著作《高效课堂八讲》；在我想松口气时，他提出写一部学校管理方面的书籍，因为他听说我常作学校管理讲座。我感到很难，因为我不是正职校长，谁知他说，这样更能写得明，看得真。在他的反复劝说下，于2012年，我完成了第二部著作《学校高效管理六讲》。写完了课堂教学，写完了学校管理，此时的我已是江郎才尽，哪知道，永通弟又拨通了我的电话，高赞两部著作写得实在，大家反响很好，向能否再写一部关于班级管理的书籍，这样就能形成高效教育、教学管理三部曲。我听了之后，很是心动，但说来容易，做却难哪，个中滋味又有几人知？最终仍是拗不过他的执著，决定接下这第三个"高效"的活儿——事实上，我也想将自己的班级管理的思想和做法整理出来，永通弟的想法与我可谓是不谋而合，我只是没有说出来。

这部著作历时一年半，我除了大量翻阅各类资料，还向一些优秀班主任请教，不能不说很是辛苦。但当我于2013年9月完稿时，我那了却心愿的心情却是任何人无法理解的，终于松了一口气，永通先生布置的工作虽然拖了一点时间，但最终还是做成了，我甚欣慰。

为了使这部有关班主任工作的著作更完备，我在2013年9月底冒昧地将文本电子稿悉数发给我一直以来尊敬的两位班主任专家——李镇西老师和丁如许老师，请两位先生修正，并请求赐序。本以为他们不会理睬或只是应付一下了事，两位班主任大师却对此大感兴趣，认真之极，令我感动不已。李老师在邮件中回复说："金玉老师，我在美国马里兰大学学习，为期一个月，应该说相当忙，所以实在无力为你写序。但我还是对大作浏览了一遍，深有启发。写下一段推荐语。你看看可以吗？"于是就有了封底李老师的推荐语。丁老师在邮件中回复说："刘老师，因国庆去日本旅游，回来后又参加了多场讲座。我会尽全力认真阅读，并在（7月）20日前完成小序。请见谅。"于是就有了丁老师的序言。

大家终究是大家，他们的言与行着实让我感慨万千。他们，不正是这个时代的精神代表吗？他们不正是我们这些年轻老师学习的榜样吗？以后我能怎么做？只有向他们学习，以他们为镜，用自己的进步与发展来表达自己的感激之情。

故借此书向关心我成长与发展的永通弟、李镇西先生、丁如许先生以及众多朋友一并表示衷心的感谢！

刘金玉
2013年10月20日晚于泰兴

图书在版编目（CIP）数据

班主任工作艺术六讲/刘金玉著.—上海：华东师范大学出版社，2014.4
ISBN 978-7-5675-2016-5

Ⅰ.①班… Ⅱ.①刘… Ⅲ.①班主任工作 Ⅳ.①G451.6

中国版本图书馆CIP数据核字（2014）第078605号

大夏书系·全国中小学班主任培训用书

班主任工作艺术六讲

著　　者	刘金玉
策划编辑	朱永通
审读编辑	齐凤楠　周　莉
封面设计	戚开刚
责任印制	殷艳红

出版发行	华东师范大学出版社
社　　址	上海市中山北路3663号　邮编　200062
网　　址	www.ecnupress.com.cn
电　　话	021-60821666　行政传真　021-62572105
客服电话	021-62865537
邮购电话	021-62869887　地址　上海市中山北路3663号华东师范大学校内先锋路口
网　　店	http://hdsdcbs.tmall.com
印 刷 者	北京密兴印刷有限公司
开　　本	700×1000　16开
插　　页	1
印　　张	16.5
字　　数	247千字
版　　次	2015年1月第一版
印　　次	2022年7月第五次
印　　数	13 101－15 100
书　　号	ISBN 978-7-5675-2016-5/G·7330
定　　价	35.00元
出 版 人	王　焰

（如发现本版图书有印订质量问题，请寄回本社市场部调换或电话021-62865537联系）